公益社団法人 東京都不動産鑑定士協会 [編]

不動産鑑定評価の実務

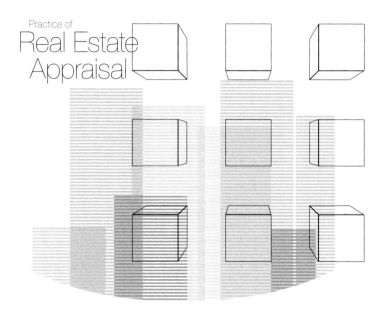

Practice of Real Estate Appraisal

一般社団法人 金融財政事情研究会

はしがき

　不動産は私たちの生活に密接にかかわる重要な資産です。住まいや職場、商業施設から公共空間まで、不動産は私たちの日常生活のあらゆる側面に影響を与えています。そのため、不動産の価値を正確に評価することは社会全体の健全な発展にとって不可欠です。

　不動産鑑定評価は市場経済の透明性と公正性を支える重要な役割を担っています。不動産取引における信頼性の確保、金融機関による融資の適正化、さらには公共政策の策定にも直結するため、鑑定評価の質と精度が求められます。

　このたび、公益社団法人東京都不動産鑑定士協会において不動産鑑定評価の実務に関する新書を刊行する運びとなりました。本書は、鑑定士の皆様はもちろん不動産関係者や金融関係者など、幅広い読者層に向けて執筆されました。

　本書の特徴は理論よりも実務に重きを置いている点です。日々の業務に直結する具体的な知識やノウハウを提供し、現場で直面する課題に対処できる実践的な内容を目指しました。さらに、本書は東京都内の不動産鑑定評価に限らず、山林や農地などさまざまな不動産評価を取り上げています。基本的、伝統的な論点から最新のトレンドまで網羅しており、不動産鑑定評価のあらゆる側面を包括的に理解できるよう構成しております。

　最新のトレンドとして、不動産レジリエンス、社会的インパクト不動産、コロナ禍による変化と不動産鑑定評価、企業会計における不動産評価の潮流など、現代の不動産市場における重要なテーマも詳細に解説しています。

　また、本書には肩の力を抜いて読みやすい「コラム」も含まれております。これにより、専門的な内容だけでなく実務に役立つ情報を楽しく学べる構成となっております。同類の書籍との差別化を図り、より親しみやすい一冊として仕上げました。

はしがき　1

執筆にあたっては各分野で卓越した専門家の皆様より多大なご協力をいただきました。彼らの知見と経験をふんだんに盛り込むことで質の高い内容を実現することができました。心より感謝申し上げます。

　最後になりますが、本書の取りまとめにあたり多大なるご尽力を賜りました小林信夫専務理事、多くの会員外の専門家の方々、協会の事務局職員の皆様、そして日々ご協力をいただいている会員の皆様に深く感謝いたします。皆様の献身的なサポートと貴重なご意見なくしては本書の完成はなしえませんでした。

　本書が、不動産鑑定評価の質の向上に寄与し、ひいては読者の皆様の業務遂行に役立つことを心より願っております。

2024年8月

公益社団法人東京都不動産鑑定士協会

会長　**佐藤　麗司朗**

【執筆者略歴】

小林　信夫（こばやし　のぶお）［企画、コラム］

公益社団法人東京都不動産鑑定士協会専務理事、不動産鑑定士。
中央大学法学部法律学科卒業。一般財団法人日本不動産研究所入所後鑑定部、仙台支所、コンサルタント部等において鑑定評価およびコンサルティング業務に従事、常務理事・業務部長等を経て、令和元年より現職。品川区財産価格審議会委員、一般社団法人日本資産評価士協会理事、各地区市街地再開発事業審査委員を歴任。

萩原　岳（はぎわら　がく）［第1・2章、第4章第8節］

株式会社アプレ不動産鑑定代表取締役、不動産鑑定士。
東京外国語大学中国語学科卒業。賃料評価および相続関連業務を得意とし、鑑定評価や財産評価および相続対策コンサルティング等を手がけている。
公益社団法人東京都不動産鑑定士協会研究研修委員・継続地代の調査分析小委員長、公益社団法人日本不動産鑑定士協会連合会実務修習基本演習講師、一般社団法人租税訴訟学会会員。
著書に「継続地代の調査分析」（共著、公益社団法人東京都不動産鑑定士協会研究研修委員会、2017年版より現在まで継続中）等。

大山　宏毅（おおやま　ひろき）［第3章第1節1］

大山不動産鑑定代表、不動産鑑定士。
栄光学園高等学校、早稲田大学第一文学部卒業。情報機器等のマーケティング会社を経て、株式会社中央不動産鑑定にて不動産鑑定業務に従事した後、現職。
国土交通省地価公示鑑定評価員、国税局相続税路線価評価員、固定資産鑑定評価員、渋谷区財産価格審議会委員、公益社団法人東京都不動産鑑定士協会災害対策支援委員会副委員長等を務める。

阿比留　健次（あびる　けんじ）［第3章第1節2］

東急不動産株式会社プロジェクト共創部鑑定企画室、不動産鑑定士。
平成6年一橋大学経済学部卒業、同年厚生省（現・厚生労働省）入省。平成17年パシフィックマネジメント株式会社入社、投資用不動産の価格査定やJリートの合併業務に従事後、平成23年に現職。

国土交通省地価公示鑑定評価員（港区・品川区）、東京国税局相続税路線価鑑定評価員（港区）、実務修習講師（原価法・開発法）。

合田　裕志（ごうだ　ひろし）［第3章第1節3］

株式会社興林顧問、不動産鑑定士、林業技士（森林評価）。

新居浜工業高専機械工学科卒業、株式会社来島どつくを経て、林野庁に入庁。主に国有地売却時の森林調査、森林評価等に従事、平成23年の東日本大震災時には「除去土壌の仮置場」設置に関東森林管理局国有林野管理課長として対応。定年退職後は、株式会社森林テクニクスに勤務し、福島第一原発周辺の中間貯蔵施設用地の確保のため、補償業務管理士として林地、立竹木、家屋等の物件等補償業務に従事。令和6年4月から現職、森林調査・評価のほか、太陽光発電、風力発電用地調査に従事している。

公益社団法人日本不動産鑑定士協会連合会鑑定評価基準委員会専門委員・林地評価小委員会小委員長、一般社団法人日本森林技術協会林業技士（森林評価）養成研修講師。

野﨑　平（のざき　たいら）［第3章第1節4］

昭和52年専修大学北海道短期大学卒業、昭和54年専修大学商学部卒業、昭和56年財団法人日本不動産研究所入所（現・一般財団法人日本不動産研究所）、平成3年有限会社野﨑不動産鑑定事務所を設立、現在に至る。

全国競売評価ネットワーク理事、農地・林地評価基準検討委員会委員長、公益社団法人日本不動産鑑定士協会連合会農地評価特別委員会副委員長、同鑑定評価基準委員会専門委員を歴任。大津家庭裁判所家事調停員・参与員、高島簡易裁判所民事調停員・司法委員、国立大学法人滋賀大学経済学部非常勤講師。

著書に『競売不動産評価の理論と実践〔第2版〕』（共著、金融財政事情研究会）。

平川　宏（ひらかわ　ひろし）［第3章第1節5］

JFE東日本ジーエス株式会社特別顧問、千葉県労働委員会使用者委員。

京都大学法学部卒業、昭和56年川崎製鉄株式会社（現・JFEスチール）入社。平成26年不動産鑑定士登録、平成31年筑波大学博士（法学）、令和4年東京地方裁判所鑑定委員、令和4年JFE東日本ジーエス株式会社代表取締役社長。

執筆実績に「「雇用調整策としての出向・転籍」をめぐる労働契約と労働組合の役割—鉄鋼業のリストラ策を事例として」（小宮文人先生古稀記念論文集『労働契約論の再構成』、法律文化社）。

関　淳一（せき　じゅんいち）［第3章第2節］

すみれ総合鑑定事務所、関淳一公認会計士事務所代表。不動産鑑定士、公認会計士、米国公認会計士。

大手監査法人、Big 4 系FAS、米国（New York）の会計ファーム、大手鑑定機関（米国の評価会社（San Francisco事務所）への派遣含む）を経て令和4年より現職。多種多様なアセットの不動産鑑定、公的土地評価に従事するとともに企業価値、無形資産評価やM&A支援、大学寄付講座や資格講座の講師、公的機関の委員など幅広く活動。

熊倉　努（くまくら　つとむ）［第3章第3・5節］

株式会社NTTアーバンソリューションズ総合研究所街づくりリサーチ部。技術士（建設部門、総合技術監理部門）、APECエンジニア（CIVIL）、一級建築士、不動産鑑定士。

早稲田大学理工学部建築学科、修士課程修了、日本電信電話株式会社入社。株式会社NTTファシリティーズを経て現職。専門は建築設計および都市計画。

一般社団法人地理情報システム学会会員。

伊藤　憲（いとう　けん）［第3章第4節］

一般財団法人日本不動産研究所本社事業部次長・都市開発推進室長、不動産鑑定士、再開発プランナー。

明海大学不動産学部不動産学科卒業。平成8年財団法人日本不動産研究所（現・一般財団法人日本不動産研究所）入所、札幌支所（現・北海道支社）、東東京支所（現・本社事業部）、コンサルタント部等を経て現職。

竹内　敬雄（たけうち　ゆきお）［第3章第6節］

IAC財産設計株式会社代表取締役、不動産鑑定士、宅建マイスター。

中央大学法学部法律学科卒業、昭和63年に株式会社リクルート入社。主に住宅情報事業部に従事。主に新築マンションや新築戸建てを分譲するデベロッパー各社を担当する。平成14年株式会社リクルートを退社し、平成15年不動産鑑定士2次試験に合格。平成18年東証2部上場の不動産デベロッパーに入社し、マーケティング部門に従事。平成22年不動産鑑定事務所と宅建士事務所を同時開業。不動産相続、継続賃料、立退き等に強みをもつ。

著書に『これから大きく変わる相続税と法律―もう古い知識では役に立たない』

（共著、明日香出版）、『令和3年民法・不動産登記法改正対応所有者不明土地と空き家空き地をめぐる法律相談』（共著、新日本法規出版）。

木下　典子（きのした　のりこ）［第4章第1節］

株式会社みなとシティアプレイザル代表取締役、公益社団法人東京都不動産鑑定士協会理事、不動産鑑定士。
立教大学法学部法学科卒業。システム開発会社にて中央官庁、公共団体、大学、学校等向けの営業職を経て、その後、不動産鑑定会社にて鑑定評価業務に従事、現職。東京都固定資産評価審査委員会委員（前任）。
国土交通省地価公示鑑定評価員、東京都地価調査鑑定評価員、東京地方裁判所鑑定委員、東京簡易裁判所民事調停委員、東京簡易裁判所司法委員。

三岡　健二（みつおか　けんじ）［第4章第2・3節］

株式会社東京カンテイ鑑定本部システム評価部兼鑑定部次長。不動産鑑定士、CFP、宅地建物取引士、CASBEE不動産評価員。
平成2年日本大学文理学部卒業。不動産デベロッパーにて用地仕入・企画・販売等に携わり、金融機関に就職後は不動産会社向け融資業務も担当。不動産鑑定士試験合格後、平成21年に株式会社東京カンテイに入社し、不動産鑑定評価業務に従事。

徳元　康浩（とくもと　やすひろ）［第4章第4・5節］

株式会社藍不動産総合鑑定所代表取締役。不動産鑑定士、宅地建物取引士、公認不動産コンサルティングマスター（相続対策専門士）。
徳島県徳島市出身、上智大学経済学部経営学科卒業。平成21年に不動産鑑定事務所を開業。前職では調停・裁判案件（継続家賃、継続地代、立退料）に係る評価を数多く担当。平成31年に法人化、売買仲介業・相続コンサルティングも開始。
東京地方裁判所鑑定委員、東京家庭裁判所家事調停委員・鑑定人、一般社団法人東京都相続相談センター副代表理事。
著書に『家族で話すHAPPY相続』（共著、週刊住宅新聞社）、『民法改正で相続が大きく変わる!!』（共著、明日香出版社）、『地主と経営者のための法務と税務』（共著、ぎょうせい）、『Q&A収益不動産の相続をめぐる法律と税務—アパート・テナントビル・駐車場など』（共著、新日本法規）など。税理士、公認会計士、弁護士、司法書士等の専門家向けのほか一般人向けも含め、相続関連を中心とする不動産評価・調査等を題目としたセミナー講師歴多数。

山縣　滋（やまがた　しげる）［第4章第6節］

株式会社アースアプレイザル取締役、不動産鑑定士、地盤品質判定士、環境計量士（濃度関係）、大気1種・水質1種・ダイオキシン類関係公害防止管理者。
昭和51年早稲田大学法学部卒業、平成18年同大学大学院ファイナンス研究科修了。平成14年より現職。
日本不動産学会・日本不動産金融工学学会会員。
著書に『環境サイトアセスメントフェイズⅠ・Ⅱ技術マニュアル』（不動産訳語監修・解説、地盤環境技術研究センター）、「放射能汚染地の減価率に関する検討」（日本不動産鑑定士連合会）など。

酒井　康雄（さかい　やすお）［第4章第9節］

株式会社コミュトランス代表不動産鑑定士、マンション管理士、宅地建物取引士。
武蔵野美術大学卒業。衆議院議員秘書を経て、不動産開発会社、不動産投資会社等での不動産の実務経験を積み、不動産鑑定業に進む。専門は個人の相続資産評価および中小オーナー企業の同族間移転にかかる資産評価。対税務評価を中心として、長年にわたり蓄積したノウハウをもとに適正な不動産鑑定を行っている。

小林　雅和（こばやし　まさかず）［第5章第1節］

Challenger株式会社アセット・マネジメント部。
早稲田大学大学院経営管理研究科ファイナンス専修修了（MBA）。りそなグループ（株式会社りそな銀行・株式会社埼玉りそな銀行）、三菱UFJモルガンスタンレー証券株式会社投資銀行本部不動産グループ、野村アセットマネジメント株式会社（野村ファンド・リサーチ・アンド・テクノロジー株式会社ファンド分析部出向）、日本GLP株式会社投資運用部、年金積立金管理運用独立行政法人ESG・スチュワードシップ推進部を経て現職。現在は、豪州系不動産ファンドにて、商業不動産などのアセットマネジメント業務を担当。
不動産鑑定士、証券アナリスト、CFA協会Certificate in ESG investing、不動産証券化協会認定マスター、CASBEE不動産評価員、不動産金融工学学会員。

大西　順一郎（おおにし　じゅんいちろう）［第5章第2・5節］

株式会社ザイマックス不動産総合研究所主任研究員。
東京工業大学工学部土木工学科卒業。平成14年株式会社ザイマックス入社。平成

21年よりマーケティング部（現・ザイマックス不動産総合研究所）でオフィス市場分析、国内外の大学との共同研究、不動産所有者向け情報誌・セミナーの企画運営を担当。平成30年より現職。不動産市場のダイナミズム、環境不動産の経済性、指標開発に関する研究を担当。

麗澤大学都市不動産科学研究センター客員研究員。

著書に『不動産テック（FinTechライブラリー）』（共著、朝倉書店）、『不動産政策研究各論Ⅱ』（共著、東洋経済新報社）。

武内　徹（たけうち　とおる）［第5章第3・4節］

GLPジャパン・アドバイザーズ株式会社執行役員CSO兼経営企画部長。

東京大学法学部卒業。コーネル大学ホテルスクール不動産修士取得。平成24年国土交通省入省、同省大臣官房総務課、同省不動産市場整備課、内閣府総合海洋政策推進事務局などを経て現職。運用を担当するGLP投資法人ではGRESB評価（不動産ファンド等のESG配慮を図るベンチマーク評価）において3年連続で上場物流REIT世界1位の順位を獲得するなど、ESGの推進等に従事。

中山　善夫（なかやま　よしお）［第5章第6節］

株式会社ザイマックス不動産総合研究所代表取締役社長。

ニューヨーク大学大学院修了。昭和60年に一般財団法人日本不動産研究所に入所。不動産鑑定、コンサルティングに従事。平成13年よりドイツ銀行で日本における不動産投融資の審査責任者。平成24年12月より現職。調査研究や国内外のPR等を担当。

平成28年「からくさ不動産みらい塾」を開校（塾頭）。不動産鑑定士（日本）、CRE（米国不動産カウンセラー）、FRICS（英国ロイヤル・チャータード・サベイヤーズ協会フェロー）、MAI（米国不動産鑑定士）、CCIM（米国商業用不動産投資アドバイザー）、不動産証券化マスターおよび同試験委員。

大西　眞由（おおにし　まゆ）［第5章第6節］

ライフメイト建設株式会社取締役。

東京大学大学院工学系研究科修士課程。一級建築施工管理技士。日本女子大学家政学部住居学科卒業後さまざまな建設会社（中小企業）で施工管理業務に従事。令和2年ライフメイト建設株式会社に入社し、現職。

後藤　充輝（ごとう　みつてる）［第5章第7節］

　有限責任あずさ監査法人金融アドバイザリー事業部シニアマネジャー、不動産鑑定士、日本証券アナリスト協会認定アナリスト。

東北大学工学部卒業。株式会社りそな銀行にて法人融資業務、不動産鑑定評価業務、私募リート・私募ファンドへのエクイティ投資業務に従事。平成28年より現職にて、金融商品取引業者（主にJ-REIT運用業者、不動産私募ファンド運用業者）に対する内部管理等態勢高度化、内部監査支援業務等に従事。令和2年7月から令和4年6月まで、金融庁証券取引等監視委員会にて専門検査官として主に投資運用業者を対象とする証券検査に従事。令和4年7月に現職に復職。

目　次

第 1 章　不動産鑑定評価の基礎

第1節　不動産とは——不動産価格の特徴……………………………………2

　1　不動産評価を学ぶ意義……………………………………………………2

　2　不動産の定義………………………………………………………………3

　3　不動産価格の特徴…………………………………………………………4

　4　不動産鑑定士とは…………………………………………………………8

第2節　不動産鑑定評価とは……………………………………………………10

　1　不動産鑑定評価とは何か…………………………………………………10

　2　不動産鑑定士の責務………………………………………………………10

　3　不動産鑑定評価書に記載する事項………………………………………12

第3節　不動産の価格形成要因と価格の諸原則………………………………18

　1　不動産の種類………………………………………………………………18

　2　一般的要因（マクロ要因）………………………………………………20

　3　地域要因……………………………………………………………………22

　4　個別的要因（ミクロ要因）………………………………………………24

　5　価格の諸原則………………………………………………………………28

第4節　不動産鑑定評価の手順…………………………………………………33

　1　基本的事項の確定…………………………………………………………33

　2　依頼者、提出先等および利害関係者等の確認…………………………40

　3　処理計画の策定……………………………………………………………41

　4　対象不動産の確認…………………………………………………………41

　5　資料の収集および整理……………………………………………………42

　6　資料の検討および価格形成要因の分析…………………………………43

7	鑑定評価の手法の適用	43
8	試算価格または試算賃料の調整	44
9	鑑定評価額の決定	45
10	鑑定評価報告書の作成	45

第5節　不動産の価格を求める3手法 46

1	原　価　法	46
2	取引事例比較法	49
3	収益還元法	51
4	賃料を求める評価手法	57

コラム　世界の不動産鑑定士〈アメリカ〉 60

第2章　不動産の調査方法

第1節　事前準備 62

1	不動産調査の全体像	62
2	事前準備・必要資料	62
3	不動産に関係する法規	64

第2節　法務局調査 69

1	入手する資料	69
2	公図または地図	69
3	登記事項証明書（登記簿謄本）	71
4	各種図面（地積測量図・土地所在図、建物図面・各階平面図）	72

第3節　役所調査 73

1	都市計画関連	73
2	道路調査	83
3	土壌汚染調査等	92
4	埋蔵文化財	94

5 その他調査内容	96

第4節 現地調査 …… 97

1 持 ち 物 …… 97

2 現地調査のポイント …… 99

3 周辺環境の調査 …… 104

4 特殊な調査実例 …… 105

コラム 世界の不動産鑑定士〈イギリス〉 …… 112

第3章 不動産の種類と鑑定評価の方法

第1節 更 地 …… 114

1 土地残余法 …… 114

2 開 発 法 …… 120

3 森林（林地・立木） …… 125

4 農 地 …… 130

5 限定価格 …… 142

第2節 複合不動産 …… 148

1 複合不動産とは …… 148

2 「自用の建物及びその敷地」 …… 149

3 「貸家及びその敷地」 …… 151

4 複合不動産としての最有効使用の検討 …… 152

5 種類別の評価のポイント …… 154

第3節 借地権と底地 …… 161

1 借地権の概要 …… 161

2 普通借地権価格の評価 …… 167

3 底地価格の評価 …… 173

4 定期借地権価格の評価 …… 176

5　定期借地権が付着する底地価格の評価……………………………………182

第4節　区分所有権………………………………………………………………185

　1　区分所有権の概念……………………………………………………………185

　2　区分所有権（区分所有建物およびその敷地）の評価……………………186

第5節　賃　　料…………………………………………………………………192

　1　賃料評価のポイント…………………………………………………………193

　2　新規賃料の評価………………………………………………………………195

　3　継続賃料の評価………………………………………………………………201

第6節　借　家　権………………………………………………………………212

　1　借家権の概念…………………………………………………………………212

　2　借家権価格評価のポイント…………………………………………………214

　3　借家権価格（借家人補償）の評価…………………………………………216

　4　立　退　料……………………………………………………………………220

コラム　世界の不動産鑑定士〈中国〉…………………………………………224

第4章　鑑定評価が必要とされるケース

第1節　公的な不動産評価制度…………………………………………………226

　1　地価公示………………………………………………………………………228

　2　都道府県地価調査……………………………………………………………231

　3　相続税評価……………………………………………………………………232

　4　固定資産税評価………………………………………………………………233

　5　4つの制度の特徴……………………………………………………………234

　6　公共用地の買収に係る評価…………………………………………………236

第2節　担保評価…………………………………………………………………237

　1　担保評価の基礎知識…………………………………………………………237

　2　担保適格性……………………………………………………………………238

目　次　13

3	評価の基本的事項	240
4	金融検査	241
5	評価方法	243
6	ノンリコースローンにおける評価	251

第3節　財団評価 252

1	財団抵当の基礎知識	252
2	財団の分類	253
3	工場財団の評価	253

第4節　倒産手続における不動産評価 257

1	倒産法とは	257
2	会社更生法と不動産評価	264
3	民事再生法と不動産評価	265

第5節　競売・公売の評価 267

1	競売・公売とは	267
2	競売3点セット	271
3	競売評価基準	272
4	競売における不動産評価	275

第6節　販売用不動産（棚卸資産）の評価 283

1	企業会計における不動産評価	283
2	販売用不動産（棚卸資産）の評価	285
3	販売用不動産の評価による低価法適用のフロー	286
4	重要性の有無・棚卸資産の状況による評価方法	287

第7節　減損会計に係る評価 291

1	固定資産の減損会計の概略	291
2	減損会計適用の手順	293
3	減損会計のフローと不動産評価	297
4	原則的時価算定における留意事項	297
5	みなし時価算定における留意事項	303

第8節　不動産の流動化・証券化に係る評価……………………………305

　1　流動化・証券化とは……………………………………………305

　2　デューデリジェンスとは………………………………………309

　3　証券化対象不動産の評価………………………………………312

　4　不動産特定共同事業法…………………………………………314

第9節　土壌汚染の可能性のある土地の評価……………………………317

　1　土壌汚染とは……………………………………………………317

　2　汚染の有無と範囲の調査………………………………………322

　3　対策措置と費用の算定…………………………………………325

　4　土壌汚染の可能性のある土地の評価…………………………327

コラム　世界の不動産鑑定士〈韓国〉……………………………334

第5章　不動産評価の新たなトレンド

第1節　ESGと不動産評価………………………………………………336

　1　ESGとは…………………………………………………………336

　2　責任不動産投資（RPI）…………………………………………337

　3　環境（Environment）と不動産鑑定評価……………………338

　4　社会（Social）と不動産鑑定評価……………………………340

　5　ガバナンス（Governance）と不動産鑑定評価………………341

第2節　環境不動産、グリーン・ビルディングの経済性………………344

　1　はじめに：不動産と環境………………………………………344

　2　不動産ESGの環境認証制度（グリーン・ラベル）……………345

　3　グリーン・ビルディングの経済価値に関する研究…………350

　4　まとめ：グリーン・プレミアム研究の課題…………………357

第3節　不動産レジリエンス（災害と不動産評価）……………………359

　1　不動産レジリエンスとは………………………………………359

目　次　15

2　自然災害リスクの増加が不動産の収益に与える影響⋯⋯⋯⋯⋯360

　　3　TCFD提言に基づく会社レベル・ポートフォリオレベルの災害リ
　　　スクの見える化⋯⋯⋯⋯⋯⋯⋯⋯⋯⋯⋯⋯⋯⋯⋯⋯⋯⋯⋯⋯⋯⋯⋯361

　　4　個別不動産レベルの自然災害リスクを定量化・可視化するための
　　　新たな取組み⋯⋯⋯⋯⋯⋯⋯⋯⋯⋯⋯⋯⋯⋯⋯⋯⋯⋯⋯⋯⋯⋯⋯⋯366

第4節　社会的インパクト不動産⋯⋯⋯⋯⋯⋯⋯⋯⋯⋯⋯⋯⋯⋯⋯⋯⋯⋯368

　　1　不動産における社会課題解決への取組み⋯⋯⋯⋯⋯⋯⋯⋯⋯⋯⋯368

　　2　インパクト投資とは⋯⋯⋯⋯⋯⋯⋯⋯⋯⋯⋯⋯⋯⋯⋯⋯⋯⋯⋯⋯369

　　3　社会的インパクト不動産とは⋯⋯⋯⋯⋯⋯⋯⋯⋯⋯⋯⋯⋯⋯⋯⋯371

　　4　物流施設における社会課題解決への先進的な取組みと賃料等への
　　　影響⋯⋯⋯⋯⋯⋯⋯⋯⋯⋯⋯⋯⋯⋯⋯⋯⋯⋯⋯⋯⋯⋯⋯⋯⋯⋯⋯⋯375

　　5　社会面に関連する認証制度と賃料への影響⋯⋯⋯⋯⋯⋯⋯⋯⋯⋯378

第5節　コロナ禍による変化と不動産評価⋯⋯⋯⋯⋯⋯⋯⋯⋯⋯⋯⋯⋯379

　　1　コロナ禍による変化⋯⋯⋯⋯⋯⋯⋯⋯⋯⋯⋯⋯⋯⋯⋯⋯⋯⋯⋯⋯379

　　2　オフィス⋯⋯⋯⋯⋯⋯⋯⋯⋯⋯⋯⋯⋯⋯⋯⋯⋯⋯⋯⋯⋯⋯⋯⋯⋯380

　　3　商業施設⋯⋯⋯⋯⋯⋯⋯⋯⋯⋯⋯⋯⋯⋯⋯⋯⋯⋯⋯⋯⋯⋯⋯⋯⋯384

　　4　物流施設⋯⋯⋯⋯⋯⋯⋯⋯⋯⋯⋯⋯⋯⋯⋯⋯⋯⋯⋯⋯⋯⋯⋯⋯⋯388

　　5　ホテル⋯⋯⋯⋯⋯⋯⋯⋯⋯⋯⋯⋯⋯⋯⋯⋯⋯⋯⋯⋯⋯⋯⋯⋯⋯⋯391

　　6　まとめ⋯⋯⋯⋯⋯⋯⋯⋯⋯⋯⋯⋯⋯⋯⋯⋯⋯⋯⋯⋯⋯⋯⋯⋯⋯⋯394

第6節　建築の変化と不動産評価⋯⋯⋯⋯⋯⋯⋯⋯⋯⋯⋯⋯⋯⋯⋯⋯⋯⋯396

　　1　ZEB⋯⋯⋯⋯⋯⋯⋯⋯⋯⋯⋯⋯⋯⋯⋯⋯⋯⋯⋯⋯⋯⋯⋯⋯⋯⋯⋯396

　　2　BIM⋯⋯⋯⋯⋯⋯⋯⋯⋯⋯⋯⋯⋯⋯⋯⋯⋯⋯⋯⋯⋯⋯⋯⋯⋯⋯⋯402

第7節　不動産証券化市場における不動産鑑定評価の重要性⋯⋯⋯⋯⋯410

　　1　不動産証券化市場の発展⋯⋯⋯⋯⋯⋯⋯⋯⋯⋯⋯⋯⋯⋯⋯⋯⋯⋯410

　　2　リートスキームにおける利益相反構造および鑑定評価の重要性⋯⋯412

　　3　金融当局による不動産関連ファンド運用業者に対する監督・検査
　　　における不動産鑑定評価をめぐる論点⋯⋯⋯⋯⋯⋯⋯⋯⋯⋯⋯⋯⋯415

　　4　資産運用会社に求められる内部管理等態勢⋯⋯⋯⋯⋯⋯⋯⋯⋯⋯417

5　公平妥当な鑑定評価実現のための取組み：依頼者プレッシャー制
　　度……………………………………………………………………419
6　不動産鑑定士に求められる責務………………………………………421

目　　次　17

第1章

不動産鑑定評価の基礎

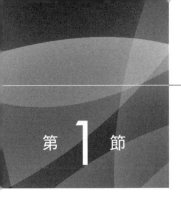

第1節 不動産とは
——不動産価格の特徴

1 不動産評価を学ぶ意義

　不動産はわれわれの生活にとって不可欠なものであるため、業としてかかわる分野は管理、税務、法務、仲介実務など多岐にわたるなか、選んで評価を学ぶ意義とは何か。その説明に資する事例として「かぼちゃの馬車事件」を取り上げたい。

　かぼちゃの馬車とは、株式会社スマートデイズが個人投資家に売り出していた女性専用シェアハウスの商品名である。1棟単位で販売した後にサブリース[1]契約を締結していたため、個人投資家のなかでも不動産投資初心者など不動産の経験が乏しい層が多かった。某地銀がフルローンを融資したこともあり、都内を中心に約800棟の物件が約700人の個人投資家に販売されていた。そして、某地銀の融資先であったシェアハウス業者の破綻をきっかけに融資が絞られたことから業績が悪化し物件オーナーへの賃料支払いが滞るようになっていた最中、平成29年5月に株式会社スマートデイズが破産手続を開始した。ローン返済に困窮した個人投資家は、某地銀の融資に不正行為があったとして令和元年9月東京地方裁判所に民事調停を申し立て、最終的に外部ファンドへの債権譲渡および、代物弁済と某地銀による解決金の支払いにより借入債務は解消された。

　では、個人投資家が手放した物件はその後どうなったのか。市場には元かぼちゃの馬車物件が放出されることがあるが、売買不成立とはならず、いず

1　サブリースとは、サブリース会社が所有者から賃貸（マスターリース）し、入居者に転貸（サブリース）する仕組み。

れも不動産業者などのプロが購入している。株式会社スマートデイズ業績悪化の一要因として、入居者から受け取る賃料よりも物件オーナーへ支払う賃料のほうが多い状態、いわゆる逆ザヤの状態になっていたことがあげられる。逆ザヤになった理由として、狭小な専有面積や共有部分の少なさなど入居者への訴求力が弱く、空室率が常時40％程度と収益性の低さが指摘されている。サブリースが成立しないような低収益の物件をなぜプロが買うのか。それは、その物件の適正価格を把握しているからである。

　この世の中に買ってはいけない不動産など存在しない。あるのは、「その値段」で買ってはいけない取引だけである。建築不可物件や築50年の全室空室物件であっても、その物件の潜在価値に見合った価格でならば市場での取引は成立するのだ。収益性が低いのであればそれに見合った価格で購入すればいい。ではどのようにして「その値段」つまり適正価格を把握することができるのか。その答えこそ不動産鑑定評価のなかにある。

　本書では、不動産評価を学ぶべく、基礎からやや実践的な内容まで取り上げている。本章では、不動産の評価を解説するにあたり、前提となる基礎知識について国土交通省が制定した不動産鑑定評価基準（以下「鑑定評価基準」という）に準拠して説明をしていく。

　本書が読者諸賢の学びの一助になれば、また、これをきっかけに不動産鑑定士に興味を抱いてもらえれば鑑定士冥利に尽きる。

2　不動産の定義

　不動産評価について解説をするにあたり、評価対象となる不動産に対する定義を解説する。

　鑑定評価基準では、不動産とは「土地とその定着物」と定義づけている。これは、私法の一般法である民法86条１項「土地及びその定着物は、不動産とする」の規定に従って、土地と定着物を不動産の定義として採用している。

土地の範囲は地表だけではなく空中や地中にも及び（民法207条）、物権である所有権のみならず債権である借地権も含む。定着物とは社会通念上土地と容易には分離できない物であり、建物や立木などが該当する。建物については、不動産登記規則111条において「屋根及び周壁又はこれらに類するものを有し、土地に定着した建造物であって、その目的とする用途に供し得る状態にあるもの」と規定されている。したがって、土地に定着していない物置やトレーラーハウスなどは構築物であり、不動産には該当しない。そして、土地とその定着物以外の物はすべて動産である（民法86条2項）。不動産である立木も伐採された場合は動産となる。

不動産の最も重要な構成要素である土地は、その有用性によって日常生活や経済活動を送るうえで欠くことのできない基盤となっている。有用性とはどのように利用するかであり、どのような構造・用途・形態の建物を建築し、居住・商業・工業などどのように周囲の環境と適合させていくかという選択の問題である。そしてこの不動産の利用方法こそが、不動産の経済価値の根幹を形成するのである。

不動産の経済価値は、対象となる不動産の効用・相対的希少性・有効需要という三者の相関結合によって決定される。自然的・社会的・経済的および行政的な要因の相互作用がこれら三者を動かすのだが、同時に、不動産の価格が選択指標として当該要因に影響を与えるという二面性をもつものである。

そして、不動産の経済価値を貨幣で表示したものが価格および賃料（以下「価格等」という）である。

3　不動産価格の特徴

土地の経済価値に差異が生じるのはなぜか。たとえば、銀座4丁目の土地が1坪1億円であるのに対し、山形県米沢市の山林は1坪150円程度である。「土地」の存在そのものについては銀座も米沢市の山林も違いはない。では

なぜ、同じ土地であるにもかかわらずこれほど経済価値が異なるのか。

前述のとおり、鑑定評価基準によれば不動産に経済価値が発生する根本的な要因として、その不動産に対してわれわれが認める効用、その不動産の相対的希少性、その不動産に対する有効需要の3点があげられている。

効用とは、その不動産に対してわれわれがなんらかの働きかけをすることによって日常生活や経済活動に役立てることが可能であるかどうかということであり、その土地上に建物を建築したり、駐車場として利用したりすることにより、有効に利用できるような土地であれば経済価値が発生するということである。銀座にビルを建てるのと米沢市の山林にビルを建てるのでは、明らかに銀座に建てたほうが有効利用できるため、経済価値が異なる。

また、有効利用できるとはいえ相対的希少性の低い土地の経済価値は低く、供給が絞られるほど経済価値は高くなる。これは、その不動産が他の不動産で代替可能かどうかということであり、たとえば、銀座4丁目に限定して土地を探せば支払う経済的犠牲（対価等）は大きいが、「銀座という地名がついた土地」「中央区の商業地域」「東京都の商業地域」と範囲を広げるに従って代替可能な土地が増えるため、相対的希少性は低くなっていく。

さらには、相対的希少性が高いとはいえ、有効需要がなければ経済価値は成立しない。銀座4丁目の土地が売りに出されたとして、売主が3億円で売りたいと希望していても、その値段で納得する買い手がつかなければ経済価値は成立しない。

不動産も自動車やボールペンなどと同じように「商品」であり、「財」である。しかし、他の諸財と比べて次のような特徴がある。

① 自然的特性：下記等の特徴を有し、固定的であって硬直的である。
　　○ 地理的位置の固定性・不動性（非移動性）：緯度経度が変わることはない。
　　○ 永続性（不変性）：長期的に存在する。
　　○ 不増性：自然に増えることはない。
　　○ 個別性（非同質性、非代替性）：2つとて同じものは存在しない。

② 人文的特性：下記等の特徴を有し、可変的であって伸縮的である。
- 用途の多様性（用途の競合）：駐車場やオフィスビルなど多様な利用が可能である。
- 転換および併存の可能性：農地から住宅地など、用途変更することができる。
- 併合および分割の可能性：2筆の土地を1筆に併合、合併、1筆の土地を2筆に分割することができる。
- 社会的および経済的位置の可変性：新駅の開業などにより地理的位置は変わらずに社会的・経済的位置が変化する。

不動産は動かせない、増やせない、替えがきかない（自然的特性）一方で、人間の知恵を働かせて使い方を変えたり、単位を増減させたりすることができる（人文的特性）。たとえば、業務、商業、行政施設が高度に集積し、その国の文化、政治、商業の中心地を担っている都心はすでに開発が終了しているため平面には広大な空き地など存在しないが、空中には未利用地が

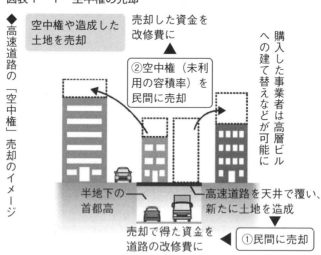

図表1－1　空中権の売却

（出典）　読売新聞。2013年5月8日付記事。

残っている（図表1－1参照）。安倍晋三元首相は成長戦略第3弾のなかで、PFI（民間の資金、経営能力および技術的能力を活用して公共施設等の建設、維持管理、運営等を行う手法）活用の拡大を盛り込み、国土交通省はPFIの具体案として、老朽化している首都高速道路の改修費用約1兆円のうち3分の1を空中権（未利用の容積率を隣接地に移転する権利）の売却資金で調達する案を発表した。首都高の未消化容積率が隣接ビルに移転されることになれば、その分建物の延床面積が増えるため、都心の一等地が「増える」ことになる。実際に、JR東日本は東京駅の駅舎復元工事にあたり未利用の容積率を東京駅周辺のビル所有者に売却し、新築ビルの延床面積が基準容積率を大幅に超過している。

　また、不動産は自然的・人文的特性が類似した不動産同士が集まり、地域を形成する。同じ地域に属する土地同士は互いに影響を与え合う関係にあり、かつ、地域も周辺の類似した地域と相互に影響を与え合う（図表1－2参照）。

　このような不動産の特徴により、不動産の価格についても、他の一般の諸財の価格と異なって、次のような特徴を有する。
　　○　不動産の経済価値は、一般に、交換の対価である価格として表示されるとともに、賃貸借の対価である賃料として表示される。そして、

図表1－2　不動産の相互影響

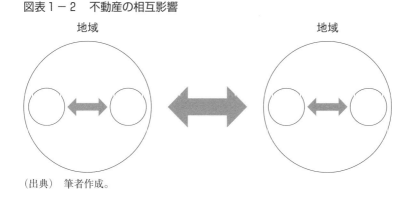

（出典）　筆者作成。

この価格と賃料との間には、いわゆる元本と果実との間に認められる相関関係を認めることができるため、価格が上がれば（下がれば）賃料も上がる（下がる）関係にある。

○　不動産の価格等は、その不動産に関する所有権、賃借権等の権利の対価または経済的利益の対価であり、また、所有権と借地権など2つ以上の権利利益が同一の不動産の上に存する場合には、それぞれの権利利益について、その価格等が形成されうる。たとえば、借地権が付着した土地では、借地権および底地双方に価格が形成される。

○　不動産の属する地域は固定的なものではなくて、常に拡大縮小、集中拡散、発展衰退等の変化の過程にあるものであるから、不動産の利用形態が最適なものであるかどうか、仮に現在最適なものであっても、時の経過に伴ってこれを持続できるかどうか、これらは常に検討されなければならない。したがって、不動産の価格等は、通常、過去と将来とにわたる長期的な考慮のもとに形成される。今日の価格等は、昨日の展開であり、明日を反映するものであって常に変化の過程にあるものである。

○　不動産の現実の取引価格等は、取引等の必要に応じて個別的に形成されるのが通常であり、しかもそれは個別的な事情に左右されがちのものであって、このような取引価格等から不動産の適正な価格を見出すことは高度な知見を備えていない限り非常に困難である。したがって、不動産の適正な価格については専門家としての不動産鑑定士の鑑定評価活動が必要となるものである。

4　不動産鑑定士とは

不動産鑑定士とは、幅広く高度な知識や技能をもとに多角的な視点で不動産の経済価値を導き出す専門家であり、適正な地価の形成を図ることを目的とした不動産の鑑定評価に関する法律（以下「鑑定法」という）によって称

号独占と、不動産鑑定評価に関する業務独占が認められた国家資格である。つまり、有償にて不動産の評価を行うことができる唯一の専門職業であるため、宅建業者の価格査定は無償である限りは許容されるが、報酬が発生すると鑑定法に抵触することになる。

鑑定法は、地価の高騰が公共用地取得費の増加、住宅の入手難とこれに伴う劣悪な住宅地の形成、投機的な土地取引等の問題を引き起こし、国民経済の健全な発展と国民生活の安定に重大な影響を与える事態に対処するため、昭和38年に制定された。

公共用地取得のためや地価の安定など公共の利益に資することが制定の由来であったこともあり、不動産鑑定士は公共のためになす仕事が歴史的に重要な位置を占めている。たとえば、地価公示法に基づく標準地の鑑定を端緒とし、固定資産税の算出根拠となる固定資産税路線価や、同じく相続税路線価などの評価も不動産鑑定士が手がけている。また、民間からの業務としては企業会計に関する減損会計や会社合併時もしくは会社清算時の資産評価、会社と役員との間の同族間売買の参考、相続税申告時の時価評価、銀行融資における担保評価などがあげられる。

不動産鑑定士となるには、まず国土交通省が年に1回実施する短答式（不動産に関する行政法規・不動産の鑑定評価に関する理論）と論文式試験（民法・経済学・会計学・不動産の鑑定評価に関する理論）に合格しなくてはならない。試験合格後、1～3年間公益社団法人日本不動産鑑定士協会連合会が主催する実務修習において講義と基本演習を履修し、評価書を作成（実地演習）したうえで口頭試問（修了考査）を通過すると不動産鑑定士として登録することができる。

不動産鑑定士は鑑定実務のほか、不動産会社やファンド、金融機関、研究機関などで不動産に関する高度な知識や技能を実践している。

第1節　不動産とは——不動産価格の特徴　9

第2節 不動産鑑定評価とは

1 不動産鑑定評価とは何か

　不動産は一般の諸財と異なる特性を有するため、適正な価格を求めるためには、鑑定評価が必要となる。不動産の鑑定評価は、対象不動産の経済価値を判定し、貨幣額をもって表示することである。すなわち、不動産の価格を形成する要因および不動産の価格に関する諸原則への理解を前提として、対象となる不動産の的確な認識のうえに、必要とする関連資料を十分に収集・分析して、対象不動産に及ぼす自然的、社会的、経済的および行政的な要因の影響を判断し、鑑定評価の手法を駆使して経済価値に関する最終判断に到達し、貨幣額をもって表示するものである。

　この判断の当否は、各段階のそれぞれについて評価主体の能力および誠実さに左右される。また、必要な関連諸資料の収集整理および分析解釈の練達の程度に依存するものである。したがって、鑑定評価は、高度な知識と豊富な経験および的確な判断力をもち、さらに、これらが有機的かつ総合的に発揮できる練達堪能な専門家によってなされるとき、はじめて合理的であって、客観的に論証できるものとなるのであり、いわば不動産の鑑定評価とは、不動産の価格に関する専門家の判断であり、意見であるといえる。

2 不動産鑑定士の責務

　不動産鑑定士は、不動産の鑑定評価を担当する者として、十分に能力のある専門家としての地位を鑑定法によって認められ、付与されるものである。

したがって、不動産鑑定士は、不動産の鑑定評価の社会的公共的意義を理解し、その責務を自覚し、的確かつ誠実な鑑定評価活動の実践をもって、社会一般の信頼と期待に報いなければならない。

そのためには、まず、不動産鑑定士は、鑑定法に規定されているとおり、良心に従い、誠実に不動産の鑑定評価を行い、専門職業家としての社会的信用を傷つけるような行為をしてはならないとともに、正当な理由がなくて、その職務上取り扱ったことについて知りえた秘密を他に漏らしてはならないことはいうまでもなく、さらに次に述べる事項を遵守して資質の向上に努めなければならない。

　○　高度な知識と豊富な経験と的確な判断力とが有機的に統一されて、はじめて的確な鑑定評価が可能となるのであるから、不断の勉強と研鑽とによってこれを体得し、鑑定評価の進歩改善に努力すること。

　○　依頼者に対して鑑定評価の結果についてわかりやすく誠実に説明を行いうるようにするとともに、社会一般に対して、実践活動をもって、不動産の鑑定評価およびその制度に関する理解を深めることにより、不動産の鑑定評価に対する信頼を高めるよう努めること。

　○　不動産の鑑定評価にあたっては、自己または関係人の利害の有無その他いかなる理由にかかわらず、公平妥当な態度を保持すること。

　○　不動産の鑑定評価にあたっては、専門職業家としての注意を払わなければならないこと。

　○　自己の能力の限度を超えていると思われる場合、または縁故もしくは特別の利害関係を有する場合等、公平な鑑定評価を害するおそれのあるときは、原則として不動産の鑑定評価を引き受けてはならないこと。

不動産鑑定士は上記責務を負うことから、倫理規定に違反した場合は懲戒の対象となる。

3 不動産鑑定評価書に記載する事項

不動産鑑定士は不動産鑑定評価書を発行するが、実務上「意見書」や「価格調査報告書」などいわゆる「簡易鑑定」と呼ばれるレポートが存在する。両者の違いは何か。

不動産鑑定士が鑑定評価基準とともに遵守すべき、国土交通省が定めた「不動産鑑定士が不動産に関する価格等調査を行う場合の業務の目的と範囲等の確定及び成果報告書の記載事項に関するガイドライン」および公益社団法人日本不動産鑑定士協会連合会作成の「「価格等調査ガイドライン」の取扱いに関する実務指針」によれば、不動産鑑定評価書とは鑑定評価基準にのっとった評価書のことを指し、実務上鑑定評価基準にのっとっていない評価書を作成することがある場合は「意見書」や「調査報告書」など不動産鑑定評価書と明確に区別できる名称を用いなければならない。そして、「簡易鑑定評価書」や「簡易評価書」など不動産鑑定評価書と混同しうる呼称の使用は不適切である。

なお、鑑定評価基準にのっとっていない評価書であっても、不動産鑑定士が不動産の経済価値を判定し評価額を記載してあれば、鑑定法3条1項の鑑定評価業務に該当することになる。したがって、意見書や調査書という体裁であったとしても、価格を記載する以上、不動産鑑定士としての責任は発生し、その程度は不動産鑑定評価書と相違なく、懲戒や不当鑑定等の審査・処分の対象となる。

そして、鑑定評価基準では「鑑定評価報告書」(すなわち不動産鑑定評価書)には、少なくとも下記12項目について、それぞれに定めるところに留意して記載しなければならないとし、必要的記載事項を定めている。

必要的記載事項

(1) 鑑定評価額および価格または賃料の種類

---

12 第1章 不動産鑑定評価の基礎

(2) 鑑定評価の条件

(3) 対象不動産の所在、地番、地目、家屋番号、構造、用途、数量等および対象不動産に係る権利の種類

(4) 対象不動産の確認に関する事項

(5) 鑑定評価の依頼目的および依頼目的に対応した条件と価格または賃料の種類との関連

(6) 価格時点および鑑定評価を行った年月日

(7) 鑑定評価額の決定の理由の要旨

(8) 鑑定評価上の不明事項に係る取扱いおよび調査の範囲

(9) 関与不動産鑑定士および関与不動産鑑定業者に係る利害関係等

(10) 関与不動産鑑定士の氏名

(11) 依頼者および提出先等の氏名または名称

(12) 鑑定評価額の公表の有無について確認した内容

(1) 鑑定評価額および価格または賃料の種類

鑑定評価により求める価格等は、目的や背景が異なる複数の種類が存在するため、どの価格を求めたかを明記しなくてはならない。

後述する正常価格または正常賃料を求めることができる不動産について、依頼目的に対応した条件により限定価格、特定価格または限定賃料を求めた場合は、カッコ書で正常価格または正常賃料である旨を付記してそれらの額を併記しなければならない。また、支払賃料の鑑定評価を依頼された場合における鑑定評価額の記載は、支払賃料である旨を付記して支払賃料の額を表示するとともに、当該支払賃料が実質賃料と異なる場合においては、カッコ書で実質賃料である旨を付記して実質賃料の額を併記するものとする。

(2) 鑑定評価の条件

対象確定条件、依頼目的に応じ設定された地域要因もしくは個別的要因に

第2節　不動産鑑定評価とは　13

ついての想定上の条件または調査範囲等条件について、それらの条件の内容および評価における取扱いが妥当なものであると判断した根拠を明らかにするとともに、必要があると認められるときは、当該条件が設定されない場合の価格等の参考事項を記載すべきである。

⑶ 対象不動産の所在、地番、地目、家屋番号、構造、用途、数量等および対象不動産に係る権利の種類

一般的に登記簿謄本の内容を記載するが、必要に応じて実測面積や建物設計図書の内容を記載する。

⑷ 対象不動産の確認に関する事項

対象不動産の物的確認および権利の態様の確認について、確認資料と照合した結果を明確に記載しなければならない。

また、後日対象不動産の現況把握に疑義が生ずる場合があることを考慮して、以下の事項をあわせて記載しなければならない。

- ○ 実地調査を行った年月日
- ○ 実地調査を行った不動産鑑定士の氏名
- ○ 立会人の氏名および職業
- ○ 実地調査を行った範囲（内覧の実施の有無を含む）
- ○ 実地調査の一部を実施することができなかった場合にあっては、その理由

⑸ 鑑定評価の依頼目的および依頼目的に対応した条件と価格または賃料の種類との関連

鑑定評価の依頼目的に対応した条件により、当該価格または賃料を求めるべきと判断した理由を記載しなければならない。特に、特定価格を求めた場合には法令等による社会的要請の根拠、また、特殊価格を求めた場合には文化財の指定の事実等を明らかにしなければならない（第4節1⑶参照）。

14　第1章　不動産鑑定評価の基礎

(6) 価格時点および鑑定評価を行った年月日

価格時点とは、評価額を決定した日を指すが、鑑定評価額は原則として価格時点においてのみ妥当するものである。

(7) 鑑定評価額の決定の理由の要旨

鑑定評価額の決定の理由の要旨は、下記に掲げる内容について記載するものとする。

① 地域分析および個別分析に係る事項：同一需給圏および近隣地域の範囲および状況、対象不動産に係る価格形成要因についての状況、同一需給圏の市場動向および同一需給圏における典型的な市場参加者の行動、代替、競争等の関係にある不動産と比べた対象不動産の優劣および競争力の程度等について記載しなければならない。

② 最有効使用の判定に関する事項：最有効使用およびその判定の理由を明確に記載する（第3節5⑷参照）。なお、建物およびその敷地に係る鑑定評価における最有効使用の判定の記載は、建物およびその敷地の最有効使用のほか、その敷地の更地としての最有効使用についても記載しなければならない。

③ 鑑定評価の手法の適用に関する事項：適用した鑑定評価の手法について、対象不動産の種別および類型ならびに賃料の種類に応じた地域分析および個別分析により把握した対象不動産に係る市場の特性等との関係を記載しなければならない。

④ 試算価格または試算賃料の調整に関する事項：試算価格または試算賃料の再吟味および説得力に係る判断の結果を記載しなければならない。

⑤ 公示価格との規準に関する事項

⑥ 当事者間で事実の主張が異なる事項：対象不動産に関し、争訟等の当事者間において主張が異なる事項が判明している場合には、当該事

項に関する取扱いについて記載しなければならない。

⑦ その他：支払賃料を求めた場合には、その支払賃料と実質賃料との関連を記載しなければならない。また、継続賃料を求めた場合には、直近合意時点について記載しなければならない。

⑻ 鑑定評価上の不明事項に係る取扱いおよび調査の範囲

対象不動産の確認、資料の検討および価格形成要因の分析等、鑑定評価の手順の各段階において、鑑定評価における資料収集の限界、資料の不備等によって明らかにすることができない事項が存する場合の評価上の取扱いを記載しなければならない。その際、不動産鑑定士が自ら行った調査の範囲および内容を明確にするとともに、他の専門家が行った調査結果等を活用した場合においては、当該専門家が調査した範囲および内容を明確にしなければならない。

⑼ 関与不動産鑑定士および関与不動産鑑定業者に係る利害関係等

a 関与不動産鑑定士および関与不動産鑑定業者の対象不動産に関する利害関係等

関与不動産鑑定士および関与不動産鑑定業者について、対象不動産に関する利害関係または対象不動産に関し利害関係を有する者との縁故もしくは特別の利害関係の有無およびその内容について記載しなければならない。

b 依頼者と関与不動産鑑定士および関与不動産鑑定業者との関係

依頼者と関与不動産鑑定士および関与不動産鑑定業者との間の特別の資本的関係、人的関係および取引関係の有無ならびにその内容について記載しなければならない。

c 提出先等と関与不動産鑑定士および関与不動産鑑定業者との関係等

提出先等と関与不動産鑑定士および関与不動産鑑定業者との間の特別の資本的関係、人的関係および取引関係の有無ならびにその内容を記載しなけれ

ばならない。なお、提出先等が未定の場合または明らかとならない場合はその旨の記載でかまわない。

⑽　関与不動産鑑定士の氏名

鑑定法39条2項では、「その不動産の鑑定評価に関与した不動産鑑定士がその資格を表示して署名しなければならない」と規定し、印字等による記名ではなく、自筆の署名を求めている（ただし、電子署名も可）。また、複数の不動産鑑定士が関与した場合は、その役割に応じて「総括不動産鑑定士」および「確定担当不動産鑑定士」「作成担当不動産鑑定士」を記載しなければならない。

第3節 不動産の価格形成要因と価格の諸原則

1 不動産の種類

　不動産の鑑定評価においては、不動産の地域性ならびに有形的利用および権利関係の態様に応じた分析を行う必要があり、その地域の特性等に基づく不動産の種類ごとに検討することが重要である。

　不動産の種類とは、不動産の種別および類型の二面からなる複合的な不動産の概念を示すものであり、この不動産の種別および類型が不動産の経済価値を本質的に決定づけるものであるから、この両面の分析をまってはじめて精度の高い不動産の鑑定評価が可能となるものである。不動産の種別とは、不動産の用途に関して区分される不動産の分類をいい、不動産の類型とは、その有形的利用および権利関係の態様に応じて区分される不動産の分類をいう。

(1) 不動産の種別

　不動産の種別は地域の種別と土地の種別に分けられる。
　地域の種別には、宅地地域、農地地域、林地地域等がある。
　宅地地域とは、居住、商業活動、工業生産活動等の用に供される建物、構築物等の敷地の用に供されることが、自然的、社会的、経済的および行政的観点からみて合理的と判断される地域をいい、住宅地域、商業地域、工業地域等に細分される。さらに住宅地域、商業地域、工業地域等については、その規模、構成の内容、機能等に応じた細分化が考えられる。たとえば、同じ東京都内であっても銀座4丁目の商業地域と八王子市の商業地域は細分類が

異なる。

　農地地域とは農業生産活動のうち耕作の用に供されることが、林地地域とは林業生産活動のうち木竹または特用林産物の生育の用に供されることが、自然的、社会的、経済的および行政的観点からみて合理的と判断される地域をいう。

　なお、それぞれの地域間において、ある種別の地域から他の種別の地域へと転換しつつある地域、たとえば農地地域が市街地開発され宅地地域へと転換するような地域があることに留意すべきである。

　土地の種別は、地域の種別に応じて分類される土地の区分であり、宅地、農地、林地、見込地、移行地等に分けられ、さらに地域の種別の細分に応じて住宅地、商業地、工業地等に細分される。

(2)　不動産の類型

宅地ならびに建物およびその敷地の類型を例示すれば、次のとおりである。

- ①　宅地の類型
  - ○　更地：建物等の定着物がなく、かつ、使用収益を制約する権利の付着していない宅地をいう。
  - ○　建付地：建物等の用に供されている敷地で建物等およびその敷地が同一の所有者に属している宅地をいう。
  - ○　借地権：借地借家法（廃止前の借地法を含む）に基づく借地権（建物の所有を目的とする地上権または土地の賃借権）をいう。
  - ○　底地：借地権の付着している宅地の所有権をいう。
  - ○　区分地上権・工作物を所有するため、地下または空間に上下の範囲を定めて設定された地上権をいう。地中に地下鉄が走っている土地などが該当する。
- ②　建物およびその敷地の類型
  - ○　自用の建物およびその敷地：建物所有者とその敷地の所有者とが

同一人であり、その所有者による使用収益を制約する権利の付着していない場合における当該建物およびその敷地をいう。

○　貸家およびその敷地：建物所有者とその敷地の所有者とが同一人であるが、建物が賃貸借に供されている場合における当該建物およびその敷地をいう。

○　借地権付建物：借地権を権原とする建物が存する場合における当該建物および借地権をいう。

○　区分所有建物およびその敷地：建物の区分所有等に関する法律2条3項に規定する専有部分ならびに当該専有部分に係る同条4項に規定する共用部分の共有持分および同条6項に規定する敷地利用権をいい、いわゆるマンションの一室が該当する。

2　一般的要因（マクロ要因）

　不動産の価格を形成する要因（以下「価格形成要因」という）とは、不動産の効用および相対的希少性ならびに不動産に対する有効需要の三者に影響を与える要因をいう。不動産の価格は、多数の要因の相互作用の結果として形成されるものであるが、要因それ自体も常に変動する傾向をもっている。したがって、不動産の鑑定評価を行うにあたっては、価格形成要因を市場参加者の観点から明確に把握し、かつ、その推移および動向ならびに諸要因間の相互関係を十分に分析して、前記三者に及ぼすその影響を判定することが必要である。

　価格形成要因は、一般的要因、地域要因および個別的要因に分けられる。

　一般的要因とは、一般経済社会における不動産のあり方およびその価格の水準に影響を与える要因であり、国際社会および日本国内全体に係るマクロな要因であって、自然的要因、社会的要因、経済的要因および行政的要因に大別される。

　一般的要因の主なものを例示すれば、次のとおりである。

20　第1章　不動産鑑定評価の基礎

① 自然的要因

- ○ 地質、地盤等の状態
- ○ 土壌および土層の状態
- ○ 地勢の状態
- ○ 地理的位置関係
- ○ 気象の状態

② 社会的要因

- ○ 人口の状態
- ○ 家族構成および世帯分離の状態
- ○ 都市形成および公共施設の整備の状態
- ○ 教育および社会福祉の状態
- ○ 不動産の取引および使用収益の慣行
- ○ 建築様式等の状態
- ○ 情報化の進展の状態
- ○ 生活様式等の状態

③ 経済的要因

- ○ 貯蓄、消費、投資および国際収支の状態
- ○ 財政および金融の状態
- ○ 物価、賃金、雇用および企業活動の状態
- ○ 税負担の状態
- ○ 企業会計制度の状態
- ○ 技術革新および産業構造の状態
- ○ 交通体系の状態
- ○ 国際化の状態

④ 行政的要因

- ○ 土地利用に関する計画および規制の状態
- ○ 土地および建築物の構造、防災等に関する規制の状態
- ○ 宅地および住宅に関する施策の状態

- ○ 不動産に関する税制の状態
- ○ 不動産の取引に関する規制の状態

3 地域要因

地域要因とは、マクロである一般的要因および後述するミクロである個別的要因の中間に位置する要因である。対象不動産が属する市区町村から丁目までの単位における価格形成要因であり、規模、構成の内容、機能等にわたる各地域の特性を形成し、その地域に属する不動産の価格の形成に全般的な影響を与える要因をいう。

(1) 住宅地域

住宅地域の地域要因の主なものを例示すれば、次のとおりである。
- ○ 日照、温度、湿度、風向等の気象の状態
- ○ 街路の幅員、構造等の状態
- ○ 都心との距離および交通施設の状態
- ○ 商業施設の配置の状態
- ○ 上下水道、ガス等の供給・処理施設の状態
- ○ 情報通信基盤の整備の状態
- ○ 公共施設、公益的施設等の配置の状態
- ○ 汚水処理場等の嫌悪施設等の有無
- ○ 洪水、地すべり等の災害の発生の危険性
- ○ 騒音、大気の汚染、土壌汚染等の公害の発生の程度
- ○ 各画地の面積、配置および利用の状態
- ○ 住宅、生垣、街路修景等の街並みの状態
- ○ 眺望、景観等の自然的環境の良否
- ○ 土地利用に関する計画および規制の状態

22 第1章 不動産鑑定評価の基礎

(2) 商業地域

前述の住宅地域に掲げる地域要因のほか、商業地域特有の地域要因の主なものを例示すれば、次のとおりである。

- ○ 商業施設または業務施設の種類、規模、集積度等の状態
- ○ 商業背後地および顧客の質と量
- ○ 顧客および従業員の交通手段の状態
- ○ 商品の搬入および搬出の利便性
- ○ 街路の回遊性、アーケード等の状態
- ○ 営業の種別および競争の状態
- ○ 当該地域の経営者の創意と資力
- ○ 繁華性の程度および盛衰の動向
- ○ 駐車施設の整備の状態
- ○ 行政上の助成および規制の程度

(3) 工業地域

住宅地域に掲げた地域要因のほか、工業地域特有の地域要因の主なものを例示すれば、次のとおりである。

- ○ 幹線道路、鉄道、港湾、空港等の輸送施設の整備の状況
- ○ 労働力確保の難易
- ○ 製品販売市場および原材料仕入市場との位置関係
- ○ 動力資源および用排水に関する費用
- ○ 関連産業との位置関係
- ○ 水質の汚濁、大気の汚染等の公害の発生の危険性
- ○ 行政上の助成および規制の程度

(4) 農地地域

農地地域の地域要因の主なものを例示すれば、次のとおりである。

第3節　不動産の価格形成要因と価格の諸原則　23

- 日照、温度、湿度、風雨等の気象の状態
- 起伏、高低等の地勢の状態
- 土壌および土層の状態
- 水利および水質の状態
- 洪水、地すべり等の災害の発生の危険性
- 道路等の整備の状態
- 集落との位置関係
- 集荷地または産地市場との位置関係
- 消費地との距離および輸送施設の状態
- 行政上の助成および規制の程度

(5) 林地地域

林地地域の地域要因の主なものを例示すれば、次のとおりである。
- 日照、温度、湿度、風雨等の気象の状態
- 標高、地勢等の状態
- 土壌および土層の状態
- 林道等の整備の状態
- 労働力確保の難易
- 行政上の助成および規制の程度

4 個別的要因（ミクロ要因）

　個別的要因とは、不動産に個別性を生じさせ、その価格を個別的に形成する要因をいう。対象不動産自体の要因であり、ミクロな価格形成要因である。個別的要因は、土地、建物等の区分に応じて次のように分けられる。

(1) 土地に関する個別的要因

a 住 宅 地

住宅地の個別的要因の主なものを例示すれば、次のとおりである。

- 地勢、地質、地盤等
- 日照、通風および乾湿
- 間口、奥行、地積、形状等
- 高低、角地その他の接面街路との関係
- 接面街路の幅員、構造等の状態
- 接面街路の系統および連続性
- 交通施設との距離
- 商業施設との接近の程度
- 公共施設、公益的施設等との接近の程度
- 汚水処理場等の嫌悪施設等との接近の程度
- 隣接不動産等周囲の状態
- 上下水道、ガス等の供給・処理施設の有無およびその利用の難易
- 情報通信基盤の利用の難易
- 埋蔵文化財および地下埋設物の有無ならびにその状態
- 土壌汚染の有無およびその状態
- 公法上および私法上の規制、制約等

b 商 業 地

商業地の個別的要因の主なものを例示すれば、次のとおりである。

- 地勢、地質、地盤等
- 間口、奥行、地積、形状等
- 高低、角地その他の接面街路との関係
- 接面街路の幅員、構造等の状態
- 接面街路の系統および連続性
- 商業地域の中心への接近性

第3節 不動産の価格形成要因と価格の諸原則 25

- ○　主要交通機関との接近性
- ○　顧客の流動の状態との適合性
- ○　隣接不動産等周囲の状態
- ○　上下水道、ガス等の供給・処理施設の有無およびその利用の難易
- ○　情報通信基盤の利用の難易
- ○　埋蔵文化財および地下埋設物の有無ならびにその状態
- ○　土壌汚染の有無およびその状態
- ○　公法上および私法上の規制、制約等

c　工　業　地

工業地の個別的要因の主なものを例示すれば、次のとおりである。

- ○　地勢、地質、地盤等
- ○　間口、奥行、地積、形状等
- ○　高低、角地その他の接面街路との関係
- ○　接面街路の幅員、構造等の状態
- ○　接面街路の系統および連続性
- ○　従業員の通勤等のための主要交通機関との接近性
- ○　幹線道路、鉄道、港湾、空港等の輸送施設との位置関係
- ○　電力等の動力資源の状態および引込みの難易
- ○　用排水等の供給・処理施設の整備の必要性
- ○　上下水道、ガス等の供給・処理施設の有無およびその利用の難易
- ○　情報通信基盤の利用の難易
- ○　埋蔵文化財および地下埋設物の有無ならびにその状態
- ○　土壌汚染の有無およびその状態
- ○　公法上および私法上の規制、制約等

d　農　　　地

農地の個別的要因の主なものを例示すれば、次のとおりである。

- ○　日照、乾湿、雨量等の状態
- ○　土壌および土層の状態

- ○ 農道の状態
- ○ 灌漑排水の状態
- ○ 耕うんの難易
- ○ 集落との接近の程度
- ○ 集荷地との接近の程度
- ○ 災害の危険性の程度
- ○ 公法上および私法上の規制、制約等

e 林　　地

林地の個別的要因の主なものを例示すれば、次のとおりである。

- ○ 日照、乾湿、雨量等の状態
- ○ 標高、地勢等の状態
- ○ 土壌および土層の状態
- ○ 木材の搬出、運搬等の難易
- ○ 管理の難易
- ○ 公法上および私法上の規制、制約等

(2) 建物に関する個別的要因

建物の各用途に共通する個別的要因の主なものを例示すれば、次のとおりである。建物の用途ごとに市場参加者が取引等に際して着目する個別的要因が異なることに留意する必要がある。

- ○ 建築（新築、増改築等または移転）の年次
- ○ 面積、高さ、構造、材質等
- ○ 設計、設備等の機能性
- ○ 施工の質と量
- ○ 耐震性、耐火性等建物の性能
- ○ 維持管理の状態
- ○ 有害な物質の使用の有無およびその状態
- ○ 建物とその環境との適合の状態

○　公法上および私法上の規制、制約等

⑶　建物およびその敷地に関する個別的要因

　建物およびその敷地に関する個別的要因の主なものを例示すれば、次のとおりである。

　　　○　敷地内における建物、駐車場、通路、庭等の配置
　　　○　建物と敷地の規模の対応関係等
　　　○　建物等と敷地との適応の状態
　　　○　修繕計画・管理計画の良否とその実施の状態
　　　○　賃借人の状況および賃貸借契約の内容（貸家の場合）
　　　○　貸室の稼働状況（貸家の場合）
　　　○　躯体・設備・内装等の資産区分および修繕費用等の負担区分（貸家の場合）
　　　○　その他賃貸経営管理の良否（貸家の場合）

5　価格の諸原則

　不動産の価格形成の過程を考察すると、そこに基本的な法則性を認めることができる。それは、一般の経済原則に基礎を置くものであるが、他の諸財と異なる特徴があるため不動産鑑定評価の立場からあらためて解釈をされており、なかには独特の経済原則も含む。鑑定評価基準では特に重要な11カ条の経済原則を列挙しているが、これらの原則は、孤立しているものではなく、直接的または間接的に相互に関連しているものである。

⑴　需要と供給の原則

　一般に財の価格は、その財の需要と供給との相互関係によって定まるとともに、その価格は、また、その財の需要と供給とに影響を及ぼす。不動産の価格もまたその需要と供給との相互関係によって定まるのであるが、不動産

28　第1章　不動産鑑定評価の基礎

は他の財と異なる自然的特性および人文的特性を有するために、その需要と供給および価格の形成には、これらの特性の反映が認められる。

不動産に限らず、財の価格は需要と供給の均衡によって成立する。需要が供給を上回れば価格が上がり、流通量が増え、結果的に供給が追い付くことになる。需要が下回れば、これと逆の現象が生じる。不動産の価格も基本的に需要と供給の均衡によって決定するが、自然的特性として不増性があるがゆえに、需要が増えたからといって単純に供給量を増やせるわけではない。

(2) 変動の原則

一般に財の価格は、その価格を形成する要因の変化に伴って変動する。

不動産の価格も多数の価格形成要因の相互因果関係の組合せの流れである変動の過程において形成されるものである。したがって、不動産の鑑定評価にあたっては、価格形成要因が常に変動の過程にあることを認識して、各要因間の相互因果関係を動的に把握すべきである。特に、不動産の最有効使用を判定するためには、この変動の過程を分析することが必要である。

時間は不可逆であり、何者もその影響から逃れることはできない。永続性を備える不動産も、その形成要因の変化に伴い変動する。そのため、現在時点の不動産価格を評価する場合であっても、いま現在だけの情報だけではなく、予測しうる将来にわたる変化も考慮に入れなくてはならない。現在時点において入手しうる情報には限界があるため、将来を予測する作業は大変な困難を伴うが、重要なのは、手に入れることのできる将来予測は網羅すべきであり、かつ、現在最も支持を受けている説を見極めることである。

(3) 代替の原則

代替性を有する二以上の財が存在する場合には、これらの財の価格は、相互に影響を及ぼして定まる。不動産の価格も代替可能な他の不動産または財の価格と相互に関連して形成される。

第3節　不動産の価格形成要因と価格の諸原則　29

⑷ 最有効使用の原則

不動産の価格は、その不動産の効用が最高度に発揮される可能性に最も富む使用（最有効使用）を前提として把握される価格を標準として形成される。この場合の最有効使用は、現実の社会経済情勢のもとで客観的にみて、良識と通常の使用能力をもつ人による合理的かつ合法的な最高最善の使用方法[2]に基づくものである。

不動産には用途の多様性があるため、複数の異なる使用方法に基づく需要が競合し、最終的に最も高い価格を提示することができる需要者、すなわち、最もその不動産の潜在的効用を発揮できる使用方法に基づく需要者がその不動産を獲得することができる。ただし、特別な能力をもつ需要者や非合法な使用方法は考慮に含まない。

⑸ 均衡の原則

不動産の収益性または快適性が最高度に発揮されるためには、その構成要素の組合せが均衡を得ていることが必要である。したがって、不動産の最有効使用を判定するためには、この均衡を得ているかどうかを分析することが必要である。

⑹ 収益逓増および逓減の原則

ある単位投資額を継続的に増加させると、これに伴って総収益は増加する。しかし、増加させる単位投資額に対応する収益は、ある点までは増加するが、その後は減少する。この原則は、不動産に対する追加投資の場合についても同様である。たとえば、風呂なしアパートにユニットバスを追加した

2　ある不動産についての現実の使用方法は、必ずしも最有効使用に基づいているものではなく、不合理なまたは個人的な事情による使用方法のために、当該不動産が十分な効用を発揮していない場合があることに留意すべきである。ビル街のなかに存在する戸建住宅はその典型例である。

場合に賃料は上昇するが、その後ユニットバスのグレードを上げたからといって前回工事と同様に賃料が上昇するとは限らない。

(7) 収益配分の原則

土地、資本、労働および経営（組織）の各要素の結合によって生ずる総収益は、これらの各要素に配分される。したがって、このような総収益のうち、資本、労働および経営（組織）に配分される部分以外の部分は、それぞれの配分が正しく行われる限り、土地に帰属するものである。

(8) 寄与の原則

不動産のある部分がその不動産全体の収益獲得に寄与する度合いは、その不動産全体の価格に影響を及ぼす。この原則は、不動産の最有効使用の判定にあたっての不動産の追加投資の適否の判定等に有用である。

(9) 適合の原則

不動産の収益性または快適性が最高度に発揮されるためには、当該不動産がその環境に適合していることが必要である。したがって、不動産の最有効使用を判定するためには、当該不動産が環境に適合しているかどうかを分析することが必要である。たとえば、商業ビルが建ち並ぶ地域に存する戸建住宅はその環境に適合しているとはいえない。

(10) 競争の原則

一般に、超過利潤は競争を引き起こし、競争は超過利潤を減少させ、終局的にはこれを消滅させる傾向をもつ。不動産についても、その利用による超過利潤を求めて、不動産相互間および他の財との間において競争関係が認められ、不動産の価格は、このような競争の過程において形成される。

⑾　予測の原則

　財の価格は、その財の将来の収益性等についての予測を反映して定まる。不動産の価格も、価格形成要因の変動についての市場参加者による予測によって左右される。財の価格は需要と供給により決定される性質を有するが、需要と供給はその財が将来どうなるのかという予測によって影響を受けるので、財の価格は将来に対する予測を反映することになる。原油価格を例にとると、産油国付近で戦争が起き生産量が減りそうだとの予測が支配的になれば、いくら現在時点で生産量が健全であっても価格は高騰する（需要＞供給）。逆に、世界経済が減速して工場稼働率が下がりそうだとの予測が支配的になれば価格は下落していく。このように、現在の価格は市場参加者の予測を織り込んで形成されている。注意すべき点は、「将来」自体ではなく、将来に対する「市場参加者の予測」が反映されているということである。必ずしも市場で支配的な将来予測が実現するわけではないが、市場参加者の多くが「そうなるだろう」と信じれば予測に沿って価格が形成されていく。そのため、不動産の価格を評価する場合は、少なくとも現在時点で最有力な将来予測を把握しておく必要がある。

第4節 不動産鑑定評価の手順

不動産評価を行うにあたり、一般的に下記手順に沿って実施される。

① 基本的事項の確定
② 依頼者、提出先等および利害関係者等の確認
③ 処理計画の策定
④ 対象不動産の確認
⑤ 資料の収集および整理
⑥ 資料の検討および価格形成要因の分析
⑦ 鑑定評価の手法の適用
⑧ 試算価格または試算賃料の調整
⑨ 鑑定評価額の決定
⑩ 鑑定評価報告書（不動産鑑定評価書）の作成

1 基本的事項の確定

鑑定評価にあたっては、依頼目的、条件および依頼が必要となった背景について依頼者に明瞭に確認し、鑑定評価の基本的事項を確定しなければならない。基本的事項としては、対象不動産、価格時点および価格または賃料の種類を確定することになる。

(1) 対象不動産の確定

対象不動産の確定にあたっては、まず、評価の対象となる土地または建物等を物的に確定することのみならず、鑑定評価の対象となる所有権および所

有権以外の権利を確定する必要がある。

a 対象確定条件

　対象不動産の確定にあたって必要となる鑑定評価の条件を対象確定条件という。対象確定条件は、鑑定評価の対象とする不動産の所在、範囲等の物的事項および所有権、賃借権等の対象不動産の権利の態様に関する事項を確定するために必要な条件であり、依頼目的に応じて次のような条件がある。

- ○　不動産が土地のみの場合または土地および建物等の結合により構成されている場合において、その状態を所与として鑑定評価の対象とすること。

- ○　不動産が土地および建物等の結合により構成されている場合において、その土地のみを建物等が存しない独立のもの（更地）として鑑定評価の対象とすること。この場合の鑑定評価を独立鑑定評価という。

- ○　不動産が土地および建物等の結合により構成されている場合において、その状態を所与として、その不動産の構成部分を鑑定評価の対象とすること。たとえば、アパートが建っている状況を所与としてその建物部分のみを評価することがあり、この場合の鑑定評価を部分鑑定評価という。

- ○　不動産の併合または分割を前提として、併合後または分割後の不動産を単独のものとして鑑定評価の対象とすること。たとえば、借地権者が底地を購入し、完全所有権となった状態を所与として評価することがあり、この場合の鑑定評価を併合鑑定評価または分割鑑定評価という。

- ○　造成に関する工事が完了していない土地または建築に係る工事が完了していない建物について、当該工事の完了を前提として鑑定評価の対象とすること。この場合の鑑定評価を未竣工建物等鑑定評価というが、価格時点において想定される竣工後の不動産に係る物的確認を行うために必要な設計図書等および権利の態様の確認を行うための請負契約書等を収集しなければならず、さらに、当該未竣工建物等に係る

法令上必要な許認可等が取得され、発注者の資金調達能力等の観点から工事完了の実現性が高いと判断されなければならない。なお、建築工事は、建物を新築するもののほか、増改築等を含む。

b　地域要因または個別的要因についての想定上の条件

対象不動産について、依頼目的に応じ対象不動産に係る価格形成要因のうち地域要因または個別的要因について想定上の条件を設定する場合がある。この場合には、設定する想定上の条件が鑑定評価書の利用者の利益を害するおそれがないかどうかの観点に加え、特に実現性および合法性の観点から妥当なものでなければならない。

一般に、地域要因について想定上の条件を設定することが妥当と認められる場合は、主として計画および諸規制の変更、改廃に権能をもつ公的機関の設定する事項に限られる。

c　調査範囲等条件

不動産鑑定士の通常の調査の範囲では、対象不動産の価格への影響の程度を判断するための事実の確認が困難な特定の価格形成要因が存する場合、原則としては他の専門家による調査を依頼することになるが、依頼者の事情等により実現できないような場合は、当該価格形成要因について調査の範囲に係る条件を設定することができる。ただし、調査範囲等の条件を設定することができるのは、条件を設定しても鑑定評価書の利用者の利益を害するおそれがないと判断される場合に限られる。

d　鑑定評価が鑑定評価書の利用者の利益に重大な影響を及ぼす場合における条件設定の制限

証券化対象不動産の鑑定評価および会社法上の現物出資の目的となる不動産の鑑定評価等、鑑定評価が鑑定評価書の利用者の利益に重大な影響を及ぼす可能性がある場合には、原則として、鑑定評価の対象とする不動産の現実の利用状況と異なる対象確定条件、地域要因または個別的要因についての想定上の条件および調査範囲等条件の設定をしてはならない。

第4節　不動産鑑定評価の手順　35

e　条件設定に関する依頼者との合意等

　条件設定をする場合、依頼者との間で当該条件設定に係る鑑定評価依頼契約上の合意がなくてはならない。また、条件設定が妥当ではないと認められる場合には、依頼者に説明のうえ、妥当な条件に改定しなければならない。

(2)　価格時点の確定

　価格形成要因は、時の経過により変動するものであるから、不動産の価格はその判定の基準となった日においてのみ妥当するものである。したがって、不動産の鑑定評価を行うにあたっては、不動産の価格の判定の基準日を確定する必要があり、この日を価格時点という。また、賃料の価格時点は、賃料の算定の期間の収益性を反映するものとしてその期間の期首となる。

　価格時点は、鑑定評価を行った年月日を基準として現在の場合（現在時点）、過去の場合（過去時点）および将来の場合（将来時点）に分けられる。

(3)　鑑定評価によって求める価格または賃料の種類の確定

　不動産の鑑定評価によって求める価格は、基本的には正常価格であるが、鑑定評価の依頼目的に対応した条件により限定価格、特定価格または特殊価格を求める場合があるので、依頼目的に対応した条件をふまえて価格の種類を適切に判断し、明確にすべきである。なお、評価目的に応じ、特定価格として求めなければならない場合があることに留意しなければならない。また、賃料を求める場合は基本的には正常賃料であり、条件によっては限定賃料であり、特定の当事者間の場合は継続賃料となる。

a　正常価格

　正常価格とは、市場性を有する不動産について、現実の社会経済情勢のもとで合理的と考えられる条件を満たす市場で形成されるであろう市場価値を表示する適正な価格をいう。この場合において、現実の社会経済情勢のもとで合理的と考えられる条件を満たす市場とは、取引形態が、市場参加者が制約されたり、売り急ぎ、買い進み等を誘引したりするような特別なものでは

ないこと、および、対象不動産が相当の期間市場に公開されていること、ならびに、市場参加者が自由意思に基づいて市場に参加し、参入、退出が自由であることといった条件を満たす市場を指す。

なお、ここでいう市場参加者は、自己の利益を最大化するため次のような要件を満たすとともに、慎重かつ賢明に予測し、行動するものとする。

- 　○　売り急ぎ、買い進み等をもたらす特別な動機のないこと。
- 　○　対象不動産および対象不動産が属する市場について取引を成立させるために必要となる通常の知識や情報を得ていること。
- 　○　取引を成立させるために通常必要と認められる労力、費用を費やしていること。
- 　○　対象不動産の最有効使用を前提とした価値判断を行うこと。
- 　○　買主が通常の資金調達能力を有していること。

b　限定価格

限定価格とは、市場性を有する不動産について、不動産と取得する他の不動産との併合または不動産の一部を取得する際の分割等に基づき正常価格と同一の市場概念のもとにおいて形成されるであろう市場価値と乖離することにより、市場が相対的に限定される場合における取得部分の当該市場限定に基づく市場価値を適正に表示する価格をいう。

限定価格を求める場合を例示すれば、次のとおりである。

(a)　借地権者（底地所有者）が底地（借地権）の併合を目的とする売買に関連する場合

一般的に底地は市場において相対的に低い評価を受けるものであるが、借地権者が底地を購入する場合は借地権と併合され完全所有権に復帰することで当該土地に増分価値が生じることになる。そのため、底地を正常価格と同一の市場概念における市場価格よりも高く購入しても借地権者には経済合理性があるため、第三者が介入する余地がなくなり、市場が相対的に限定されることから限定価格となる。

なお、底地所有者が借地権を購入する場合も同様のメカニズムが生じる。

図表1−3　旗竿地の隣地併合

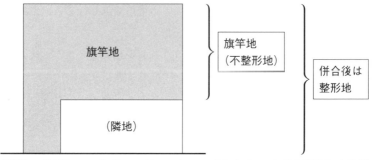

（出典）　リビンマッチ（https://www.lvnmatch.jp/column/sell/13290/）より筆者作成。

(b)　隣接不動産の併合を目的とする売買に関連する場合

　隣接地を併合することで、併合後の価格が併合前の各土地の合計値を上回ることがあり、当該隣接地に増分価値が生じる場合がある。たとえば、旗竿地所有者が前面に位置する整形地を購入して併合する場合、旗竿地も整形地となるため併合後の価値には増分価値が生じるため、旗竿地所有者には経済合理性があり、市場が相対的に限定されることから限定価格となる（図表1−3参照）。

(c)　経済合理性に反する不動産の分割を前提とする売買に関連する場合

　ある土地の一部を分割して取得する場合、残地の利用効率が低下することで減価が生じることがある。この場合、当該土地所有者は残地の減価分について補償を受けない限り分割を許可しない。そこで、当該土地を分割して取得したい買主は補償を上乗せした価格で取得することになり、合理的な市場価値から乖離することになるため、市場が相対的に限定され限定価格となる。

c　特定価格

　特定価格とは、市場性を有する不動産について、法令等による社会的要請を背景とする鑑定評価目的のもとで、正常価格の前提となる諸条件を満たさないことにより正常価格と同一の市場概念のもとにおいて形成されるであろ

う市場価値と乖離することとなる場合における不動産の経済価値を適正に表示する価格をいう。

特定価格を求める場合を例示すれば、次のとおりである。

○　証券化対象不動産に係る鑑定評価目的のもとで、投資家に示すための投資採算価値を表す価格を求める場合

○　民事再生法に基づく鑑定評価目的のもとで、早期売却を前提とした価格を求める場合

○　会社更生法または民事再生法に基づく鑑定評価目的のもとで、事業の継続を前提とした価格を求める場合

d　特殊価格

特殊価格とは、文化財等の一般的に市場性を有しない不動産について、その利用現況等を前提とした不動産の経済価値を適正に表示する価格をいう。

特殊価格を求める場合を例示すれば、文化財の指定を受けた建造物、宗教建築物または現況による管理を継続する公共公益施設の用に供されている不動産について、その保存等に主眼を置いた鑑定評価を行う場合である。

e　正常賃料

正常賃料とは、正常価格と同一の市場概念のもとにおいて新たな賃貸借等の契約において成立するであろう経済価値を適正に表示する新規賃料をいう。

f　限定賃料

限定賃料とは、限定価格と同一の市場概念のもとにおいて新たな賃貸借等の契約において成立するであろう経済価値を適正に表示する新規賃料をいう。

限定賃料を求めることができる場合を例示すれば、次のとおりである。

○　隣接不動産の併合使用を前提とする賃貸借等に関連する場合

○　経済合理性に反する不動産の分割使用を前提とする賃貸借等に関連する場合

第4節　不動産鑑定評価の手順　39

g　継続賃料

　継続賃料とは、不動産の賃貸借等の継続に係る特定の当事者間において成立するであろう経済価値を適正に表示する賃料をいう。たとえば、賃貸借契約の更新にあたり賃料改定が協議される場合など、貸主と借主という特定の当事者間でのみ成立する賃料であるため、正常賃料と背景が異なる。

2　依頼者、提出先等および利害関係者等の確認

⑴　依頼された鑑定評価書の内容を知りうるものの確認

下記氏名または組織名等を確認する。
- ○　依頼者
- ○　依頼者以外の者へ提出される場合における当該提出先
- ○　鑑定評価額が依頼者以外の者へ開示される場合における当該開示の相手方

⑵　関与不動産鑑定士および関与不動産鑑定業者に係る利害関係等

下記などの利害関係を確認する。
- ○　関与不動産鑑定士および関与不動産鑑定業者の対象不動産に関する利害関係等
- ○　依頼者と関与不動産鑑定士および関与不動産鑑定業者との関係
- ○　提出先等と関与不動産鑑定士および関与不動産鑑定業者との関係

⑶　鑑定評価額の公表の有無

　鑑定評価額の公表により不特定多数の者に大きな影響を与える場合があるため、鑑定評価には高い透明性や独立性が求められることから、上記⑵における利害関係者等の確認結果によっては受託を見合わせるべきである。

40　第1章　不動産鑑定評価の基礎

なお、公益社団法人日本不動産鑑定士協会連合会策定の「不動産鑑定評価基準に関する実務指針」においては、不動産鑑定評価書の提出後に当初予定していなかった公表がなされる場合は、依頼者が関与不動産鑑定士および不動産鑑定業者との間で書面による承諾を得る必要があると規定している。

3　処理計画の策定

　処理計画の策定にあたっては、確定された鑑定評価の基本的事項に基づき、実施すべき作業の性質および量、処理能力等に即応して、対象不動産の確認、資料の収集および整理、資料の検討および価格形成要因の分析、鑑定評価の手法の適用、試算価格または試算賃料の調整、鑑定評価額の決定等鑑定評価の作業に係る処理計画を秩序的に策定しなければならない。

4　対象不動産の確認

　対象不動産の確認は、対象不動産の物的確認および権利の態様の確認に分けられ、実地調査、聴聞、公的資料の確認等により、的確に行う必要がある。

　対象不動産の物的確認にあたっては、土地についてはその所在、地番、数量等を、建物についてはこれらのほか家屋番号、建物の構造、用途等を、それぞれ実地に確認することを通じて、対象不動産の存否およびその内容を、確認資料を用いて照合しなければならない。また、物的確認を行うにあたっては、対象不動産について登記事項証明書等により登記または登録されている内容とその実態との異同について把握する必要がある。

　権利の態様の確認にあたっては、物的に確認された対象不動産について、当該不動産に係るすべての権利関係を明瞭に確認することにより、鑑定評価の対象となる権利の存否およびその内容を、確認資料を用いて照合しなければならない。

第4節　不動産鑑定評価の手順　41

5　資料の収集および整理

　鑑定評価の成果は、採用した資料によって左右されるものであるから、資料の収集および整理は、鑑定評価の作業に活用しうるように適切かつ合理的な計画に基づき、実地調査、聴聞、公的資料の確認等により的確に行うものとし、公正妥当を欠くようなことがあってはならない。

　鑑定評価に必要な資料は、おおむね次のように分けられる。

(1)　確認資料

　確認資料とは、不動産の物的確認および権利の態様の確認に必要な資料をいう。確認資料としては、登記事項証明書、公図、法務局備付けの地積測量図および建物図面、写真、住宅地図、設計図書等があげられる。

(2)　要因資料

　要因資料とは、価格形成要因に照応する資料をいう。要因資料は、一般的要因に係る一般資料、地域要因に係る地域資料および個別的要因に係る個別資料に分けられる。一般資料および地域資料は、平素からできるだけ広くかつ組織的に収集しておくべきである。個別資料は、対象不動産の種類、対象確定条件等案件の相違に応じて適切に収集すべきである。

(3)　事例資料

　事例資料とは、鑑定評価の手法の適用に必要とされる現実の取引価格、賃料等に関する資料をいう。事例資料としては、建設事例、取引事例、収益事例、賃貸借等の事例等があげられる。なお、鑑定評価先例価格は鑑定評価にあたって参考資料としうる場合があり、売買希望価格等についても同様である。

6 資料の検討および価格形成要因の分析

　資料の検討にあたっては、収集された資料についてそれが鑑定評価の作業に活用するために必要にして十分な資料であるか否か、資料が信頼するに足りるものであるか否かについて考察しなければならない。この場合においては、価格形成要因を分析するために、その資料が対象不動産の種類ならびに鑑定評価の依頼目的および条件に即応しているか否かについて検討すべきである。

　価格形成要因の分析にあたっては、収集された資料に基づき、一般的要因を分析するとともに、地域分析および個別分析を通じて対象不動産についてその最有効使用を判定しなければならない。さらに、価格形成要因について、専門職業家としての注意を尽くしてもなお対象不動産の価格形成に重大な影響を与える要因が十分に判明しない場合には、原則として他の専門家が行った調査結果等を活用することが必要である。ただし、依頼目的や依頼者の事情による制約がある場合には、依頼者の同意を得て、想定上の条件を設定して鑑定評価を行うこともしくは調査範囲等条件を設定して鑑定評価を行うこと、または自己の調査分析能力の範囲内で当該要因に係る価格形成上の影響の程度を推定して鑑定評価を行うことができる。この場合、想定上の条件または調査範囲等条件を設定するためには条件設定に係る一定の要件を満たすことが必要であり、また、推定を行うためには客観的な推定ができると認められることが必要である。

7 鑑定評価の手法の適用

　鑑定評価の手法の適用にあたっては、鑑定評価の手法を当該案件に即して適切に適用すべきである。この場合、地域分析および個別分析により把握した対象不動産に係る市場の特性等を適切に反映した複数の鑑定評価の手法を適用すべきであり、対象不動産の種類、所在地の実情、資料の信頼性等によ

第4節　不動産鑑定評価の手順　43

り複数の鑑定評価の手法の適用が困難な場合においても、その考え方をできるだけ参酌するように努めるべきである。

8　試算価格または試算賃料の調整

　試算価格または試算賃料の調整とは、鑑定評価の複数の手法により求められた各試算価格または試算賃料の再吟味および各試算価格または試算賃料が有する説得力に係る判断を行い、鑑定評価における最終判断である鑑定評価額の決定に導く作業をいう。試算価格または試算賃料の調整にあたっては、対象不動産の価格形成を論理的かつ実証的に説明できるようにすることが重要である。このため、鑑定評価の手順の各段階について、客観的、批判的に再吟味し、その結果をふまえた各試算価格または各試算賃料が有する説得力の違いを適切に反映することによりこれを行うものとする。この場合において、特に次の事項に留意すべきである。

① 各試算価格または試算賃料の再吟味

○ 資料の選択、検討および活用の適否

○ 不動産の価格に関する諸原則の当該案件に即応した活用の適否

○ 一般的要因の分析ならびに地域分析および個別分析の適否

○ 各手法の適用において行った各種補正、修正等に係る判断の適否

○ 各手法に共通する価格形成要因に係る判断の整合性

○ 単価と総額との関連の適否

② 各試算価格または試算賃料が有する説得力に係る判断

○ 対象不動産に係る地域分析および個別分析の結果と各手法との適合性

○ 各手法の適用において採用した資料の特性および限界からくる相対的信頼性

9 鑑定評価額の決定

　上記で述べた手順を十分に尽くした後、専門職業家としての良心に従い適正と判断される鑑定評価額を決定すべきである。なお、土地の正常価格を求めるときは、公示価格を規準としなければならない。

10 鑑定評価報告書の作成

　鑑定評価額が決定されたときは、鑑定評価報告書、すなわち不動産鑑定評価書を作成するものとする。

　鑑定評価報告書は、鑑定評価の基本的事項および鑑定評価額を表し、鑑定評価額を決定した理由を説明し、その不動産の鑑定評価に関与した不動産鑑定士の責任の所在を示すことを主旨とするものであるから、鑑定評価報告書の作成にあたっては、まずその鑑定評価の過程において採用したすべての資料を整理し、価格形成要因に関する判断、鑑定評価の手法の適用に係る判断等に関する事項を明確にして、これに基づいて作成すべきである。

　鑑定評価報告書は、鑑定評価書を通じて依頼者のみならず第三者に対しても影響を及ぼすものであり、さらには市場における不動産の適正な価格の形成の基礎となるものであるから、その作成にあたっては、誤解の生ずる余地を与えないよう留意するとともに、特に鑑定評価額の決定の理由については、依頼者のみならず第三者に対して十分に説明しうるものとするように努めなければならない。

第5節　不動産の価格を求める3手法

　不動産の鑑定評価の方式には、原価方式、比較方式および収益方式の3方式がある。

　原価方式とは価格時点現在において対象不動産と同等の性質をもつ不動産を新たに取得するために要する原価、すなわち再調達原価に着目した方式である。比較方式とは不動産市場における取引事例または賃貸借等の事例に着目した方式であり、収益方式は不動産から生み出される収益に着目した方式である。

　不動産の価格を求める鑑定評価の基本的な手法は、3方式に対応したコストアプローチの原価法、マーケットアプローチの取引事例比較法およびインカムアプローチの収益還元法に大別され、このほかこれら3手法の考え方を活用した開発法等の手法がある。

1　原価法

　原価法は、価格時点における対象不動産の再調達原価を求め、減価修正を行って対象不動産の試算価格を求める手法であり、この手法による試算価格を積算価格という。主に費用性の観点に基づいている。

　原価法は、対象不動産が建物または建物およびその敷地である場合において有効であり、対象不動産が土地のみである場合においても、再調達原価を適切に求めることができるときはこの手法を適用することができるが、既成市街地においては越えるべき障害は多い。

　再調達原価とは、対象不動産を価格時点において新たに取得することを想

定した場合において必要とされる適正な原価の総額をいい、たとえば、建物の場合は対象不動産を新築した場合の建築費をいう。なお、建設資材、工法等の変遷により、対象不動産の再調達原価を求めることが困難な場合には、対象不動産と同等の有用性をもつものに置き換えて求めた原価（置換原価）を再調達原価とみなすものとする。

(1)　再調達原価

再調達原価は、建設請負により、請負者が発注者に対して直ちに使用可能な状態で引き渡す通常の場合を想定し、発注者が請負者に対して支払う標準的な建設費に発注者が直接負担すべき通常の付帯費用を加算して求めるものとする。

これらの場合における通常の付帯費用には、建物引渡しまでに発注者が負担する通常の資金調達費用や標準的な開発リスク相当額等が含まれる場合があることに留意する必要がある。

建物およびその敷地の再調達原価は、土地と建物の再調達原価を合計することにより求めるが、既成市街地の場合は取引事例比較法および収益還元法によって求めた更地の価格をもとに土地の再調達原価とする。

再調達原価を求める方法には、直接法および間接法があるが、収集した建設事例等の資料としての信頼度に応じていずれかを適用するものとし、また、必要に応じて併用するものとする。

直接法は、対象不動産について直接的に再調達原価を求める方法である。対象不動産について、使用資材の種別、品等および数量ならびに所要労働の種別、時間等を調査し、対象不動産の存する地域の価格時点における単価を基礎とした直接工事費を積算し、これに間接工事費および請負者の適正な利益を含む一般管理費等を加えて標準的な建設費を求め、さらに発注者が直接負担すべき通常の付帯費用を加算して再調達原価を求めるものとする。

一方、間接法は、近隣地域もしくは同一需給圏内の類似地域等に存する対象不動産と類似の不動産または同一需給圏内の代替競争不動産から間接的に

対象不動産の再調達原価を求める方法である。当該類似の不動産等について、建築費の明細を分析して適切に補正し、必要に応じて時点修正を行い、かつ、地域要因の比較および個別的要因の比較を行って、対象不動産の再調達原価を求めるものとする。

(2) 減価修正

減価修正の目的は、減価の要因に基づき発生した減価額を対象不動産の再調達原価から控除して価格時点における対象不動産の適正な積算価格を求めることである。減価修正を行うにあたっては、減価の要因に着目して対象不動産を部分的かつ総合的に分析検討し、減価額を求めなければならない。

減価の要因としては、物理的要因、機能的要因および経済的要因がある。これらの要因は、それぞれ独立しているものではなく、相互に関連し、影響を与え合いながら作用していることに留意しなければならない。

物理的要因としては、不動産を使用することによって生ずる摩滅および破損、時の経過または自然的作用によって生ずる老朽化ならびに偶発的な損傷があげられる。

機能的要因としては、不動産の機能的陳腐化、すなわち、建物と敷地との不適応、設計の不良、型式の旧式化、設備の不足およびその能率の低下等があげられる。たとえば、オフィスにおけるITインフラ環境は技術の更新に伴い日進月歩の進化を遂げており、建物躯体の経年劣化よりも早いスピードで陳腐化する傾向にある。

経済的要因としては、不動産の経済的不適応、すなわち、近隣地域の衰退、不動産とその付近の環境との不適合、不動産と代替、競争等の関係にある不動産または付近の不動産との比較における市場性の減退等があげられる。

減価額を求めるには、耐用年数に基づく方法と観察減価法の2つの方法があり、これらを併用するものとする。

耐用年数に基づく方法は、対象不動産の価格時点における経過年数および

48　第1章　不動産鑑定評価の基礎

経済的残存耐用年数[3]の和として把握される耐用年数を基礎として減価額を把握する方法である。耐用年数に基づく方法には、定額法、定率法等があるが、これらのうちいずれの方法を用いるかは、対象不動産の用途や利用状況に即して決定すべきである。なお、対象不動産が二以上の分別可能な組成部分により構成されていて、それぞれの経過年数または経済的残存耐用年数が異なる場合に、これらをいかに判断して用いるか、また、耐用年数満了時における残材価額をいかにみるかについても、対象不動産の用途や利用状況に即して決定すべきである。

観察減価法は、対象不動産について、設計、設備等の機能性、維持管理の状態、補修の状況、付近の環境との適合の状態等各減価の要因の実態を調査することにより、減価額を直接求める方法である。観察減価法の適用においては、対象不動産に係る個別分析の結果をふまえた代替、競争等の関係にある不動産と比べた優劣および競争力の程度等を適切に反映すべきである。

2 取引事例比較法

取引事例比較法は、まず多数の取引事例を収集して適切な事例の選択を行い、これらに係る取引価格に必要に応じて事情補正および時点修正を行い、かつ、地域要因の比較および個別的要因の比較を行って求められた価格を比較考量し、これによって対象不動産の試算価格を求める手法であり、この手法による試算価格を比準価格という。主に市場性の観点に基づいている。

(1) 事例の収集および選択

取引事例比較法は、市場において発生した取引事例を価格判定の基礎とす

---

3 経済的残存耐用年数とは、価格時点において、対象不動産の用途や利用状況に即し、物理的要因および機能的要因に照らした劣化の程度ならびに経済的要因に照らした市場競争力の程度に応じてその効用が十分に持続すると考えられる期間をいい、単純な物理的耐用年数とは一致せず、特に重視されるべきものである。

第5節 不動産の価格を求める3手法 49

るものであるので、多数の取引事例を収集することが必要である。

　取引事例は、原則として近隣地域または同一需給圏内の類似地域に存する不動産に係るもののうちから選択するものとし、必要やむをえない場合には近隣地域の周辺の地域に存する不動産に係るもののうちから、対象不動産の最有効使用が標準的使用と異なる場合等には、同一需給圏内の代替競争不動産に係るもののうちから選択するものとするほか、次の要件の全部を備えなければならない。

- ○　取引事情が正常なものと認められるものであることまたは正常なものに補正することができるものであること。
- ○　時点修正をすることが可能なものであること。
- ○　地域要因の比較および個別的要因の比較が可能なものであること。

⑵　事情補正および時点修正

　取引事例が特殊な事情を含み、これが当該事例に係る取引価格に影響していると認められるときは、適切な補正を行い、取引事例に係る取引の時点が価格時点と異なることにより、その間に価格水準の変動があると認められるときは、当該事例の価格を価格時点の価格に修正しなければならない。

　時点修正にあたっては、事例に係る不動産の存する用途的地域または当該地域と相似の価格変動過程を経たと認められる類似の地域における土地または建物の価格の変動率を求め、これにより取引価格を修正すべきである。

⑶　地域要因の比較および個別的要因の比較

　取引価格は、取引事例に係る不動産の存する用途的地域の地域要因および当該不動産の個別的要因を反映しているものであるから、近隣地域と当該事例に係る不動産の存する地域との地域要因の比較および対象不動産と当該事例に係る不動産との個別的要因の比較をそれぞれ行うものとする。

　また、このほか地域要因および個別的要因の比較については、それぞれの地域における個別的要因が標準的な土地を設定して行う方法があり、実務上

図表1-4　地域要因および個別的要因の比較

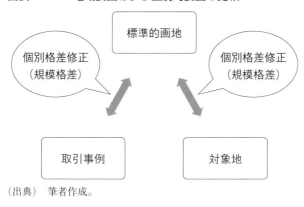

（出典）　筆者作成。

はこちらが一般的である（図表1-4、1-5参照）。

3　収益還元法

　収益還元法は、対象不動産が将来生み出すであろうと期待される純収益の現在価値の総和を求めることにより対象不動産の試算価格を求める手法であり、この手法による試算価格を収益価格という。主に収益性の観点に基づいている。

　収益還元法は、賃貸用不動産または賃貸以外の事業の用に供する不動産の価格を求める場合に特に有効であるが、収益は不動産の経済価値の本質を形成するものであるため、この手法は文化財の指定を受けた建造物等の一般的に市場性を有しない不動産以外のものには基本的にすべて適用すべきものであり、自用の不動産といえども賃貸を想定することにより適用されるものである。

　なお、市場における不動産の取引価格の上昇が著しいときは、取引価格と収益価格との乖離が増大するものであるので、先走りがちな取引価格に対する有力な検証手段として、この手法が活用されるべきである。

図表 1 − 5 地域要因の比較

NO	⑩取引価格 (円/㎡)	⑪事情補正	⑫時点修正	⑬建付減価の補正	⑭標準化補正	⑮推定価格 (円/㎡)	⑯地域要因の比較	⑰標準価格 (円/㎡)	⑱個別的要因の比較	⑲査定価格 (円/㎡)
a	( ) 11,148,875 9,864,375	100 [100.0]	[105.1] / 100	100 [100.0]	100 [108.0]	9,599,498	100 [96.0]	9,999,477	[105.0] / 100	10,500,000
b	( ) 8,527,394 7,172,832	100 [100.0]	[107.6] / 100	100 [100.0]	100 [110.0]	7,016,334	100 [68.6]	10,227,892	[105.0] / 100	10,700,000
c	( ) 11,739,928	100 [100.0]	[106.8] / 100	100 [100.0]	100 [105.0]	11,941,184	100 [88.2]	13,538,757	[105.0] / 100	14,200,000
d	( ) 12,952,771	100 [100.0]	[104.2] / 100	100 [100.0]	100 [110.0]	12,269,807	100 [107.9]	11,371,462	[105.0] / 100	11,900,000
e	( ) 8,034,143	100 [100.0]	[103.3] / 100	100 [100.0]	100 [100.0]	8,299,270	100 [52.2]	15,898,985	[105.0] / 100	16,700,000

⑱個別的要因の比較（内訳：街路・交通・接近・環境・画地・行政・その他）

NO	街路	交通・接近	環境	画地	行政	その他
a	0.0	0.0	0.0	+5.0	0.0	0.0
b	0.0	0.0	0.0	+5.0	0.0	0.0
c	0.0	0.0	0.0	+5.0	0.0	0.0
d	0.0	0.0	0.0	+5.0	0.0	0.0
e	0.0	0.0	0.0	+5.0	0.0	0.0

NO	ア事情の内容	イ月変動率	ウ標準化補正の内訳						エ地域要因の比較の内訳				
			街路	交通・接近	環境	画地	行政	その他	街路	交通・接近	環境	行政	その他
a	正常	+0.85 %/月	0.0	0.0	0.0	+8.0	0.0	0.0	0.0	0.0	−20.0	0.0	+20.0
b	正常	+0.63 %/月	0.0	0.0	0.0	+10.0	0.0	0.0	0.0	−2.0	−30.0	0.0	0.0
c	正常	+0.40 %/月	0.0	0.0	0.0	+5.0	0.0	0.0	0.0	−2.0	−25.0	0.0	+20.0
d	正常	+0.70 %/月	0.0	0.0	0.0	+10.0	0.0	0.0	0.0	−7.0	−20.0	0.0	+45.0
e	正常	+0.30 %/月	0.0	0.0	0.0	0.0	0.0	0.0	−5.0	−3.0	−30.0	0.0	−19.0

（出典） 国土交通省不動産情報ライブラリ（https://www.reinfolib.mlit.go.jp/）記載の地価公示地鑑定評価書より抜粋。

収益価格を求める方法には、一期間の純収益を還元利回りによって還元する方法（以下「直接還元法」という）と、連続する複数の期間に発生する純収益および復帰価格を、その発生時期に応じて現在価値に割り引き、それぞれを合計する方法（Discounted Cash Flow 法（以下「DCF法」という））がある。直接還元法またはDCF法のいずれの方法を適用するかについては、収集可能な資料の範囲、対象不動産の類型および依頼目的に即して適切に選択することが必要である。

　これらの方法は、基本的には次の式により表される。

直接還元法

$$P = \frac{a}{R}$$

　P：求める不動産の収益価格

　a：一期間の純収益

　R：還元利回り

DCF法

$$P = \sum_{k=1}^{n} \frac{a_k}{(1+Y)^k} + \frac{P_R}{(1+Y)^n}$$

　P　：求める不動産の収益価格

　a_k：毎期の純収益

　Y　：割引率

　n　：保有期間（売却を想定しない場合には分析期間。以下同じ。）

　P_R：復帰価格

　　　　復帰価格とは、保有期間の満了時点における対象不動産の価格をいい、基本的には次の式により表される。

第5節　不動産の価格を求める3手法　53

$$P_R = \frac{a_{n+1}}{R_n}$$

a_{n+1}：$n+1$期の純収益

R_n　：保有期間の満了時点における還元利回り（最終還元
利回り）

(1) 純収益

純収益とは、不動産に帰属する適正な収益をいう。

対象不動産の純収益は、一般に1年を単位として総収益から総費用を控除して求める。また、純収益は、永続的なものと非永続的なもの、償却前のものと償却後のもの等、総収益および総費用の把握の仕方により異なるものであり、それぞれ収益価格を求める方法および還元利回りまたは割引率を求める方法とも密接な関連があることに留意する必要がある。

なお、直接還元法における純収益は、対象不動産の初年度の純収益を採用する場合と標準化された純収益を採用する場合があることに留意しなければならない。

純収益の算定にあたっては、対象不動産からの総収益およびこれに係る総費用を直接的に把握し、それぞれの項目の細部について過去の推移および将来の動向を慎重に分析して、対象不動産の純収益を適切に求めるべきである。この場合において収益増加の見通しについては予測の限界を見極めなければならない。特にDCF法の適用にあたっては、毎期の純収益および復帰価格ならびにその発生時期が明示されることから、純収益の見通しについて十分な調査を行うことが必要である。

(2) 総収益の算定および留意点

賃貸用不動産の総収益は、一般に、支払賃料に預り金的性格を有する保証金等の運用益、賃料の前払い的性格を有する権利金等の運用益および償却額

ならびに駐車場使用料等のその他収入を加えた額とする。賃貸用不動産についてのDCF法の適用にあたっては、特に賃貸借契約の内容ならびに賃料および貸室の稼働率の毎期の変動に留意しなければならない。

賃貸以外の事業の用に供する不動産の総収益は、一般に、売上高とする。ただし、賃貸以外の事業の用に供する不動産であっても、売上高のうち不動産に帰属する部分をもとに求めた支払賃料等相当額、または、賃貸に供することを想定することができる場合における支払賃料等をもって総収益とすることができる。

対象不動産が更地である場合は、対象不動産に最有効使用の賃貸用建物等の建設を想定し、当該複合不動産が生み出すであろう総収益を適切に求めるものとする。

(3) 総費用の算定および留意点

賃貸用不動産の総費用は、減価償却費（償却前の純収益を求める場合には、計上しない）、維持管理費（維持費、管理費、修繕費等）、公租公課（固定資産税、都市計画税等）、損害保険料等の諸経費等を加算して求めるものとする。

賃貸以外の事業の用に供する不動産の総費用は、売上原価、販売費および一般管理費等を加算して求めるものとする。

なお、DCF法の適用にあたっては、特に保有期間中における大規模修繕費等の費用の発生時期に留意しなければならない。

(4) 還元利回りおよび割引率

還元利回りおよび割引率は、ともに不動産の収益性を表し、収益価格を求めるために用いるものであるが、基本的には次のような違いがある。

還元利回りは、直接還元法の収益価格およびDCF法の復帰価格の算定において、一期間の純収益から対象不動産の価格を直接求める際に使用される率であり、将来の収益に影響を与える要因の変動予測と予測に伴う不確実性

第5節　不動産の価格を求める3手法　55

を含むものである。

　割引率は、DCF法において、ある将来時点の収益を現在時点の価値に割り戻す際に使用される率であり、還元利回りに含まれる変動予測と予測に伴う不確実性のうち、収益見通しにおいて考慮された連続する複数の期間に発生する純収益や復帰価格の変動予測に係るものを除くものである。

　還元利回りおよび割引率は、ともに比較可能な他の資産の収益性や金融市場における運用利回りと密接な関連があるので、その動向に留意しなければならない。さらに、還元利回りおよび割引率は、地方別、用途的地域別、品等別等によって異なる傾向をもつため、対象不動産に係る地域要因および個別的要因の分析をふまえつつ適切に求めることが必要である。

a　還元利回りを求める方法

　還元利回りを求める方法を例示すると次のとおりである。

　(a)　類似の不動産の取引事例との比較から求める方法

　対象不動産と類似の不動産の取引事例から求められる利回りをもとに、取引時点および取引事情ならびに地域要因および個別的要因の違いに応じた補正を行うことにより求める。

　(b)　借入金と自己資金に係る還元利回りから求める方法

　対象不動産の取得の際の資金調達上の構成要素（借入金および自己資金）に係る各還元利回りを各々の構成割合により加重平均して求める。

　(c)　土地と建物に係る還元利回りから求める方法

　対象不動産が建物およびその敷地である場合に、その物理的な構成要素（土地および建物）に係る各還元利回りを各々の価格の構成割合により加重平均して求める。

　(d)　割引率との関係から求める方法

　割引率をもとに対象不動産の純収益の変動率を考慮して求める。すなわち「還元利回り＝割引率－純収益の変動率」となる。

b　割引率を求める方法

　割引率を求める方法は、還元利回りを求める「類似の不動産の取引事例と

の比較から求める方法」と「借入金と自己資金に係る還元利回りから求める方法」が共通である。

c　金融資産の利回りに不動産の個別性を加味して求める方法

その他の方法として金融資産の利回りに不動産の個別性を加味して求める方法がある。

債券等の金融資産の利回りをもとに、対象不動産の投資対象としての危険性、非流動性、管理の困難性、資産としての安全性等の個別性を加味することにより求める。基準とする債券の利回りは一般的に日本国債10年利回りが採用される。

4　賃料を求める評価手法

不動産鑑定評価の手法は価格以外に賃料を求める手法もあり、新規賃料にあっては積算法、賃貸事例比較法、収益分析法等があり、継続賃料にあっては差額配分法、利回り法、スライド法、賃貸事例比較法等がある。

(1)　実質賃料と支払賃料

実質賃料とは、賃料の種類のいかんを問わず賃貸人等に支払われる賃料の算定の期間に対応する適正なすべての経済的対価をいい、純賃料および不動産の賃貸借等を継続するために通常必要とされる諸経費等から成り立つものである。

支払賃料とは、各支払時期に支払われる賃料をいい、契約にあたって、権利金、敷金、保証金等の一時金が授受される場合においては、当該一時金の運用益および償却額とあわせて実質賃料を構成するものである。

なお、慣行上、建物およびその敷地の一部の賃貸借にあたって、水道光熱費、清掃・衛生費、冷暖房費等がいわゆる付加使用料、共益費等の名目で支払われる場合もあるが、これらのうちには実質的に賃料に相当する部分が含まれている場合があることに留意する必要がある。

第5節　不動産の価格を求める3手法　57

賃料の鑑定評価は、実質賃料を求めることを原則とし、支払賃料を求めることを依頼された場合には、実質賃料とともに、その一部である支払賃料を求めることができるものとする。

⑵　支払賃料の求め方

契約にあたって一時金が授受される場合における支払賃料は、実質賃料から、当該一時金について権利金など賃料の前払い的性格を有する一時金の運用益および償却額ならびに敷金や保証金など預り金的性格を有する一時金の運用益を控除して求めるものとする。

なお、賃料の前払い的性格を有する一時金の運用益および償却額については、対象不動産の賃貸借等の持続する期間の効用の変化等に着目し、実態に応じて適切に求めるものとする。

運用利回りは、賃貸借等の契約にあたって授受される一時金の性格、賃貸借等の契約内容ならびに対象不動産の種類および性格等の相違に応じて、当該不動産の期待利回り、不動産の取引利回り、長期預金の金利、国債および公社債利回り、金融機関の貸出金利等を比較考量して決定するものとする。

⑶　賃料の算定の期間

鑑定評価によって求める賃料の算定の期間は、原則として、宅地ならびに建物およびその敷地の賃料にあっては1月を単位とし、その他の土地にあっては1年を単位とするものとする。

⑷　継続賃料を求める場合

継続賃料の鑑定評価額は、現行賃料を前提として、契約当事者間で現行賃料を合意しそれを適用した時点以降において、公租公課、土地および建物価格、近隣地域もしくは同一需給圏内の類似地域等における賃料または同一需給圏内の代替競争不動産の賃料の変動等のほか、賃貸借等の契約の経緯、賃

58　第1章　不動産鑑定評価の基礎

料改定の経緯および契約内容を総合的に勘案し、契約当事者間の公平に留意のうえ決定するものである。

| コラム | 世界の不動産鑑定士〈アメリカ〉 |

アメリカの不動産鑑定評価の歴史は古く、1929年の世界恐慌がその契機といわれ、不動産を担保とした金融が、恐慌によって不動産価格が下落したことにより破綻し、不動産の適正な価値を把握する必要性が認識され、評価の専門家が求められていた。

1987年に民間の非営利団体である「鑑定財団（Appraisal Foundation）」が設立され、アメリカの鑑定評価専門職業の一般的基準として「USPAP（UNIFORM STANDARDS OF PROFESSIONAL APPRAISAL PRACTICE）」が作成された。

「USPAP」は、アメリカにおける不動産評価、動産評価、企業（事業）評価を含む資産評価について従うべき基準を定めたものであり、一般には「ユーエスパップ」と呼ばれている。

アメリカにおける鑑定人は、各州の公認鑑定人制度と民間の鑑定団体の資格制度がある。州公認は、州公認一般鑑定人、州公認住宅鑑定人、州免許住宅鑑定人等に区分され、民間の鑑定団体は団体ごとに名称と要件が異なる。

民間の鑑定人の団体には「アメリカ不動産鑑定人協会（AI：Appraisal Institute）」や不動産だけでなく動産や企業（事業）評価の鑑定人の団体である「アメリカ鑑定人協会（ASA：American Society of Appraisers）」などがある。

アメリカ不動産鑑定人協会（AI）は鑑定財団のメインスポンサーであり、全米各地に支部をもつアメリカ最大の不動産鑑定人協会として、不動産の鑑定評価の理論的・実証的研究や鑑定人への教育等を行っている。会員の主たる不動産鑑定人資格としてMAI（Member Appraisal Institute：商業用不動産を含めて全用途の鑑定評価が可能）、SRA（Senior Residential Appraiser：住宅の評価をメインとする不動産鑑定士）の2種類があり、日本にもMAIの資格をもつ不動産鑑定士がいる。

第2章

不動産の調査方法

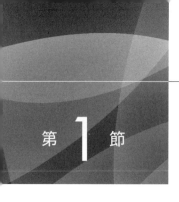

第1節 事前準備

1 不動産調査の全体像

不動産調査の全体像は「事前準備」「法務局調査」「現地調査」「役所調査」の4パートに大別される。図表2－1に調査の流れを例示したが、個々人により効果的な進め方は異なるため、実践を重ねていくうちに自分にとってやりやすい方法を見つけていくことになる。また、各調査が必ずしも一度で終わるわけではなく、現地を再訪した後で再び役所調査をするなど、個々の案件に応じて臨機応変に対応しなくてはならない。

2 事前準備・必要資料

役所調査や現地調査を円滑に進めるため、住宅地図など調査にあたって必要な資料を事前に入手しておく。また、インターネットや電話、郵送請求などによって法務局調査や役所調査の一部を事前に行うこともできる（図表2－2参照）。

対象確定資料として対象地の所在・数量・形状などがわかる資料を用意する。住宅地図が手元にない場合でもインターネット[1]や図書館（国立国会図書館、都立図書館など）で入手できる。その他、設計図書、建築確認通知書等、修繕記録、固定資産税等課税明細、レントロール、賃貸借契約書、境界確認書類なども入手しておきたい。

---

1 ゼンリン住宅地図プリントサービス（http://www.zenrin.co.jp/j-print/）はコンビニエンスストアなどで印刷することができる。

図表2－1　不動産調査の全体像

事前準備	・物件の確定（所在地・地積・形状など） ・資料の収集（住宅地図・公図など） ・インターネット等による事前調査（用途地域・登記事項証明書など）
法務局調査	・公図（地図）調査 ・登記事項証明書調査 ・図面（地積測量図・建物図面など）調査 ・その他調査（閉鎖事項証明書など）
現地調査	・現地確認 ・境界や越境などの確認 ・接道状況の確認 ・周辺環境の確認
役所調査	・都市計画法上の規制（用途地域・建ぺい率・容積率など） ・道路の調査（道路の種別・幅員・認定番号など） ・宅地開発（開発指導要綱・開発登録簿など） ・その他調査（埋蔵文化財・土壌汚染など）
（現地再訪）	・現地の最終チェック ・開発事例、取引事例、地価公示地等の確認

（出典）　筆者作成。

図表2－2　事前準備・必要資料

物件の確定資料	下調べ	事前調査可
・住宅地図 ・公図・測量図 ・登記簿謄本（全部事項証明書）	・物件所在地の周辺環境 ・担当部署の所在地 ・調査項目一覧	・用途地域等 ・法務局資料 ・埋蔵文化財

（出典）　筆者作成。

入手した住宅地図やインターネット等を利用して、現地や役所に行く前に周辺環境などを調べておくと、現場での作業に無駄がなく、また、調査漏れや見逃しが少なくなる。周辺の地域は戸建てが主か、マンションの建設動向はどうか、周囲に嫌悪施設はないかなど、地図をみるだけで把握できる情報は多い。また、役所調査に行く前に担当部署の所在地確認は必須である。１カ所ですむ場合は問題ないが、担当部署が複数の距離が離れた庁舎にまたがっている場合、調査計画を見直さなくてはいけない。

社内にいながらにしてあらかじめ調査内容の一部を調べることもできる。法務局資料だとインターネットで全部事項証明書や公図等が入手できるし、インターネット対応をしていないところでも郵送請求が可能である。役所調査についても、用途地域や道路幅員などをインターネットで公開している市町村もあり、都市計画関係であれば電話にて教えてくれるところが多い。ただし、役所調査については机上調査だけですますのは禁物である。調査漏れが生じる可能性があるので、必ず窓口で再調査すること。

3　不動産に関係する法規

(1)　都市計画法とは

第１章第１条（目的）

　この法律は、都市計画の内容及びその決定手続、都市計画制限、都市計画事業その他都市計画に関し必要な事項を定めることにより、都市の健全な発展と秩序ある整備を図り、もつて国土の均衡ある発展と公共の福祉の増進に寄与することを目的とする。

第１章第２条（都市計画の基本理念）

　都市計画は、農林漁業との健全な調和を図りつつ、健康で文化的な都市生活及び機能的な都市活動を確保すべきこと並びにこのためには適正

図表2−3　都市計画法

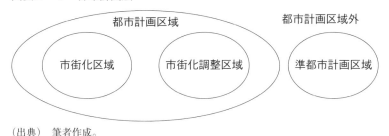

（出典）筆者作成。

> な制限のもとに土地の合理的な利用が図られるべきことを基本理念として定めるものとする。

　都市計画法とは限りある土地を合理的に利用し、秩序ある都市として発展させていくために必要な規制を定めたものである。乱開発を防ぎ、計画的に街づくりをしていくための法律であり、いわば都市のデザインについて定めた法律である。

　都市計画法では、全国を図表2−3のように区域分けしている。一番大きな分類として「都市計画区域」と「都市計画区域外」に分けられる。都市計画区域は都市として計画的に発展させていく必要のある区域を指し、さらに「市街化区域」と「市街化調整区域」に分けられる。市街化区域は積極的に市街化を促進しようとする区域であり、市街化調整区域は市街化を抑制しようとする区域である。また、どちらにも指定されない区域は「非線引き区域」となる。都市計画区域外であっても、無秩序な土地利用や環境悪化を防ぐために市町村が指定する区域のことである。

(2) 建築基準法とは

> 第1章第1条（目的）
> 　この法律は、建築物の敷地、構造、設備及び用途に関する最低の基準

図表２－４　現地調査用項目シート

現地調査用項目シート

年　月　日

物件
1 地域要因

①区域区分　　市街化区域・調整区域（既存宅地の確認　あり・なし　）・非線引・都計区域外・準都計区域

②公法上の規制

(1) 路線（　　　）から（　　　メートルまで）地域
◇用途地域　　　　地域
◇建ぺい率　　基準建ぺい率
◇容積率　　基準容積率
◇防火　　防火地域・準防火地域・無指定地域
◇その他　*高度地区　あり・なし　　種
　　　　　*絶対高　あり・なし　　メートル
　　　　　*日影規制　あり・なし　　時間・　時間
　　　　　*他の規制

(2) 路線（　　　）から（　　　メートル超）地域
◇用途地域　　　　地域
◇建ぺい率　　基準建ぺい率
◇容積率　　基準容積率
◇防火　　防火地域・準防火地域・無指定地域
◇その他　*高度地区　あり・なし　　種
　　　　　*絶対高　あり・なし　　メートル
　　　　　*日影規制　あり・なし　　時間・　時間
　　　　　*他の規制

(都市計画道路)　*接道方向（　）側　*道路番号・名称（　　　）から（　　　メートルに位置　*計画幅員（　　　メートル）*拡幅（済・未）
あり・なし　*計画線の位置（　　　）*都市計画決定（　年　月　日）*事業認可（　年　月　日）・事業時期未定

(地区計画等)
あり・なし　*概要（　　　　　　）

③埋蔵文化財　あり・なし　遺跡名「　　　」　発掘調査　未・済

④処理供給施設　　　　◇上水道　あり・引込可・なし　　　◇都市ガス　あり・引込可・なし
　　　　　　　　　　◇下水道　あり・引込可・なし　　　◇嫌悪施設　あり・なし

街路条件	前面道路	側道1	側道2
①道路の名称（路線No・名称等）			
②接道方向			
③建築基準法上の扱い（位置指定）	第42条　　　　現況 ／ 認定　番　年　月　日	現況 ／ 認定　番　年　月　日	現況 ／ 認定　番　年　月　日
④幅員	歩道（接面） m 車道 m 歩道（対面） m	歩道（接面） m 車道 m 歩道（対面） m	歩道（接面） m 車道 m 歩道（対面） m

2 土地の個別的要因

□市区勢要覧（　年　月以降）　□開発指導要綱　□農地転用の可否 可・否　□検査済証明書

□駐車場　　合　□道路台帳　□境界確定図　□建築計画概要書

（出典）筆者作成。

を定めて、国民の生命、健康及び財産の保護を図り、もつて公共の福祉の増進に資することを目的とする。

　建築基準法とは、建物を建築するにあたって国民の生命・健康・財産を守るために最低限必要となる基準を定めた法律である。建築物の建築にかかわる人員は当然個々の建築物によって異なるため、誰が遂行しても一定レベルの安全性や居住性が確保できるように制定された。

　建築基準法は上記の目的でも述べられているとおり、あくまで「最低の基準」にすぎない。これは、地域によって異なる慣習や風土を考慮し、各地域の実情に応じた規制の上乗せが可能になるよう配慮された結果である。たとえば建築基準法42条では道路の幅員を4m以上と定めているが、平塚市では「平塚市まちづくり条例」により、開発区域の面積および施設の種別に応じて4.5～9.0mの幅員を確保するよう定めている。

(3)　その他法規制

　不動産に関する法律のうち、特に重要な法規制は都市計画法と建築基準法である。両法規はいわば「土地の使い方」と「建物の建て方」の前提となる規制を定めたものである。しかし、不動産の基礎を定めただけの両法規では個々の案件によって異なる事情をカバーしきれないため、両法規を補完する役割を担う法規制が制定されている。ざっとあげてみただけでも道路法、土地区画整理法、文化財保護法、土壌汚染対策法、河川法、海岸法や、地方公共団体の定めた条例など、枚挙にいとまがない。したがって、実際の不動産調査にあたっては、事前に調査項目を網羅した一覧表（図表2－4参照）を準備し、役所の窓口で関係する法規制をしつこいぐらいに確認する必要がある。間違っても、机上調査だけで満足しないよう注意しなくてはならない。

第2節 法務局調査

1 入手する資料

法務局で入手する資料は下記のとおりである。
- ○ 公図または地図（以下「公図等」という）
- ○ 登記事項証明書（登記簿謄本）
- ○ 地積測量図・土地所在図
- ○ 建物図面・各階平面図
- ○ （必要に応じて）隣接地や道路部分の登記事項要約書等
- ○ （必要に応じて）閉鎖謄本・閉鎖公図・旧土地台帳等

2 公図または地図

法務局には土地の位置・形状・地番・隣接地との境界を記した図面が2種類ある。公図は不動産登記法14条でいう「地図に準ずる図面」のことを指す。もともとは明治の地租改正事業によって作成された図面をもとにしているため、ものによっては距離、角度、面積などの面において正確性が低い。一方の地図は地籍調査（国土調査）の結果等に基づいて作成されるもので、一定以上の精度を保っていて信頼できる図面といえる。

精度の高い地図と低い公図が混在しているのは、特に大都市圏において地籍調査が進んでいない[2]ため、地図が完備されるまでの間公図が代替的な図

---

[2] 令和4年度末段階で進捗率は約52%。国土交通省地籍調査ウェブサイト（http://www.chiseki.go.jp/situation/status/index.html）。

第2節　法務局調査　69

図表2-5　公図

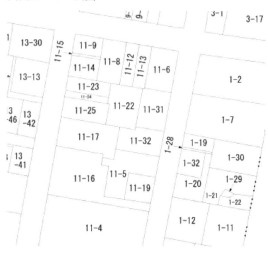

面として法務局に備え付けられているからである。

　法務局ではまず公図等を入手する。そのためには地番が必要だが、地番がわからない場合には、法務局備付けのブルーマップ[3]か、地番検索システムで住居表示から地番を特定する（図表2-5参照）。

　公図を入手したら、事前に把握していた形状・地積等と照らし合わせる作業が必要となる。場合によっては隣接地や私道部分も評価対象に含まれることもある。特に、敷地内や接する道路との間に細長い筆がある場合は接道義務を満たしていない可能性があるため要注意である。地番が振ってある場合は登記事項証明書等を入手して所有者を確認するが、地番が振られていない場合は水路敷や暗渠の可能性が考えられるため、役所調査や現地調査の際に確認しなくてはならない。

3　住居表示と地番が併記された住宅地図。

3 登記事項証明書（登記簿謄本）

　登記事項証明書とは土地建物について所在や地目、構造、面積のほか、所有者の氏名・住所等が記載されている公的な書類のことである。かつては登記簿謄本と呼ばれていたが、法務局のコンピュータ化により登記事項証明書と名称が変更された。登記事項証明書には全部事項証明書、現在事項証明書、一部事項証明書、閉鎖事項証明書があり、実務上は過去の履歴が掲載されている全部事項証明書を取得するケースが多い（図表2－6参照）。

　登記事項証明書を入手する際は、土地については地番、建物については家屋番号が必要となるが、家屋番号が不明な場合は「左記土地上の建物」と記載しても取得できる（図表2－7参照）。

　また、登記事項証明書の申請時には共同担保目録も入手すべきである。共同担保目録とは、同一債権の担保として複数の不動産に設定された担保権に

図表2－6　登記事項証明書の種類

種類	内容
全部事項証明書	閉鎖記録を除くすべての記録が記載されている
現在事項証明書	現在も効力をもつ記録のみが記載されており、過去の情報は載っていない
一部事項証明書	一部の記録のみが記載されている
閉鎖事項証明書	閉鎖された記録が記載されている

（出典）　筆者作成。

図表2－7　家屋番号不明時の申請方法

郡・市・区または不動産番号	町・村	丁目・大字・字	地番	家屋番号または所有者	請求通数
新宿区	高田馬場	1丁目	4番15	左記土地上の建物	1 1

（出典）　筆者作成。

ついて作成された目録のことである。共同担保目録を取得することにより、調査対象漏れの可能性を少なくできる。

4　各種図面（地積測量図・土地所在図、建物図面・各階平面図）

　地積測量図・土地所在図とは、土地の形状・距離・地積・求積方法・境界標が記載されている図面である。昭和40年以降に分筆や変更があった土地について作成が義務づけられたが、平成17年4月以前の図面では、分筆時に片方の土地について測量し、残りは従来の地積から測量面積を控除した面積でもよい（残地法）とされていたため、必ずしも正確ではないことに留意すべきである。平成17年4月以降は、不動産登記法の改正により分筆対象地および残地のいずれも形状・面積が正確に表記されるようになった。

　建物図面・各階平面図とは、建物の構造状況や、敷地との配置状況、各階の形状などが記載されている図面である。昭和40年以降に新築または増築する場合に義務づけられている。しかしながら、建物図面・各階平面図が備え付けられていない場合もあるため、そういったときには設計図書、建築計画概要書、税務署備付けの建物の課税に関する配置図等を確認しなくてはならない。

第3節 役所調査

1 都市計画関連

　役所調査の際はまず都市計画関係の調査を先に行うとよい。担当窓口は「都市計画課」や「まちづくり推進課」などの名称が多く、たまに「建築指導課」でも確認できる場合がある。

　他の窓口でも共通していえることだが、役所調査の際は住宅地図を持参し、地図上で対象地を指し示してヒアリングすると間違いがなく調べることができる。また、一定以上の面積の売買や開発の場合には法規制が追加される場合もあるため、担当職員にはその旨伝えるべきである。

　この窓口では下記項目を調べる。以下、用語を抜粋して解説する。

- ○ 用途地域
- ○ 指定建ぺい率・容積率
- ○ 防火・準防火
- ○ 高度地区・絶対高さ制限
- ○ 地区計画
- ○ 都市計画施設（都市計画道路・都市計画公園）
- ○ 敷地面積の最低限度
- ○ その他（風致地区や駐車場整備地区）
- ○ 日影規制や埋蔵文化財包蔵地（本来は別部署の担当）

(1) 用途地域

　前述の都市計画区域のうち、市街化区域か市街化調整区域か、もしくは非

線引き区域かを判別し、市街化調整区域でない場合は用途地域を調べる。

用途地域とは、類似した土地利用の地域を住居系、商業系、工業系に大別し、それぞれに適した環境を守り、土地利用の効率化を図る枠組みであり、

図表2－8　用途地域一覧

第一種低層住居専用地域
低層住宅のための地域です。小規模なお店や事務所をかねた住宅や、小中学校などが建てられます。

第二種低層住居専用地域
主に低層住宅のための地域です。小中学校などのほか、150㎡までの一定のお店などが建てられます。

第一種中高層住居専用地域
中高層住宅のための地域です。病院、大学、500㎡までの一定のお店などが建てられます。

第二種中高層住居専用地域
主に中高層住宅のための地域です。病院、大学などのほか、1,500㎡までの一定のお店や事務所など必要な利便施設が建てられます。

第一種住居地域
住居の環境を守るための地域です。3,000㎡までの店舗、事務所、ホテルなどが建てられます。

第二種住居地域
主に住居の環境を守るための地域です。店舗、事務所、ホテル、カラオケボックスなどは建てられます。

準住居地域
道路の沿道において、自動車関連施設などの立地と、これと調和した住居の環境を保護するための地域です。

田園住居地域
農業と調和した低層住宅の環境を守るための地域です。住宅に加え、農産物の直売所などが建てられます。

近隣商業地域
まわりの住民が日用品の買物などをするための地域です。住宅や店舗のほかに小規模の工場も建てられます。

商業地域
銀行、映画館、飲食店、百貨店などが集まる地域です。住宅や小規模の工場も建てられます。

準工業地域
主に軽工業の工場やサービス施設等が立地する地域です。危険性、環境悪化が大きい工場のほかは、ほとんど建てられません。

工業地域
どんな工場でも建てられる地域です。住宅やお店は建てられますが、学校、病院、ホテルなどは建てられません。

工業専用地域
工場のための地域です。どんな工場でも建てられますが、住宅、お店、学校、病院、ホテルなどは建てられません。

（出典）　国土交通省ウェブサイト（https://www.mlit.go.jp/common/000234474.pdf）。

13種類に分けることができる。用途地域では、地域の環境に適した建物の用途制限や建ぺい率、用途制限などが設定されている（図表2－8、2－9参照）。

(2) 建ぺい率

建築物の敷地には、防火上あるいは衛生上の観点から一定の空間を設けることが望ましい。そこで、建築基準法では、各地域について建築物の建築面積の敷地面積に対する割合（建ぺい率）を定め、敷地における建築物の建築面積の制限をしている（図表2－10参照）。

$$建ぺい率 = \frac{建築面積}{敷地面積}$$

建築面積とは、地上各階の水平投影面積のうち最大のものをいう。

たとえば、建ぺい率50％の場合、敷地面積の50％までしか建物を建てられない。

(3) 容 積 率

市街地の環境の保護を図るため、建築物の高さを制限する目的で、建築物の延べ面積の敷地面積に対する割合（容積率）を定めている。ただし、ここでいう延べ面積とは共用部面積などを除いた容積率対象床面積のことを指し、公簿面積とは一致しない（図表2－11参照）。

$$容積率 = \frac{建築物の延べ面積}{敷地面積}$$

なお、容積率は前面道路の幅員によって制限を受ける（図表2－12、2－13参照）。

第3節　役所調査　75

図表 2 − 9　用途地域による用途制限の概要

用途地域内の建築物の用途制限
○　建てられる用途
×　建てられない用途
①、②、③、④、▲、■：面積、階数等の制限あり

用途	第一種低層住居専用地域	第二種低層住居専用地域	第一種中高層住居専用地域	第二種中高層住居専用地域	第一種住居地域	第二種住居地域	準住居地域	田園住居地域	近隣商業地域	商業地域	準工業地域	工業地域	工業専用地域	備考
住宅、共同住宅、寄宿舎、下宿	○	○	○	○	○	○	○	○	○	○	○	○	×	
兼用住宅で、非住宅部分の床面積が、50㎡以下かつ建築物の延べ面積の2分の1以下のもの	○	○	○	○	○	○	○	○	○	○	○	○	×	非住宅部分の用途制限あり。
店舗等の床面積が150㎡以下のもの	×	①	②	③	○	○	○	①	○	○	○	④	④	① 日用品販売店舗、喫茶店、理髪店、建具屋等のサービス兼用店舗のみ。2階以下。
店舗等の床面積が150㎡を超え、500㎡以下のもの	×	×	②	③	○	○	○	■	○	○	○	④	④	② ①に加えて、物品販売店舗、飲食店、損保代理店・銀行の支店・宅地建物取引業者等のサービス兼用店舗のみ。2階以下。
店舗等の床面積が500㎡を超え、1,500㎡以下のもの	×	×	③	③	○	○	○	×	○	○	○	④	④	③ 2階以下
店舗等の床面積が1,500㎡を超え、3,000㎡以下のもの	×	×	×	×	○	○	○	×	○	○	○	④	×	④ 物品販売店舗及び飲食店を除く。
店舗等の床面積が3,000㎡を超え、10,000㎡以下のもの	×	×	×	×	×	○	○	×	○	○	○	×	×	■ 農産物直売所、農家レストラン等のみ。2階以下。
店舗等の床面積が10,000㎡を超えるもの	×	×	×	×	×	×	×	×	○	○	○	×	×	
事務所等の床面積が150㎡以下のもの	×	×	×	▲	○	○	○	×	○	○	○	○	○	
事務所等の床面積が150㎡を超え、500㎡以下のもの	×	×	×	▲	○	○	○	×	○	○	○	○	○	
事務所等の床面積が500㎡を超え、1,500㎡以下のもの	×	×	×	▲	○	○	○	×	○	○	○	○	○	▲ 2階以下
事務所等の床面積が1,500㎡を超え、3,000㎡以下のもの	×	×	×	×	○	○	○	×	○	○	○	○	○	
事務所等の床面積が3,000㎡を超えるもの	×	×	×	×	○	○	○	×	○	○	○	○	○	
ホテル、旅館	×	×	×	×	▲	○	○	×	○	○	○	×	×	▲ 3,000㎡以下
ボーリング場、スケート場、水泳場、ゴルフ練習場等	×	×	×	×	▲	○	○	×	○	○	○	○	×	▲ 3,000㎡以下
カラオケボックス等	×	×	×	×	×	▲	▲	×	○	○	○	○	▲	▲ 10,000㎡以下
麻雀屋、パチンコ屋、射的場、馬券・車券発売所等	×	×	×	×	×	▲	▲	×	○	○	○	▲	×	▲ 10,000㎡以下
劇場、映画館、演芸場、観覧場、ナイトクラブ等	×	×	×	×	×	×	▲	×	○	○	○	×	×	▲ 客席及びナイトクラブ等の用途200㎡未満の床面積
キャバレー、個室付浴場等	×	×	×	×	×	×	×	×	×	○	▲	×	×	▲ 個室付浴場等を除く。

76　第2章　不動産の調査方法

区分	用途	第一種低層住居専用地域	第二種低層住居専用地域	第一種中高層住居専用地域	第二種中高層住居専用地域	第一種住居地域	第二種住居地域	準住居地域	田園住居地域	近隣商業地域	商業地域	準工業地域	工業地域	工業専用地域	備考
公共施設	幼稚園、小学校、中学校、高等学校、専修学校	○	○	○	○	○	○	○	○	○	○	○	×	×	
	大学、高等専門学校等	×	×	○	○	○	○	○	×	○	○	○	×	×	
	図書館等	○	○	○	○	○	○	○	○	○	○	○	○	×	
	巡査派出所、一定規模以下の郵便局等	○	○	○	○	○	○	○	○	○	○	○	○	○	
	神社、寺院、教会等	○	○	○	○	○	○	○	○	○	○	○	○	○	
病院・学校等	病院	×	×	○	○	○	○	○	×	○	○	○	×	×	
	公衆浴場、診療所、保育所等	○	○	○	○	○	○	○	○	○	○	○	○	○	
	老人ホーム、身体障害者福祉ホーム等	○	○	○	○	○	○	○	○	○	○	○	○	×	
	老人福祉センター、児童厚生施設等	▲	▲	○	○	○	○	○	○	○	○	○	○	○	▲600㎡以下
工場・倉庫等	自動車教習所	×	×	×	×	▲	○	○	×	○	○	○	○	○	▲3,000㎡以下
	単独車庫（附属車庫を除く）	×	×	▲	▲	○	○	○	×	○	○	○	○	○	▲300㎡以下　2階以下
	建築物附属自動車車庫	①	①	②	②	③	③	③	①	○	○	○	○	○	① 600㎡以下 1階以下　② 3,000㎡以下 2階以下　③ 2階以下 ※一団地の敷地内については別に制限あり。
	倉庫業倉庫	×	×	×	×	×	×	○	×	○	○	○	○	○	
	自家用倉庫	×	×	①	①	②	○	○	■	○	○	○	○	○	① 2階以下かつ1,500㎡以下　② 3,000㎡以下　■ 農産物及び農業の生産資材を貯蔵するものに限る。
	畜舎（15㎡を超えるもの）	×	×	×	×	▲	○	○	×	○	○	○	○	○	▲3,000㎡以下
	パン屋、米屋、豆腐屋、菓子屋、洋服店、畳屋、建具屋、自転車店等で作業場の床面積が50㎡以下	×	▲	○	○	○	○	○	▲	○	○	○	○	○	原動機・作業内容の制限あり。作業場の床面積　▲2階以下
	危険性や環境を悪化させるおそれが非常に少ない工場	×	×	×	×	①	②	②	■	○	○	○	○	○	原動機の制限あり。作業場の床面積　① 50㎡以下　② 150㎡以下　■ 農産物を生産、集荷、処理及び貯蔵するものに限る。
	危険性や環境を悪化させるおそれが少ない工場	×	×	×	×	×	×	×	×	①	②	○	○	○	原動機の制限あり。作業場の床面積　① 50㎡以下　② 150㎡以下　③ 300㎡以下
	危険性や環境を悪化させるおそれがやや多い工場	×	×	×	×	×	×	×	×	×	×	○	○	○	
	危険性が大きいか又は著しく環境を悪化させるおそれがある工場	×	×	×	×	×	×	×	×	×	×	×	○	○	
	自動車修理工場	×	×	×	×	①	②	②	×	③	③	○	○	○	① 50㎡以下　② 150㎡以下　③ 300㎡以下
	火薬、石油類、ガスなどの危険物の貯蔵・処理の量	×	×	×	×	×	×	×	×	①	②	③	○	○	① 量が非常に少ない施設　② 量が少ない施設　③ 量がやや多い施設　○ 量が多い施設

（出典）東京都都市整備局ウェブサイト（https://www.toshiseibi.metro.tokyo.lg.jp/kanko/area_ree/youto_seigen.pdf）。

図表 2 −10　建ぺい率

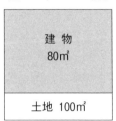

（出典）　SUUMOウェブサイト（https://suumo.jp/article/oyakudachi/oyaku/chumon/c_knowhow/kenpei_youseki/）より筆者作成。

図表 2 −11　容積率

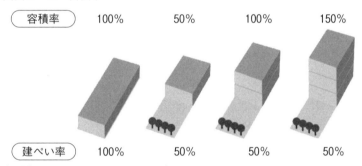

（出典）　SUUMOウェブサイト（https://suumo.jp/article/oyakudachi/oyaku/chumon/c_knowhow/kenpei_youseki/）より筆者作成。

図表 2 −12　前面道路幅員制限

前面道路（2 路線以上に面するときは広い路線）幅員が12m未満の場合		
指定容積率（都市計画の定めにより指定）	基準容積率（前面道路の幅員による制限）	左記いずれか低い容積率を採用

（出典）　筆者作成。

　なお、対象地が用途地域をまたいでいる場合には該当面積を加重平均する。しかし、役所では「道路境界から〇mまで」などと規定されているだけで、対象地のどれくらいの面積がどの用途地域に指定されているのかは個別

図表2-13　住居・非住居による前面道路幅員制限

【住居系】
〔基準容積率〕

道路幅員×$\frac{4}{10}$ ⟷ 指定容積率

※どちらか少ないほうを採用

（例）　第一種中高層住居専用地域　指定容積率300%

・幅員4mの場合

$4 \times \frac{4}{10} = 160\%$ 採用 $< 300\%$

・幅員6mの場合

$6 \times \frac{4}{10} = 240\%$ 採用 $< 300\%$

・幅員8mの場合

$8 \times \frac{4}{10} = 320\% > 300\%$ 採用

【非住居系】
〔基準容積率〕

※どちらか少ないほうを採用

（例）　近隣商業地域　指定容積率300%

・幅員4mの場合

$4 \times \frac{6}{10} = 240\%$ 採用 $< 300\%$

（出典）　筆者作成。

的に判断するしかない（図表2-14参照）。そこで参考になるのが、建築計画概要書記載の図面や設計図書など設計時に使用した図面である（図表2-15参照）。図表2-15の場合、以下のようになる。

〈①近隣商業地域〉

　（15.765m×5.609m+15.765m×4.772m）÷2≒81.82㎡

〈②第一種中高層住居専用地域〉

第3節　役所調査　79

図表 2－14　用途地域境

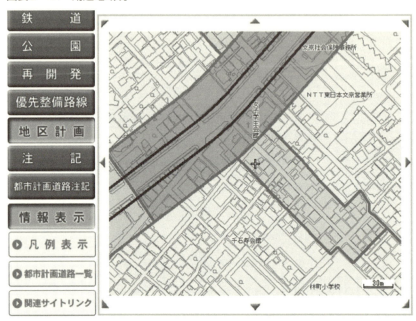

用途地域	近隣商業地域（建ぺい率：80％　容積率：300％） 外壁の後退距離：—　敷地面積の最低限度：— 高さの最高限度：—
高度地区	種別：第 3 種高度地区　最高限度：—　最低限度：—
防火・準防火地域	準防火地域
第三次事業化計画優先整備路線	—
地区計画	—

用途地域	第 1 種中高層住居専用地域（建ぺい率：60％　容積率：200％） 外壁の後退距離：—　敷地面積の最低限度：— 高さの最高限度：—
高度地区	種別：第 2 種高度地区　最高限度：—　最低限度：—
防火・準防火地域	準防火地域
第三次事業化計画優先整備路線	—
地区計画	—

（出典）　東京都ウェブサイト。

図表2-15 用途地域境による容積率等計算図面

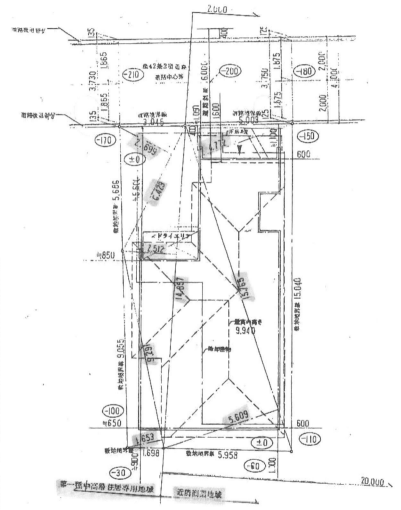

第3節 役所調査 81

$(14.857m \times 2.512m + 6.423m \times 2.699m + 9.291m \times 1.653m) \div 2 \fallingdotseq 35.00 m^2$

〈③合計〉

① + ② = 116.82m² ∴①70%：②30%

〈④基準容積率（前面道路による制限を除く）〉

300% × 70% + 200% × 30% = <u>270%</u>

なお、この場合、建築規制は過半の用途地域を、防火規制は厳しいほうを採用する。

また、前面道路が延長70m以内で幅員15m以上の道路（特定道路）に接続している場合、実際の前面道路幅員に政令で定める（特定道路から前面道路までの延長距離に応じた）数値を加えたものが前面道路幅員となり、容積率が緩和される（図表2－16参照）。

（例）　前面道路幅員6m

　　　　特定道路からの距離30m

　　　　第一種住居地域（指定容積率300%）

　　　　基準容積率：6m × 4/10 = 240%

　　　　(12m － 6m) × (70m － 30m) ÷ 70m ≒ 3.4m

図表2－16　特定道路による容積率緩和

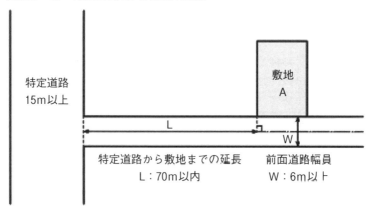

（出典）　台東区ウェブサイト（https://www.city.taito.lg.jp/kenchiku/jutaku/kenchiku/yokuaruq/kenchikuqanda.files/tokuteidouro.pdf）。

（前面道路幅員 6 m+<u>3.4m</u>）× 4 /10＝376％＜<u>300％</u>
　　　　　　　緩和措置　　　　　　　採用容積率

(4)　地区計画・建築協定

　画一的な規制に加え、地域ごとの特色を活かした街づくりを計画するため、地区ごとに独自のルールを策定することができる。たとえば「大田区田園調布地区地区計画」（図表 2 −17参照）では戸数が 4 以上の共同住宅建設を禁止するほか、敷地面積の最低限度を165㎡とするなど、大田区内の他の地域よりもいっそう厳しい建築制限を課している。

(5)　都市計画施設

　都市計画道路にかかる土地上に建物を建築する場合、以下の基準を満たさなければ建築の許可がなされない。ただし、自治体によって制約内容に違いがあるため、机上調査で終わらせず必ず窓口調査も実施すること。なお、事業決定の場合は以下の基準にかかわらず、応急的な建築物以外は建築不可であるため、「計画決定」か「事業決定」かを必ず確認する。また、計画決定期日と番号、名称、計画幅員や事業面積なども確認し、最後に関連資料を入手する。

都市計画法第54条（許可の基準）第 3 号より
イ　階数が 2 以下で、かつ、地階を有しないこと。
ロ　主要構造部が木造、鉄骨造、コンクリートブロック造その他これらに類する構造であること。

2　道路調査

　道路調査の窓口は通常 2 つに分かれている。

図表 2－17　大田区田園調布地区地区計画

大田区田園調布地区地区計画

平成17年12月２日施行

東京都市計画地区計画の変更（大田区決定）
都市計画大田区田園調布地区地区計画を次のように変更する。

<table>
<tr><td colspan="3">名　　称</td><td colspan="5">大田区田園調布地区地区計画</td></tr>
<tr><td colspan="3">位　　置　※</td><td colspan="5">大田区田園調布一丁目、田園調布二丁目、田園調布三丁目及び田園調布四丁目各地内</td></tr>
<tr><td colspan="3">面　　積　※</td><td colspan="5">約47.2ha</td></tr>
<tr><td colspan="3">地区計画の目標</td><td colspan="5">　本地区は、東急東横線・目黒線の田園調布駅西側に位置し、大正時代後期から我が国初のガーデンシティーとして、「住宅と庭園の街づくり」の理想の下、「田園調布憲章」・「環境保全についての申し合わせ」及び「新・改築工事に関する指導細則」を定め、低層戸建住宅を中心とした緑と太陽に満ち、平和と安らぎに包まれた、文化の香り漂う良好な住環境を形成している地区である。
　本地区計画は、環境緑地の設置、緑化の推進及び建築物等に関する制限を行うことにより、良好な住環境の維持、保全を図ることを目標とする。</td></tr>
<tr><td rowspan="6">区域の整備・開発及び保全に関する方針</td><td colspan="2">土地利用の方針</td><td colspan="5">　地区を住宅地区と駅前地区に細分化し、それぞれの方針を次のように定める。
《住宅地区》
　緑豊かなゆとりと潤いのある住宅地として、建築物の用途混在及び敷地の細分化等を制限するとともに、資材置場、敷地内に建築物のない駐車場の設置及び地盤面の変更等による住環境の悪化を防止し、良好な環境の維持、保全を図る。
《駅前地区》
　住宅地区との調和のとれた健全な街として、維持、育成を図る。</td></tr>
<tr><td colspan="2">地区施設の整備の方針</td><td colspan="5">　地区内に配置されている道路、公園の機能が損なわれないよう維持、保全を図る。
　また、緑豊かな良好な住宅地の環境形成を図るため、地区施設として環境緑地を配置するものとする。</td></tr>
<tr><td colspan="2">建築物等の整備方針</td><td colspan="5">《住宅地区》
１　建築物の用途の混在を防ぐため、建築物の用途制限を定める。
２　建築物の建て詰まり及び敷地の細分化を防ぐため、建築物の敷地面積の最低限度を定める。
３　日照、通風等を確保するため、建築物の壁面の位置の制限を定める。
４　街並み、景観を確保するため、建築物の高さの制限及び建築物等の意匠の制限並びに壁面後退区域の工作物の設置制限を定める。
５　緑と安全性を確保するため、垣又はさくの構造の制限を定める。
《駅前地区》
１　住宅地区との調和のとれた健全な街として育成するため、建築物の用途制限を定める。
２　街並み、景観を確保するため、建築物等の意匠の制限を定める。</td></tr>
</table>

<table>
<tr><td rowspan="7">地区整備計画</td><td rowspan="3">地区施設の配置及び規模その他の事項</td><td>その他の公共空地</td><td>環境緑地</td><td>名　称</td><td>幅　員</td><td>総延長</td><td colspan="2">備　考</td></tr>
<tr><td></td><td></td><td>環境緑地</td><td>1.0m</td><td>約19,300m</td><td colspan="2">建築物の敷地面積に含む</td></tr>
<tr><td colspan="2">地区の区分</td><td>名称</td><td colspan="3">住宅地区</td><td>駅前地区</td></tr>
<tr><td colspan="2"></td><td>面積</td><td colspan="3">約45.2ha</td><td>約2.0ha</td></tr>
<tr><td rowspan="3">建築物等に関す</td><td colspan="2">建築物等の用途の制限　※</td><td colspan="4">次に掲げる建築物は、建築してはならない。
(1)　長屋又は共同住宅の用途に供する建築物で、次のいずれかに該当するもの
　ア　住戸の数が４を超えるもの</td><td>次に掲げる建築物は、建築してはならない。
(1)　長屋又は共同住宅の用途に供する建築物で、床</td></tr>
</table>

84　第２章　不動産の調査方法

				※
地区整備計画	建築物等に関する事項		イ　床若しくは壁又は戸で区画された各住戸の床面積が37㎡未満の住戸を含むもの (2)　寄宿舎又は下宿 (3)　公衆浴場 (4)　診療所（住宅を兼ねるものを除く。） (5)　老人ホーム (6)　墓地、埋葬等に関する法律（昭和23年法律第48号）第2条第6項に規定する納骨堂（その他の建築物に附属するものを含む。）	若しくは壁又は戸で区画された各住戸の床面積が37㎡未満の住戸を含むもの (2)　ホテル又は旅館 (3)　墓地、埋葬等に関する法律（昭和23年法律第48号）第2条第6項に規定する納骨堂（その他の建築物に附属するものを含む。）
		建築物の敷地面積の最低限度	165㎡	
		壁面の位置の制限	建築物の外壁又はこれに代わる柱の外面から敷地境界線までの距離の最低限度は、道路に面する部分では2m以上、その他の部分では1.5m以上とする。	
		建築物等の高さの最高限度	9m	
		壁面後退区域における工作物の設置の制限	道路境界線及び他の敷地境界線から1mの範囲には、建築物、塀、柵、門、広告物、看板など、緑化等の妨げになるため、工作物を設置してはならない。	
		建築物等の形態又は色彩その他の意匠の制限	建築物の外壁又はこれらに代わる柱及び屋根並びに工作物の色は、地区の環境に調和した落ち着いたものとする。	
		垣又はさくの構造の制限	1　垣又はさくの構造は、生垣又は網状その他これらに類するものとする。 　　ただし、垣又はさくの構造が、次の各号の一に該当する場合においては、この限りでない。 (1)　門柱（袖壁を含む。）の幅が1.5m以下であるもの (2)　鉄筋コンクリート造、コンクリートブロック造等で地盤面からの高さが1.2m以下であるもの	
	土地の利用に関する事項	環境緑地と樹木による緑化	環境緑地内の緑化は、樹木によるものとし、敷地の接道長の1/2を超える部分を緑化し、かつ接道長さ1mにつき見付け面積1㎡以上の植栽を施すものとする。 　なお、環境緑地は、建築物の敷地面積に含むものとする。	

※は知事同意事項

1つ目は道路の管理を行う部署で、「道路課」や「道路管理課」「土木管理課」などの名称であることが多い。この窓口では下記項目を調べる。

- 公道か私道か
- 現況幅員と認定（管理）幅員
- 道路境界の確定状況
- 路線番号
- 境界確定図・道路幅員図等の写し入手

　対象地の接面道路が公道の場合、道路の「現況幅員」と「認定幅員」を確認し、もし両者に差異がある場合には窓口で説明を求める。仮に「現況幅員」が「認定幅員」よりも狭い場合には、現況の道路境界部分が対象地側に後退し、地積が減少する可能性がある。道路幅員については役所で現況および認定幅員を確認するほか、現地でメジャーを使い測る、後述の「建築計画概要書」で確認する、位置指定道路の場合は「道路位置指定図」で確認するなど、重層的な調査が必要となる。

　なお、市道は市役所で、都道府県道や国道はそれぞれ管轄する建設事務所で確認することになる。

　もう1つの窓口は「建築審査課」や「建築指導課」である。こちらでは接面道路の建築基準法上の取扱いについて確認できる。対象地上に建築する場合には建築基準法上の道路に間口2m以上で接している必要がある。

　さて、道路は大きく分けて「公道」と「私道」がある。それぞれ維持管理を行う主体が国・地方公共団体か、それとも民間かで区別されるが、建築基準法上の道路であるかどうかは直接関係しない。そのため、公道であっても建築基準法上の道路ではないこともありうるし、その逆もある。

　建築基準法上の種別は以下のように分けられる。

① 42条1項1号道路：道路法による道路のうち、幅員が4m以上のもの（図表2-18参照）
② 42条1項2号道路（開発道路等）：土地区画整理法、都市計画法その他の法令による道路で幅員が4m以上のもの（図表2-19参照）

図表2-18　42条1項1号道路

図表2-19　42条1項2号道路（開発道路等）

③　42条1項3号道路（既存道路）：建築基準法施行以前より存在し、幅員が4m以上の道路

④　42条1項4号道路（近い将来できる予定の道路）：土地区画整理法、都市計画法その他の法令により事業計画のある道路で、2年以内に事業施行予定で特定行政庁が指定した道路

⑤　42条1項5号道路（位置指定道路）：土地所有者が築造し、特定行政庁からその位置の指定を受けた道路で幅員4m以上のもの（図表2-20参照）

⑥　42条2項道路：既存道路のうち、幅員が4m未満であるが特定行政庁が指定したもの。原則としてセットバックを要する（図表2-21参照）。

図表2-20 42条1項5号道路（位置指定道路）

図表2-21 42条2項道路

⑦ 43条2項2号（旧43条ただし書：救済措置）：建築物の敷地は建築基準法上の道路に2m以上接していなくてはならないが、周囲の環境によっては建築審査会の同意を得て特定行政庁が許可した場合、建築が可能となることもある（図表2-22参照）。

このうち、42条1項2号道路に該当した場合には「開発登録簿」を、42条1項5号道路に該当した場合には「道路位置指定図」を入手する。また、42条2項道路に該当した場合は、まず対象地がセットバックずみであるかどうかを確認し、セットバック未了の場合には、セットバックの方法（中心線判定はあるか・双方後退か一方後退か）を確認する。このとき、周囲に比較的新しい物件があれば「建築計画概要書」を取得し、それをもとに担当者に相談する。43条2項2号に該当した場合は要注意である。旧43条ただし書はあ

図表2－22　43条2項2号

くまで救済措置であり、原則現在の建物にのみ適用されているため、新しく建物を建築できるかどうかはあらためて建築審査会で審査をする必要がある。

建築指導課等では道路種別のほかにヒアリングする項目がある。

建築基準法により、建築物を建てる際には道路斜線制限、隣地斜線制限、北側斜線制限の3つの斜線制限がかけられる（図表2－23参照）。それぞれ、道路、隣地、北側から引いた斜線により高さに制限を受けるため、画地条件次第では容積率を十分に消化できないこともある。

日影規制も斜線制限の一部であるが、冬至日の日照量を基準としているため判断がむずかしい。また、北側道路か南側道路かで規制が変わるため、道路を隔てて向かい合う敷地であっても建築可能面積に差が出る（図表2－24参照）。

また、対象不動産が建物も含む場合、「台帳記載事項証明書」の交付と「建築計画概要書」の写しの交付を受けることができる。

「台帳記載事項証明書」とは、担当窓口に設置してある「建築確認台帳」記載の事項について内容を証明する書類であり、対象不動産が確認済証や検査済証の交付を受けたかどうかの証拠になる。依頼者が所有者であり、かつ手元に保管してある場合はそれを借り受ければよいが、新築申請時以降に変更や修正している場合もしばしばあるため、その内容が現況とあっているかどうかをチェックするうえでも入手しておきたい資料である。

第3節　役所調査　89

図表2−23 道路斜線制限、隣地斜線制限、北側斜線制限

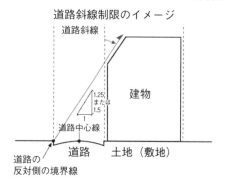

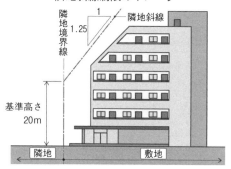

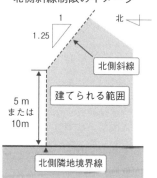

（出典） SUUMOウェブサイト（https://suumo.jp/article/oyakudachi/oyaku/chumon/c_knowhow/daiissyujukyochiiki/、https://suumo.jp/article/oyakudachi/oyaku/chumon/c_knowhow/hikagekisei/）より筆者作成。

図表 2 −24　日影イメージ

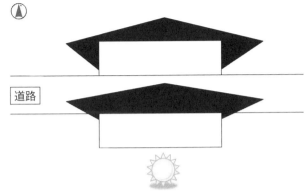

（出典）　筆者作成。

「建築確認台帳」には以下の事項が記載されている。

- ○　確認済証交付年月日、番号
- ○　検査済証交付年月日、番号
- ○　建築基準法に基づく許可、認定、承認などの年月日、番号
- ○　その他の法律・条令に基づく行為の許可、認定などの年月日、番号
- ○　建築主の氏名、住所
- ○　敷地面積・建築面積・延床面積
- ○　構造・階層・用途
- ○　工事種別（新築、増築等）

建築計画概要書とは、建築確認申請時に提出する資料の 1 つで、以下のような建築計画の概略が記載されている。

- ○　建築主・設計者・工事監理者・工事施工者の氏名および住所等
- ○　敷地面積・建築面積・延床面積
- ○　構造・階層・用途
- ○　建築当時の行政的条件と消化建ぺい率・容積率
- ○　案内図・配置図
- ○　建築基準法令による処分の概要（確認済証、中間検査、完了検査の

概略）

　建築計画概要書は昭和46年１月１日以降に建築確認申請がなされた建築物から義務化されている。ただし、書類の保存期間が役所によってばらばらなため、建築時期等によっては保存されていないケースも珍しくない。たとえば市川市や千葉市なら昭和46年から保存されているが、習志野市では平成７年から保存されており、同じ県内であっても個別に確認する必要がある。また、申請したその場でコピーをもらえるが、情報公開請求をした後２週間ほどかかる自治体もある。

3　土壌汚染調査等

　土壌汚染とは、揮発性有機化合物や重金属等の有害物質が、人の健康に影響がある程度に土壌に含まれている状態をいう。

　土壌汚染地として評価減をするには、価格時点において汚染が判明している必要があり、汚染の可能性があるなどの潜在的な段階では土壌汚染として評価することはむずかしい。

　評価減にあたっては土地の浄化費用等を控除する方式などが考えられるが、どのように算出するのかについては専門的知識が必要となるため、土壌汚染対策法に基づく指定調査機関の見積もった費用を採用することが確実である。実務ではフェーズⅠ（机上調査）でよいのか、それともフェーズⅡ（表層土壌のサンプリング調査）までやるのかはケースバイケースである。

　対象地が土壌汚染地であるかどうかを調査する方法は「役所調査」「地歴調査」「現地調査」の３種類が代表的である（図表２−25参照）。

　役所調査では、環境保全課などの窓口で土壌汚染対策法上の指定区域に指定されていないか、水質汚濁防止法や下水道法上の有害物質使用特定施設として対象地や周辺の土地が届出されていないかを調査する。また、都道府県や市区町村で独自の環境条例（東京都環境確保条例など）が制定されている場合もあるので、漏れのないよう調査する必要がある。

図表 2 −25　土壌汚染調査

役所調査	地歴調査	現地調査
・土壌汚染対策法 ・水濁法・下水道法 ・環境条例	・過去地図 ・登記簿謄本 ・閉鎖謄本	・周辺環境 ・高低差

（出典）　筆者作成。

○　「土壌汚染対策法」に基づく「要措置区域」「形質変更時要届出区域」の確認
○　「水質汚濁防止法」（水濁法）および「下水道法」に基づく有害物質使用の特定施設の確認
○　都道府県条例（東京の場合「東京都環境確保条例」）に基づく指定の確認

　地歴調査を行うためには建物謄本や閉鎖謄本を調べるほか、過去の住宅地図も活用して有害施設の履歴がないか調べることになる。過去地図は、対象地が属する地域の図書館にそろえてある場合が多く、蔵書がない場合は都道府県立図書館や国会図書館を利用して調べる。特に、国会図書館は全国の住宅地図をそろえているので確実に調べることができる。過去地図は、現在から10〜15年スパンでさかのぼれるだけさかのぼり調べる。この段階で有害施設の懸念がなければ調査は終了なのだが、懸念が見つかった場合にはさらに年度を区切って調べ直し、いつからいつまで懸念があるのかを絞り込んでいく。また、住宅地図で施設の内容がわからない場合には、閉鎖謄本によって建物の用途を調べる。

　現地調査では、役所調査や地歴調査でわからなかった点を重点的に調べる。たとえば、水質汚濁防止法制定以前より操業している施設では届出がなされていないことが多く、現地に行ってはじめて近所に印刷工場があるとわかった例や、住宅地図上でクリーニング店と記載されていたが、実際は取次のみを扱っているため汚染の懸念がないと判明した例などがある。

第 3 節　役所調査　93

また、懸念施設が近所にあったとしても、対象地が懸念施設より高い位置に立地している場合はもらい汚染のリスクが低くなるため、周辺の高低差にも注意が必要である。

　身近な汚染懸念施設の例としてはクリーニング店、ガソリンスタンド、印刷工場などがあげられる。

　調査対象建物の築年数によってはアスベストやPCBが使われている可能性も考えられる。

　アスベストは「奇跡の鉱物」と呼ばれ、耐熱性や耐久性に優れた安価な素材としてさまざまな建設現場で使用されていたが、繊維が肺から吸入されることにより中皮腫や肺がんを引き起こすことが明らかになり、現在では製造が原則として禁止されている。アスベストには吹付けアスベストと成形板（アスベスト含有建材）があり、成形板は平成16年まで製造されていたので、比較的最近の建物にも使用されている可能性がある。破損するなどしてアスベストが飛散している状況ではない限り、現段階で特別な措置は必要ないが、建物解体時には廃棄物処理法や石綿障害予防規則など法令の要請に基づいた工事・処理が必要となるため、解体費用はその分嵩む。

　PCB（ポリ塩化ビフェニル）は絶縁性が高く、変圧器やコンデンサーに使用されていた。昭和47年には製造が禁止されたが、廃棄には特別な処理が必要となるため、PCB処理特別措置法に基づき使用者に保管義務が発生し、所有権の移転ができない。

4　埋蔵文化財

　埋蔵文化財包蔵地とは、地中に貝塚・住居跡などの遺跡や石器・土器などの遺物が埋蔵されている土地のことであり、周辺にその存在が知られている土地を周知の埋蔵文化財包蔵地という。調査対象地が包蔵地に該当するか否かは各自治体の教育委員会に備え付けられている遺跡地図もしくは遺跡台帳により調査する。該当窓口は自治体の本庁舎に設置されていることもあれ

図表2-26 埋蔵文化財調査フロー

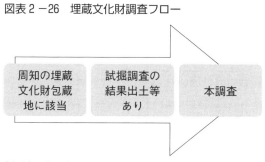

(出典) 筆者作成。

ば、郷土博物館など別の場所に併設されていることもあるので、事前の調査が必要である。自治体によってはファックスによる照会を受け付けているところもあり、また、東京都遺跡地図情報インターネット提供サービスのようにインターネットで調べることができる場合もある。なお、周知の埋蔵文化財包蔵地に指定されていない場合も、その周辺が包蔵地である場合、個別に対応を示されることがあるため、注意が必要である。

周知の埋蔵文化財包蔵地において掘削作業が行われる場合は、文化財保護法により着手の60日以上前に届出が求められ、試掘調査を指示されることもある。掘削作業には、建物の建築はもちろんのこと、建替えやインフラ設備の配管工事なども含まれる。また、試掘調査の結果、掘削工事が遺跡に影響を与えるおそれがある場合、本調査と呼ばれる発掘調査が指示される（図表2-26参照）。

試掘調査は行政負担で行われるが、本調査の費用は所有者もしくは事業者負担となり、調査の規模や遺跡の程度によって異なるが数百万から数千万円にのぼることもある。

埋蔵文化財包蔵地はそうではない土地と比べて発掘調査の期間における機会損失や本調査の場合における発掘費用の負担などの程度によって減価要因となりうる。

図表 2 −27　東京都建築安全条例

特殊建築物の用途に供する部分の床面積の合計	長さ
500㎡以下のもの	4 m以上
500㎡を超え、1,000㎡以下のもの	6 m以上
1,000㎡を超え、2,000㎡以下のもの	8 m以上
2,000㎡を超えるもの	10m以上

（出典）　東京都建築安全条例。

5　その他調査内容

　不動産は個別性が強いため、案件によっては追加の調査が必要となる。たとえば対象地が土地区画整理事業の対象地である場合には土地区画整理事業の担当部署を調査しなくてはいけない。役所についてから慌てないよう、事前に調査項目をリストアップしておくことが大事である。また、上・下水道の調査や、役所調査ではないが都市ガス、電気などのインフラ設備について確認することも重要である。

　さらに、東京都建築安全条例では間口距離に応じて建築可能な床面積に制限があるなど、自治体固有の条例により同じような条件の土地でも建築できる内容が異なるため、すみずみまで調査する必要がある（図表 2 −27参照）。

第4節　現地調査

1　持ち物

現地調査の際はこれまでの調査や準備で入手した下記資料を持参する。

- ○　住宅地図
- ○　法務局資料（土地建物全部事項証明書、公図、地積測量図、建物図面等）
- ○　測量図
- ○　カメラ
- ○　メジャー
- ○　角度計
- ○　開発登録簿・道路位置指定図
- ○　境界確定図・下水道台帳等
- ○　路線価図
- ○　設計図書
- ○　建築確認通知書
- ○　検査済証
- ○　台帳記載事項証明書
- ○　建築計画概要書
- ○　修繕記録
- ○　固定資産税課税明細
- ○　レントロール（賃貸借状況一覧表）
- ○　代表的な賃貸借契約書

- ○　損害保険契約書
- ○　建物管理委託契約書
- ○　収支関係書類
- ○　その他調査報告書（アスベスト・耐震調査報告）

　設計図書とは、建物の建設をする際に必要となる図面や仕様書の総称を指す。建物の規模や用途などによって異なるが、設計図書は仕様書（仕上げ表を含む）、配置図、平面図、立面図、断面図、矩計図等で構成されている。

　仕様書等は設計図書の一番初めのページにあるもので、建築材料や施工方法などが記載されている。これらは建物建設にあたっての指示書になるので、他の図面が仕様書等と食い違っている場合はこちらが優先される。建物の構造はどうか、材質は何を使っているのか、アスベストやPCBが混入した建材は使っていないか、現地と見比べて修繕された箇所や変更された箇所はないかを確認する。

　平面図は、ワンフロアを水平に切断し、上空から写し取ったような図面で、間取り図も平面図の一種といえる。平面図は各階の専有面積・間口・奥行・間取り、壁・柱・廊下・階段の位置、出入り口等が記載されている。賃貸可能床面積や容積対象床面積、施工床面積等の各面積が確認できるほか、建物内部の調査をする際最も重宝する図面である。平面詳細図は文字どおり平面図を詳しくしたもので、平面図では表現しきれなかった微細な箇所を記載している。

　配置図は、近隣の状況や敷地内での建物の位置などを表す図面で、付近見取り図や敷地案内図などとも呼ばれる。配置図は近隣の状況が載っているので、物件の所在地や当時の周辺環境も確認できる。また、幅員などの道路情報や接道状況、行政条件なども記載されているので、事前調査の段階である程度の情報を整理することができる。さらに、「建築面積」や「容積対象床面積」が記載されていることが多いので、建ぺい率・容積率を逆算し、敷地面積のあたりをつけることができ、1筆の土地に複数の建物が存在する場合などに有用である。

```
（例）　建ぺい率60％　基準容積率200％　建築面積300㎡　容積対象床面
　　　積980㎡
　　　　建築面積　　建ぺい率　敷地面積
　　　　300㎡　　÷　60％　＝　500㎡
　　　容積対象床面積　基準容積率　敷地面積
　　　　980㎡　　÷　200％　＝　490㎡
```

　以上より、敷地面積は490〜500㎡程度ではないかと推測される。また、
「使用容積率」や「消化容積率」が併記されていればより実態に近づくこと
ができる。

```
（例）　容積対象床面積980㎡　使用容積率165％
　　　容積対象床面積　使用容積率　敷地面積
　　　　980㎡　　÷　165％　＝593.9㎡
```

　建物のシルエットを切り抜き、建築面積＝敷地面積として評価しようとす
るケースが見受けられるが、これは誤りであり、建築基準法違反建築物とな
るおそれがある。

2　現地調査のポイント

　最寄駅からの移動方法は典型的需要者が日常的に利用する交通手段をでき
るだけ利用したはうがよい。たとえば対象地がバス便地域に存する場合は路
線バスを利用する。調査に費やせる時間の関係からタクシーを使うときも、
せめて片道だけでもバスを利用しよう。また、時間にゆとりがある場合に
は、最寄駅から対象地まで歩いてみることを勧める。所有者や典型的需要者
の視点から対象地の周辺地域をとらえることができ、「標準的使用方法」の

判定に役立つ。

　現地についたら測量図や地積測量図、役所で入手した境界確定図などと照らし合わせ、境界標の確認をする。

　境界標が見つからないときは、塀の上に設置されている場合や地中に埋もれている場合もあるので、図面と照合して注意深く探す必要がある。

　境界が確認できたら、越境物はないか、空中越境はないか、セットバックはすんでいるかなどを確認する。なお、セットバックずみの土地であっても登記簿に反映されていないことがあるので、見逃さないようにしよう。建築確認申請時の敷地面積と公簿面積に乖離がある場合は疑ったほうがよい（図表2－28参照）。

　図面をもとに道路との接道状況を確認する。このとき、持参したメジャーで幅員を測るが、道路端の形状によって測る場所が異なる。

　また、L字溝もU字溝もない場合は、ブロック塀の内側間が道路幅員である。接面道路の幅員が一定とは限らないので、必ず2カ所以上の地点で計測する。

　建築基準法では接道義務として間口2mを要求している。間口距離が2m未満の場合はその土地上に建物を建築することができないため、現地では必ず間口を確認する。特に路地状敷地（旗竿地）の場合は、建物が建っているからといって接道義務を満たしているとは限らないため、注意深く調べる。間口部分に境界標がある場合は境界標同士の間を計測し、境界標が確認できない場合は、塀の内側間を計測し、同時に塀の厚みおよび塀を含めた距離も計測する。このとき、塀の内側間の距離が2m未満である場合は接道義務を満たしていないことが考えられるので注意が必要である。

　また、現地で間口や高低差を測ることができない場合、コンクリートブロック（横390mm・縦190mm）やL字ブロック（横幅600mm）の数で長さを推測することができる。

　図表2－29の物件では、コンクリートブロックが縦に最大9個積み上げられているので、190mm×9で最大約1.7m道路よりも高くなっていることが

図表2-28 セットバック境目

隣接地同士で接道部分の形状が異なる

セットバックずみと未了の境目

推測される。

　図表2-30の土地ではL字ブロックが16個埋め込まれていた（図表2-30上ですべては写っていない）ので、600mm×16で接道部分は9.6m程度であ

図表2−29　コンクリートブロック

図表2−30　L字ブロック

ろうと推測できる。

　役所で入手した上・下水道台帳と現地の状況を確認する。上水道の調査では、水道メーターの有無および位置や道路上に設置されている止水弁の位置を確認する。特に私道部分の止水弁には注意が必要である。下水道・浄化槽

図表2-31　造成費が嵩む土地

の調査ではマンホールの有無と種類、合流式か分流式かを確認する。

　ガス管が埋設されている場合、引込み位置には「Gマーク」が貼られているので確認する。プロパンガスの場合はガス会社名を控えておく。

　その他、電柱が道路内か敷地内かの確認や、携帯電話基地局が設置されているかも確認する。

　電力会社や鉄道会社などが設置している高圧線については、送電圧によって建築規制がかかるので注意する。連絡先は最寄りの鉄塔に記載されていることが多い。

　敷地内や前面道路との間に高低差がある場合や、傾斜がある場合は、造成費が嵩み、予期せぬ評価減となることがあるため、注意する（図表2-31参照）。

　建物も評価対象の場合、各種図面（設計図書・建築計画概要書・法務局備

付けの図面等）と照らし合わせ、図面と現況が一致するかを確認する。図面同士でも差異がある場合があるので、どの図面が現況と適合しているかチェックする。収益物件の場合、賃貸借契約書やレントロール、管理委託契約書の内容をふまえ、入居者の状況や管理状況を確認する。

3　周辺環境の調査

　不動産は属する地域およびその周辺の地域と密接に関係するものである。そのため、現地調査の際は対象地だけでなく、周辺の環境も調査する。その際に「財産評価基準書　路線価図」を携帯して歩くことを推奨する。路線価とは、相続税の申告に使用するものであり、1㎡当りの土地価格が各道路に付されている。路線価図とは路線価が表示された地図のことであり、道路ごとになぜ価格が異なるのかを観察しながら歩くことで、その地域における相場観が浮かび上がってくる。

　また、近隣の地価公示地等もチェックする。地価公示地等はその地域における「標準的な画地」として選定されているため、地域の実情を探る手がかりとなる。対象地が地価公示地等と比べて著しく利用価値が低く（たとえば日照、臭気、振動など）、かつ路線価に反映されていない場合は減価する必要がある。周辺で似たような物件はないか、最近取引されたもしくは売りに出ている物件はないかも調べ、その物件と対象不動産を見比べた優劣などを検証する。

　写真は後日現地の情報を確認するうえで非常に重要な資料となる。撮影の際は周囲の街並み、遠景、近景、境界標や止水弁など、その他気になった箇所などを押さえる。その際、一方向からだけではなく、全方位から撮影することで対象の全体像をとらえることができる。また、撮影時の立ち位置や撮影方向を地図上に記録しておくと整理がしやすくなる。

4　特殊な調査実例

(1) 路線価がついているからといって「道路」とは限らない事例

　調査対象地を住宅地図で確認すると、2つの道路に面した二方路地であり、路線価を確認したところ西側に@20万円、東側に@18万円が付されていた。しかしながら、建築指導課で調べたところ、建築基準法上の道路判定が未判定の状態であったため、必要書類をそろえ同法上の道路に該当するか、それとも非該当であるかについて判定を依頼した。その結果、東側の道路状敷地は建築基準法上の道路に該当しない「ただの道路状の土地」であることが判明した。

　判定の結果次第では建築基準法上の道路に該当する場合もあるため、同法上の道路か否か未判定の場合は自己判断で非該当と決めつけず担当窓口に判定を依頼すべきである（図表2－32参照）。

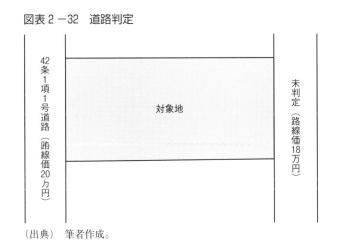

図表2－32　道路判定

（出典）筆者作成。

(2) 間口はどれを採用すべきか

　間口距離を計測する場合、通常は道路との接道部分を測る。

　では、路地状部分の幅員が一定ではない場合はどこを測ればよいか。そもそも建築基準法が接道義務を規定しているのは、事故事件が発生した場合に緊急車両が進入できるよう2mの間口を要求しているのである。したがって、路地状部分の幅員が一定ではない場合は最も狭い部分を間口距離として

図表2－33　路地状間口

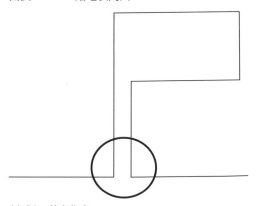

（出典）　筆者作成。

図表2－34　路地状部分の幅員が一定ではない場合の間口

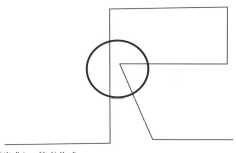

（出典）　筆者作成。

図表2－35　東京都建築安全条例

敷地の路地状部分の長さ	幅員
20m以下のもの	2 m
20mを超えるもの	3 m

（出典）　東京都建築安全条例。

図表2－36　路地状部分と間口距離

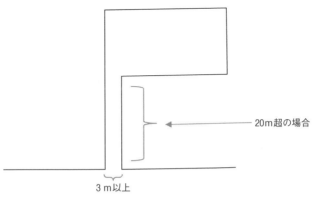

（出典）　筆者作成。

測る（図表2－33、2－34参照）。

　間口距離が2mだとしても自治体の条例によっては建築ができないこともある。東京都建築安全条例では3条において「建築物の敷地が路地状部分のみによって道路に接する場合には、その敷地の路地状部分の幅員は、路地状部分の長さに応じて、図表2－35に掲げる幅員以上としなければならない」と規定している。

　そのため、路地状部分が20m超の場合、間口距離が3m以上ないと建築することができない（図表2－36参照）。

(3)　未分筆の位置指定道路

　図表2－37はある土地の公図である。赤道が縦断しているが一体の敷地と

図表 2 −37　公図

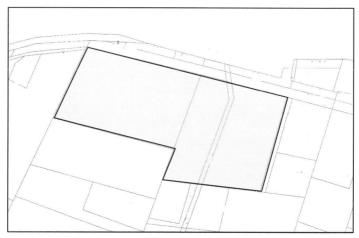

（出典）　筆者作成。

図表 2 −38　道路位置指定図面

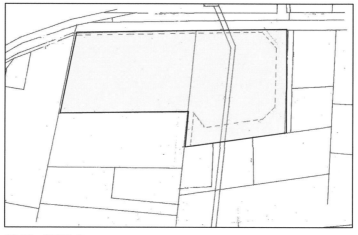

（出典）　筆者作成。

して利用されている。現地を調査したところ東側と南側に行き止まり型の道路が視認され、建築指導課にて位置指定道路であることを確認したが、公図

上では判別できない。このままでは当該道路が対象地に含まれるのか、他人地であるかがわからないため、道路位置指定図面を取得したところ図表2－38のとおり対象地の一部であることが判明した。

このように、道路が分筆されていない場合は宅地部分と道路部分を特定し、各面積を求める必要があり、見過ごしてしまうと過大評価につながる。

(4) 建築基準法上の道路であっても建築不可

対象地は住宅地図で確認した限り二方路であり、インターネットで調べたところ両方の道路が建築基準法上の道路であったが、東側道路は42条1項3号道路であった。42条1項3号道路は既存道路とも呼ばれ、建築基準法施行前から存在する道路であり、おおむね私道である。本件は依頼者の所有地一覧に東側道路の地番が含まれていないことから道路敷地の全部事項証明書を取得したところ、民間所有地であり、依頼者とは別の所有者が記載されていた。いわゆる他人地である（図表2－39参照）。

他人地の私道である場合、建築基準法上の道路とはいえ所有権を有するため、掘削承諾など建物建築にあたり所有者の同意が必要なケースが多い。特に融資を受ける場合は必須である。本件は私道所有者と依頼者の仲が悪く、

図表2－39　建築基準法上の道路であっても建築不可1

（出典）　筆者作成。

図表2−40 建築基準法上の道路であっても建築不可2

（出典）筆者作成。

同意を得ることができなかったため、二方路地ではあったものの西側の道路しか使用することができなかった。

　一方路か二方路かによって評価額には差が出るが、特に宅地分譲用地の場合は敷地内に開発道路を敷設するか否かで宅地化率に差が出るため評価額に如実に反映される。

　一方、両方の道路が公道であり建築基準法上の道路に該当する場合も注意が必要である。図表2−40のような位置関係の土地を調査したところ、いずれも建築基準法42条1項1号道路の市道であることが確認された。現地でも両方の道路から出入りがあり、二方路地として使用されていた。しかしながら、公図上東側道路と対象地との間に細長い筆が確認された。このとき、同じ所有者もしくは市道管理者所有地である場合にはセットバック等であることが推測され、問題はない。しかし、本件の場合は細長い土地を東京都が所有していた。同じ行政組織とはいえ、市道所有の自治体と東京都は別の主体であり、市道と対象地の間に他人地が介在する、と認定され東側道路からの接道は否定された。

　最後の事例は、図表2−41のとおり両方とも建築基準法42条1項1号道路の市道に面した二方路地であったが、現地を確認したところU字の車止めが

図表２−41　建築基準法上の道路であっても建築不可３

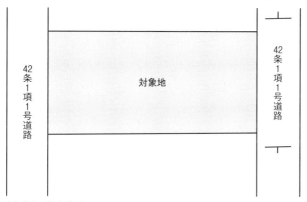

（出典）　筆者作成。

設置されていた。建築基準法は国民の生命財産を守るための法律であることから、緊急車両が通行できるか否かは重要な問題であり、慎重な調査が求められる。本件は、市道を管理する自治体の窓口で聴取したところ、自用の戸建住宅は許可できるが、販売目的で複数の建物を建築する際には東側道路のみによって接道する土地の建築は許可できない旨の回答があった。そのため、対象地は二方路地であるものの、利用に制限がある分、評価減をしなくてはならない。

　ただし、当該措置は該当の自治体固有の判断であり、ほかの自治体では異なる回答をする可能性がある。そのため、個別の案件ごとに自治体と協議することが必要である。

第４節　現地調査　111

| コラム | 世界の不動産鑑定士〈イギリス〉 |

　イギリスにおいては日本のような不動産鑑定士という国家資格は存在せず、RICS（The Royal Institution of Chartered Surveyors、1868年に設立）によって許可されたChartered Surveyorsが、鑑定評価をはじめ測量、建築、不動産開発、仲介等不動産全般に関する専門活動を行っている。

　もともと英国王室の財産等を管理する専門家に王室からRoyal Charter（勅許）を与えられたのが始まりともいわれている。

　本部はロンドンにあり、現在では13万人を超える会員が世界中で活躍しており、イギリスに会員が多いのはもちろんであるが、イギリスと関係が深い香港、オーストラリア等にも多くの会員が存在しており、日本にも大勢の会員がいる。

　RICSの会員資格には通常のメンバー会員であるMRICS（Professional Members）、上級資格であるFRICS（Fellows）等がある。

　日本の不動産鑑定士も、公益社団法人日本不動産鑑定士協会連合会の会員で10年以上の鑑定実務経験があり、一定の要件を満たせばRICSへのダイレクト入会が認められている。

　RICSは「RED BOOK」（表紙が赤いのでこのように呼ばれている）という評価基準を発行しており、資産評価において適用が義務化されている。

　イギリスでは個々の不動産の取引価格が英国土地登記所の登記簿に登録されており、これにより不動産市場の透明性が確立されたといわれている。またイギリスでは、建物は土地に従属するものとされ、建物の登記制度は存在しない。したがって、登記簿に記載されている取引価格は土地建物の一体価格である。

第3章

不動産の種類と
鑑定評価の方法

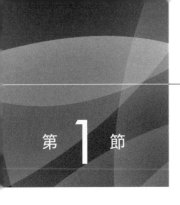

第1節 更　　地

1　土地残余法

(1) 評価方法の概要

　更地の収益価格を求めるにあたって用いられる鑑定評価手法が土地残余法である。土地残余法は、敷地に建物等が存する場合（複合不動産という）において、収益還元法以外の手法によって、建物等の価格が求められる場合に、この複合不動産から得られる純収益から建物等に帰属する純収益を差し引いた残りの純収益（土地に帰属する純収益）を土地の還元利回りで還元して土地の価格を求める手法である。収益価格を求める方法である収益還元法には直接還元法とDCF法があるが、この土地残余法は形式的には初年度の純収益を還元利回りで還元する方法を採用しているため、直接還元法に位置づけられるものである。

　土地残余法を適用するにあたっては、建物等が古い場合には複合不動産の生み出す純収益から土地に帰属する純収益が的確に求められないことが多いので、建物等は新築か築後間もないものでなければならない。対象不動産が更地の場合であっても、当該土地に最有効使用の賃貸用建物等の建築を想定することによりこの方法を適用することができる。

　土地残余法による土地の収益価格は、基本的に次式により求められる。

$$PL = \frac{a - B \times RB}{RL}$$

PL：土地の収益価格

a　：建物等およびその敷地の償却前の純収益

B　：建物等の価格

RB：建物等の還元利回り

RL：償却前の純収益に対応する土地の還元利回り

⑵　土地残余法による評価

　それでは、実務上、土地残余法がどのように適用されるのか実際の評価例を示す。

【対象不動産の概要（前提条件）】

（土地）

- ・所在および地番：東京都○○区
- ・現況地目：宅地
- ・評価数量：337.00㎡（登記簿記載数量）
- ・種別：住宅地
- ・類型：更地
- ・地域地区：第二種住居地区・準防火地区・第三種高度地区
- ・日影規制：3時間—4時間／H＝5m
- ・容積率／建ぺい率：300％／70％

（想定建物）

- ・用途：共同住宅
- ・構造：RC造4階建て　耐火建築物
- ・建築面積：241.28㎡
- ・延床面積：857.66㎡
- ・賃貸有効床面積：733.44㎡
- ・経済的耐用年数：（躯体）45年、（仕上げ）27年、（設備）15年

第1節　更　　地　115

- 構成比：（躯体）40％、（仕上げ）40％、（設備）20％
- 再調達原価：287,000円／㎡
- 設計監理料：5％
- 建物初期投資額：258,000,000円（≒287,000円／㎡×857.66㎡×105％）

（建物賃貸借契約）
- 住戸数：16戸
- 平均月額賃料：4,241円／㎡
- 平均月額共益費：109円／㎡
- 敷金：月額賃料の1カ月分
- 礼金：月額賃料の1カ月分

　上記前提条件に基づき対象不動産（更地）に長期保有を目的として、最有効使用である中層の共同住宅を建築することを想定し、その想定建物から将来生み出されるであろう純収益を査定。次に、建物初期投資額に元利逓増償還率を乗じることで建物に帰属する純収益を求め、複合不動産の純収益から建物帰属純収益を差し引いて土地に帰属する純収益を査定する。この土地帰属純収益を土地の還元利回りで還元することにより収益価格を試算する。

a　複合不動産の総収益

（a）　年額支払賃料

　近隣地域および同一需給圏内における同種の賃貸共同住宅の新規賃貸事例を検討のうえ、想定建物の基準階（2階）の賃料を4,241円／㎡と査定し、類似賃貸共同住宅の階層別位置別の賃料格差を参考に、月額支払賃料合計を3,110,519円、年額支払賃料を37,326,228円と査定。

（b）　共　益　費

　109円／㎡と査定し、年額共益費を959,340円を計上する。

（c）　駐車場等その他収入

　特になし。

(d) 貸倒準備費

敷金によって担保されていると判断されるので、非計上とした。

(e) 空室損失相当額

近隣地域および同一需給圏内の需給動向から判断し、空室率を4.0％とし1,531,423円と査定した。

(f) 一時金の運用益および償却額

近隣地域および同一需給圏内における同種の賃貸共同住宅の新規賃貸事例を検討のうえ、敷金および礼金を月額支払賃料の1カ月分、一時金の運用利回りを1％とし、空室損失相当額を調整した敷金の運用益を29,861円、空室損失相当額を調整した礼金の運用益および償却額（償却年数5年）を615,136円と査定した。

(g) 資本的支出

再調達原価（建築費）の0.1％の258,000円と査定した。

(h) 総収益（a＋b＋c－d－e＋f－g）

総収益を37,141,142円と査定した。

b 複合不動産の総費用

(a) 修 繕 費

想定建物の使用に伴う軽微な損傷や消耗に対する修繕等に要する費用を建物初期投資額の0.3％とし、774,000円と査定した。

(b) 維持管理費

建物等の保守点検、賃料徴収に要する人件費等を年額支払賃料と年額共益費との合計の2％とし、765,711円と査定した。

(c) プロパティマネジメントフィー

年額支払賃料と年額共益費との合計の5％とし、1,914,278円と査定した。

(d) 公租公課（固定資産税および都市計画税）

土地の公租公課は実額の447,000円、建物の公租公課は2,631,600円と査定した。

(e) 損害保険料

建物初期投資額に標準的な保険料率0.15％を乗じて387,000円と査定した。

(f) 建物等の取壊費用の積立金

建物初期投資額に取壊費用率および積立率0.15％を乗じて387,000円と査定した。

(g) 総費用（a＋b＋c＋d＋e＋f）

総費用を7,306,589円と査定した。

c 複合不動産の純収益

総収益37,141,142円、総費用7,306,589円より想定建物の純収益を29,834,553円と査定した。

d 建物帰属純収益と土地帰属純収益

(a) 建物初期投資額

前提条件より258,000,000円と査定した。

(b) 建物還元利回り（元利逓増償還率）

躯体および仕上げ、設備それぞれの耐用年数に基づく元利逓増償還率をそれぞれの構成割合で加重平均して0.065456と査定した。

(c) 建物帰属純収益（a×b）

16,887,648円（＝258,000,000円×0.065456）と査定した。

(d) 土地帰属純収益

複合不動産の純収益29,834,553円から建物帰属純収益16,887,648円を差し引いて土地帰属純収益を12,946,905円と査定した。

(e) 土地の未収入期間を考慮した修正率

賃貸事業においては、その事業サイクルのなかに建物等の建築期間および取壊期間という未収入期間が生じる。未収入期間修正率は、この未収入期間を収益価格に反映させるために土地帰属純収益を修正する率であり、ここでは未収入期間を1年間と想定し、0.950453と査定した。

(f) 未収入期間を考慮した土地帰属純収益（d×e）

12,305,425円（≒12,946,905円×0.950453）と査定した。

e　土地の還元利回り

　類似の賃貸物件の取引事例等から内部収益率を分析した結果、割引率はおおむね4.7%であった。また公的評価である地価公示で採用している土地の基本利率も4.7%である。一方、近隣地域は長期的に発展傾向にあることや一般的要因としての社会経済動向、公的評価である地価公示で採用している変動率等をも勘案して、賃料の変動率を0.2%とし、この2つの観点から土地の還元利回りを4.5%と査定した。

f　収益価格

　以上のとおり、未収入期間を考慮した土地帰属純収益12,305,425円を土地の還元利回り4.5%で還元して、収益価格を273,000,000円（810,000円／㎡）と試算した。

g　小　　括

　以上が、実際に土地残余法を適用して更地の収益価格を求める手順である。評価のポイントとして、想定建物は、近年の賃貸アパート物件の動向をふまえて、RC造4階建てとし、支払賃料の査定にあたっても類似の賃貸事例を多数収集のうえ、適切な補修正を行って求めた。

　建築費は、昨今の資材価格の高騰を十分考慮し、賃貸目的の建物の品等も勘案して妥当な判断といえる。

　還元利回りは、同一需給圏内の類似の取引利回り等を多数収集しており、投資家によるキャップレートの水準と照らし合わせても妥当と判断される。

　土地残余法による収益価格は不動産の収益性に着目した価格であり、最も理論的な価格とも考えられ、最近の一般社会経済の動向ならびに先走りがちな比準価格の有力なチェック材料となる等の趣旨を考慮すれば、重視されるべき試算価格と思料される。しかしながら収益価格は比準価格に比し、一般的に低く試算される場合も多く、これは対象不動産の存する地域が収益性よりも居住の快適性、利便性を重視する住宅地域であることや低迷する賃貸市場の影響により元本価値に見合った賃料を収受しえないこと等が主たる要因と考えられる。

第1節　更　　地　119

2　開 発 法

(1)　適用対象

　開発法は、更地の鑑定評価において、対象不動産の面積が近隣地域の標準的な土地の面積に比して大きい大規模画地に適用される手法である。大規模画地の主要な需要者層は開発素地として購入するデベロッパーであるから、開発法は需要者の属性に即した試算価格を求める手法として有用である。なお、不動産の類型が更地以外の場合（「建物及びその敷地」等）においても、土地の再調達原価等の査定に開発法を適用すべき場合がある点に留意すべきである。

　土地の種別との関係では、対象不動産が住宅地の場合、最有効使用は一体利用（分譲マンションの敷地）または分割利用（分譲戸建住宅の敷地）のいずれかを選択する。具体的には、市場の特性（分譲マンションまたは戸建住宅等のエンドユーザーの需要動向等）、地域要因（沿線の別、最寄駅へのアクセス等）および個別的要因（日影規制、高さ制限等による容積消化の程度等）を詳細に検討したうえで、一体利用と分割利用のいずれかを判定する。

　対象不動産が商業地の場合、住宅地のような分譲事業を想定するケースは少ない。ただし、開発型証券化において、商業地上に事業用不動産を建築して売却することを前提に、開発法を適用してSPC等が取得する更地価格を求めるケースが考えられる。この場合の開発計画は、分譲収入（分譲マンション等の販売収入）にかえて、１棟の建物の売却収入を計上する。なお、建築後の建物を賃貸することを想定する場合、開発法ではなく開発賃貸型DCF法（開発法の要素を加味したDCF法）を適用する点に留意する。

(2)　基本的考え方

　開発法は開発事業の投資採算性に基づき価格を求める手法であり、販売総額と投下資本（建物建築費または土地造成費、付帯費用）を投下資本収益率

で割り戻すことを基礎として開発素地の価格を求めるものである。

開発法の基本式を示すと次のとおりである。

$$P = \frac{S}{(1+r)^{n_1}} - \frac{B}{(1+r)^{n_2}} - \frac{M}{(1+r)^{n_3}}$$

P：開発法による試算価格

S：販売総額

B：建物の建築費または土地の造成費

M：付帯費用

r：投下資本収益率

n_1：価格時点から販売時点までの期間

n_2：価格時点から建築等代金の支払時点までの期間

n_3：価格時点から付帯費用の支払時点までの期間

販売総額（S）、建物の建築費等（B）、付帯費用（M）、価格時点から収入・支出の時点までの期間（n_1、n_2、n_3）は開発計画において決められる。したがって、開発法の適用においては、分譲マンション（または戸建住宅）市場や建築市場等の分析、開発指導要綱等の開発関連規制等の調査を十分に行うとともに、デベロッパーへのヒアリング等により、実現可能でありかつ最も事業採算性の高い開発計画を作成することが重要である。

(3) 開発法による評価

開発法による評価は以下のように行われる。

① 開発計画（分譲マンション開発）

有効面積：1,000㎡　　専有面積：2,250㎡

想定建物：RC造5階建て　住戸数：30戸（75㎡／戸）

法定床面積：2,500㎡　　期間（月）：準備8、建築工事12

② 建築工事費（設計監理料含む）

第1節　更　　地　121

法定床面積当り400,000円／㎡

着工時に20％、竣工時に80％を支払う

③　販売管理費等

販売収入の10％

着工時に50％、竣工時に50％を支払う

④　平均販売単価

専有面積当り1,500,000円／㎡

着工時に3％、着工後6カ月後に2％、竣工時に95％を計上

⑤　投下資本収益率

10％

⑥　試算結果

販売収入＝1,500,000円／㎡×2,250㎡＝3,375,000,000円

建築工事費＝400,000円／㎡×2,500㎡＝1,000,000,000円

販売管理費＝3,375,000,000円×10％＝337,500,000円

	金額	割合 （％）	金額（円）	期間 （月）	複利 現価率	複利現価（円）
収入	販売収入	3	101,250,000	8	0.9384	95,013,000
		2	67,500,000	14	0.8948	60,399,000
		95	3,206,250,000	20	0.8531	2,735,251,875
					小計A	2,890,663,875
支出	建築工事費	20	200,000,000	8	0.9384	187,680,000
		80	800,000,000	20	0.8531	682,480,000
					小計B	870,160,000
	販売管理費	50	168,750,000	8	0.9384	158,355,000
		50	168,750,000	20	0.8531	143,960,625
					小計C	302,315,625
開発法による価格（A－B－C）≒						1,720,000,000

122　第3章　不動産の種類と鑑定評価の方法

⑷ 評価のポイント

分譲マンション開発事業を前提に評価のポイントを示す。

a 想定建物

想定建物の規模、用途および配置等のイメージを固めたうえで、CADを活用して建物形態規制やボリュームチェックを行い、建物のコア部分や専用部分等の配置、床面積など想定建物の内容を具体化する。床面積をより多く確保するためには、総合設計制度（建築基準法59条の2）や天空率の比較による斜線制限の緩和（建築基準法56条7項）の適用を検討する。なお、総合設計制度の利用が一般的な地域は、当該制度による容積の割増しを受けるものとして評価すべきであるが、割増容積率の限度は行政機関の裁量に委ねられている点に留意すべきである。

b 開発スケジュール

価格時点において対象不動産（開発素地）を取得することを前提に、行政機関への事前相談、建築確認および開発許可の取得等に要する期間（準備期間）を想定する。建築確認の取得のみを想定する場合、6～12カ月を準備期間の目安とする。開発行為に該当する場合は、上記期間に2～4カ月程度を追加する。総合設計を利用する場合は、行政機関への調査結果等をふまえ、追加的に必要となる期間を考慮する。

分譲マンションの建築工事に要する期間は、想定建物の階数に6～12カ月程度を追加した期間が目安となる。地階があるときは1地階当り1～2カ月を追加する。ただし、想定建物の建物規模・品等のほか、立地条件（接道、地勢、地盤等）に応じて工事期間が変わりうる点に留意する。建築工事費の支払時点および支払額の割合は、建築工事着工時点で10～20％、必要に応じて中間時点で10～20％、竣工時点で60～80％を計上する。

販売開始時点は、工事着工時点から2～6カ月後が目安となる。販売収入は販売開始時に手付金相当額（販売価格の5～10％）を計上し、建物竣工（引渡し）時点で残代金相当額を計上する。

第1節 更 地 123

c 建築工事費および設計監理料

建築工事費は、建築工事費単価に床面積を乗じて査定する。算定の基礎と
する床面積には、法定床面積（延べ面積）、施工床面積および専有面積が想
定されうるため、単価のヒアリング調査等を行うときはいずれの床面積に係
る数値であるかに注意する。

建築工事費の単価は、想定建物の所在地域、規模、階層、構造および品等
のほか、地盤の良否、工事車両の出入の難易等も考慮して査定する。

設計監理料は、建築工事費に一定の料率を乗じて査定することが多いが、
その料率は3～4％程度が目安である。

d 販売管理費等

販売管理費は、販売委託費（仲介料または人件費）、近隣対策費、広告宣
伝費・モデルルーム費およびその他費用からなり、当該項目を積み上げて査
定する。販売収入に一定率を乗じて査定する場合もあり、販売収入の10～
12％程度が目安である。

このほか、条例等により、公園用地負担金、学校施設負担金、水道施設負
担金、ごみ処理施設負担金等として金銭の支払いまたは施設の設置等が求め
られることがある点に留意する。

e 販売総額

価格時点における専有面積当りの平均的な販売単価を査定し、専有面積を
乗じて査定する。なお、販売単価は想定建物の階層、住戸タイプ（専有面
積・開口部等）等により異なりうるから、まず標準住戸を設定し、取引事例
等に基づき標準住戸の価格を査定したうえで、標準住戸の価格を補正してそ
の他の住戸の価格を求め、これらの価格を合算することにより、想定建物の
実態に即した販売収入を求めることができる。

f 投下資本収益率

投下資本に対する標準的な収益率を示す概念であり、借入金利率（または
自己資本配当率）、開発利潤率および危険負担率により構成される。開発法
の適用にあたっては、開発期間に発生する収入および支出を価格時点に割り

124 第3章 不動産の種類と鑑定評価の方法

戻す率として用いられる。投下資本収益率は、金融市場の動向、エンドユーザーの市場動向、対象不動産の立地、開発事業の規模および期間等に応じて査定する。分譲マンションの場合、9～15％程度が目安である。

3　森林（林地・立木）

(1)　森林（林地・立木）評価の対象

　林地・立木から構成される森林は通常、次のように定義されている。
　　①　木竹が集団して生育している土地およびその土地の上にある立木竹
　　②　①の土地のほか、木竹の集団的な生育に供される土地
　一方、不動産鑑定評価基準（以下「鑑定評価基準」という）の規定は、公共事業の用に供することを前提とした林地（転用地）を対象としているが、近年、森林をはじめ地球環境や再生可能エネルギーに対する国民的関心が高まっており、森林に対してこれまでのように開発一辺倒の考え方をするのではなく、森林を森林として適正に評価することが不動産鑑定士に求められつつある。

(2)　森林（林地・立木）評価の特質

　森林は土地としての林地と土地の定着物である立木から構成され、林地は立木を育成し、採取する林業生産の基盤である。こうした林地とその定着物である立木の一体性といった点において、土地と建物は別個の不動産と考えられている他の不動産とは異なる点があるといえる。
　なお，農地，採草放牧地等と比較した場合，立木の生産期間が野菜などより著しく長いという点はあるが、そもそも土地生産力に依存する点においては共通している。

第1節　更　　地　　125

(3) 林地の区分

森林を構成する林地は、それぞれの地域的特性に応じ、評価にあたって適用される法律等により、次のような区分がある。

a 基準地（林地価格比準表）の林地区分

林地地域とは、林業生産活動のうち、木竹または特用林産物の生育に供されることが自然的・社会的・経済的および行政的観点から合理的と判断される地域をいい、次の地域区分がある。

① 都市近郊林地地域：都市の近郊にある林地地域で、宅地化の影響を受けている地域

② 農村林地地域：農村集落の周辺にある林地地域で、いわゆる「さとやま」と呼ばれ、一般に農業を主に、林業を兼業している農家の多い地域

③ 林業本場林地地域：林業経営を主とする林家の多い地域または地方の有名林業地で、有名林業地としての銘柄またはこれに準ずる用材を生産している林地地域

④ 山村奥地林地地域：農家集落への距離等の交通接近条件の劣る地域で、林家は少なく、かつ、散在している林地地域

b 地価公示の林地区分

林地地域には地価公示に基づく区分もある。

① A地域（市街化近郊林地）：市街化区域の外周部に近接し、林地からその他用途への転用の土地利用が多くみられる地域

② B地域（市街化近郊林地以外）：市街化調整区域のA地域に属さない地域で、林地からその他用途への転用の土地利用が少ない地域

(4) 林地の地域・個別分析と価格形成要因

林地の評価は、森林としての利用がいわゆる最有効使用であることから、対象となる森林（林地）の最適施業を判断し、設定する必要がある。同時

に、林地地域にあっては、宅地地域と違い、伐採した木材の運搬の難易度等の交通接近条件および自然的条件に対する比重がより大きくなると考えられる。

　地域分析、特に個別分析においては、地域的特性の制約を前提としつつ、次のような価格形成要因を分析して、その最適施業を判定し、評価を行うことになる。

　なお、林業本場地域を例にとって、主な価格形成要因を列記し、重要な要因についてはアンダーラインを付している。林地地域は前述のとおり、林木の育成のみに供されることが前提であり、その林地は、よい木（値段の高い木）が育つかどうか（地位）、市場まで安価に搬出運搬することができるかどうか（地利、さらに、林内地利と林外地利に分かれる）の2点が重要な要因として把握されると同時に、他の要因は、少なからず、この地位と地利に影響を及ぼしている。

① 自然的条件

 ⓐ 気象：気温、日照、降水量、積雪の深さ、風の強弱等

 ⓑ 地位：標高、地形、方位、傾斜、土壌型、有効深さ、緊密度、土性、堆積型、林地生産力等

 ⓒ 災害：気象害、崩壊・浸食の状況等

② 施業条件

 ⓐ 交通接近条件：最寄駅・最寄集落等への距離

 ⓑ 地利：区画中心から搬出地点までの距離、路網密度の度合い、林道等からの距離、素材市場までの距離（時間、林道の幅員）等

 ⓒ 施業単位：台帳面積、実測面積

 ⓓ 素材生産：樹種、生産数量、収穫予想、伐採・集運材・運搬の各作業方法と工程、作業道作設・管理等の施設費等

 ⓔ 育林：植栽面積、本数、地こしらえ、植付、下刈、除間伐の作業方法・回数等

③ 経営条件

第1節　更　　地　127

ⓐ 製品市場：市場の性格と規模、市況、付近の製材工場数等

ⓑ 権利関係：所有形態、経営形態、分収・借地契約等

ⓒ 労働：労働力の質・量、賃金水準等

ⓓ 損益：経営規模、企業利益、金利、林業利率等

ⓔ 物価：ガソリン代等関連物価の動向等

ⓕ 林業助成：補助金、融資等

④ 行政的条件

ⓐ <u>国土保全：保安林・保安施設地区、砂防指定地、地すべり指定地、急傾斜地崩壊危険区域、土砂災害警戒区域、土砂災害（特別）警戒区域等</u>

ⓑ 自然保護：自然公園特別保護地区、風致地区等

⑤ 林業外の条件

◯ 転用：地域開発、林地転用等

⑸　林地に係る評価書の留意事項

　基本的には、林地の評価書の様式、記載順序は宅地等と同じであるが、林地評価のなかで、特に留意を要する項目について記述する。立木評価特有の留意事項は後述する。

a　対象不動産の表示

　山林の登記簿上の地目は、「山林」と「保安林」である。山林とあるから保安林ではないのかといえばそうではないケースもある。保安林の種類は11あるが、保安林は種類別に伐採制限の程度があり、減価に差が生じ、その結果、単価が異なることになるので、対象森林の内訳として保安林の種類ごとに不動産の表示を行う必要がある。

　保安林のみならず、減価が必要とされる砂防指定地等諸規定に係るものも含めて単価の異なるごとに再計する必要がある。

b　一般的要因の分析

　林地、立木に係る一般的要因には、経済情勢に加え、近年の木材価格の動

向、最近の木材市況、内地材と外材との関連、林業行政の動向等の記載が望ましい。

c 地域分析

近隣地域の範囲を定め、最寄木材市場および近隣地域からの距離、対象立木に関する木材市況等についても記述することが望ましい。

d 個別分析

対象不動産の状況を詳細に記述する。標高、傾斜の型、対象林地の中心から搬出地点までの距離、搬出地点から最寄市場までの距離等必要事項を記述する。

できれば、個別的要因を分析して、地味と地利に集約することが望ましい。なお、地味、地利以外の公法上の規制等はその程度に応じて、記載、補正することが望ましい。

e 鑑定評価方式の適用

林地は立木という果実の元本である以上、原則として収益還元法を適用すべきであるが、現行の収益方式は実勢価格を反映しうる方式としては問題点を多く抱えている。

結局、取引事例比較法の単一方式とならざるをえないが、地味、地利とも収益性に着目した個別的要因であるので、地味、地利を重視し試算した比準価格は、「収益性比準価格」と位置づけてよいと考える。

(6) 立木に係る評価書の留意事項

a 評価の条件

評価の条件として、①最寄木材市場名、②採用する伐期齢などがある。

伐期齢（苗木を植栽してから、伐採するまでの年数）には、森林法で定められた標準伐期齢、利用伐期齢があるが、両者とも、現下の木材価格では定められた伐期齢では幹が小さく、需要が多くない。そこで、各地方では、経済性を重視し慣行的に採用している伐期齢（慣行的伐期齢）があり、その伐期齢は年々延長されているという話をよく聞く。

第1節　更　　地　129

慣行的伐期齢は地域により、樹種により、また、木材の利用用途により異なるので、採用する伐期齢は地元森林組合等で十分な聞き込みが必要である。

b　立木の個別的要因

立木価格に影響を及ぼす要因は、①当該立木に対応する木材価格、②立木そのものの個別的要因（林地の地味を含む）、③林地の個別的要因の地利に分けられる。

通常は、立木の個別的要因の良し悪し、ひいては立木の価格は、胸高直径、樹高、本数によって決まるが、この胸高直径、樹高はその林地の地味により、対象不動産の立木価格が決まる。具体的には以下の3点によって評価される。

　　①　丸太の大きさが異なっていること。

　　②　真っすぐな状態で採材できる通直材の長さが異なっていること。

　　③　通直材か、ヒョロヒョロした曲がり木かが異なっていること。

立木価格はその林地の地味と地利の良否が原点であることを再確認していただきたい。

4　農　　地

(1)　農地の鑑定評価

農地の鑑定評価では「農地を農地として評価する場合」、不動産の鑑定評価に関する法律52条1号に「農地、採草放牧地又は森林の取引価格（農地、採草放牧地及び森林以外のものとするための取引に係るものを除く。）を評価するとき、これは具体的には農地を農地又は利用目的が継続して行う場合の取引価格については不動産の鑑定評価に該当しない」旨、記されている。従来、農地を農地として取引する場合は親族縁者または土地改良区、農業協同組合等へのあっせん等から行われることが大半であったため、農地の取引

価格は売主・買主双方が取り決めた価格が適正価格とされてきた。しかし、平成21年農地法改正以降、農地の権利取得の要件の緩和、下限面積の緩和、賃借人の原則自由化等のほか、耕作放棄地の増加、農業者の高齢化等から法の改正・緩和が図られてきたことから、第三者に対する適正な価格を提示する必要性が生じ、不動産鑑定士が農地についても鑑定評価を行うことが良策であることが一般社会からの要請となってきた。

(2) 農地の種類——鑑定評価基準

農地地域とは、生産活動のうち耕作の用に供されることが、自然的、社会的、経済的および行政的観点からみて合理的と判断される地域をいう。農地とは農地地域のうちにある土地をいう。

(3) 農地の評価

a 農地地域の種別の細分

農地地域は、田地地域、畑地地域、樹園地地域および採草放牧地地域に細分される。

(a) 田地地域

地域の自然的条件からみて大部分の土地が田地として利用されている地域をいう。

(b) 畑地地域

地域の自然的条件からみて大部分の土地が畑地として利用されている地域をいう。

(c) 樹園地地域

地域の自然的条件からみて大部分の土地が樹園地として利用されている地域をいう。

(d) 採草放牧地地域

地域の自然的条件からみて大部分の土地が採草放牧地として利用されている地域をいう。

第1節 更 地 131

b　農地の種別の細分

農地は、田地、畑地、樹園地および採草放牧地に細分される。

(a)　田　　　地

用水を利用して草本性植物を栽培する土地をいう。

(b)　畑　　　地

用水を利用しないで草本性植物、苗木等を栽培する土地をいう。

(c)　樹　園　地

果樹等を集団的に栽培する土地をいう。

(d)　採草放牧地

養畜のために採草する土地（採草地）または家畜を放牧する土地（放牧地）をいう。

c　農地等の類型

「農業施設」とは、「温室、育苗施設等の農作物の生産に資する施設」をいう。

「農作物」とは、「農業により生産される植物の果実等」をいう。

「果実等」とは「果実、茶・桑等の葉、花き、植林用苗木等」をいう。

d　価格時点の確定

(a)　過去時点の鑑定評価

農地等については、土地改良事業の工事完了後に、従前土地について鑑定評価する場合が該当する。

(b)　将来時点の鑑定評価

農地等については、土地改良事業の工事完了後に、完了後の土地について鑑定評価する場合が該当する。

(4)　農地等の価格を形成する要因

a　一般的要因

(a)　自然的要因

気温、降雨、積雪、日照、暴風、豪雨、豪雪等、農地特有の要因であり、

132　第3章　不動産の種類と鑑定評価の方法

収穫高、栽培作物、家畜、果実の生産に影響する。

(b) 社会的要因・経済的要因

人口、生産物価、消費物価、所得の増減、為替変動、労働人口等の要因であり、生産栽培の効率化、消費の増減に影響する。

(c) 行政的要因

農地法の緩和、流通市場の整備、取引の透明化等に関する要因であり、耕作放棄地、荒廃農地の減少、農業従事者の多様化、大規模化、組織化等に影響する。

b 地域要因

農地地域の地域要因を分析する際に重要な項目を例示すれば、次のとおりである。

(a) 交通・接近条件

集落との接近性、集荷地との接近性、農道の状態・幅員・構造等が収穫物の運搬等の費用性に影響を与える要因である。

農業の大型化、大規模化に伴い重要な要因となる。

(b) 自然的条件

地球温暖化、異常気象との関連性、日照、地勢、土壌、灌漑、排水、水害は収量減少、対策費等の費用に関連する。

(c) 行政的条件

行政上の規制として、下限面積の緩和・個々の市町村の方針が影響する。

補助金、融資金は単年度のもの、継続性の区分、返済義務、利子の有無である。

c 個別的要因

農地等の個別的要因も地域要因に準ずる。

d 画地条件

(a) 地積・形状

障害物による障害度として、鉄塔、墓地等が影響する。

(b) 地面の傾斜の程度

第1節 更 地 133

耕作・収穫、運搬等の機械化の進展に伴い、農道の整備とともに、費用性に関連する重要な要因である。特に、農業機械の大型化が進んでいる地区では、整形かつ大区画地の効率性が高い。畦畔の高低差（農業機械の移動の困難性）、既存農道・畦畔を改良しての集積化と同時に道路拡幅では農地提供部分になっていることに留意する。

(5) 地域分析

農地等の同一需給圏の判定において、いわゆる大規模集約農業が行われている地域では、同一需給圏が広域化する傾向にある。ただし、生産する農作物等の種類によって、圏域が異なる場合があることに留意する。農林水産省の農業地域累計区分が参考になる。

(6) 価格を求める鑑定評価の手法

a 原 価 法

原価法の適用は、次の(a)・(b)に則して行うものとする。

(a) 基本的な考え方

生産調整（減反）は廃止されている。田を新規に開墾することは原則、可能であるが、米価の下落から実現性は乏しいことに留意する。

　ア 農　　地

農地の価格を「原価法」によって求める場合の基本式は、次のとおりである。

ただし、耕作放棄地、荒廃農地、所有者不明農地の増加から適用がむずかしい。

積算価格＝再調達原価（土地の再調達原価）

　　　　－減価額（土地の減価修正に係る減価額）

イ　農業施設付農地

　農業施設付農地の価格を「原価法」によって求める場合の基本式は、次の
とおりである。

　　積算価格＝再調達原価（農業施設の再調達原価＋土地の再調達原価）
　　　　　　　－減価額（農業施設の減価修正に係る減価額＋土地の減
　　　　　　　価修正に係る減価額）

(b)　適用方法

　ア　再調達原価

　　㋐　土　　　地

　土地の再調達原価を求める場合の基本式は、次のとおりである。

　　土地の再調達原価＝素地価格＋造成費＋付帯費用

---

①　素地価格

　　農地造成を行う素材となる土地の価格であり、近隣地域の周辺等類
似の山林、原野等に係る取引事例から求める。

②　造成費

　　山林、原野等を造成し農地として利用する楊合、伐採・伐根費、整
地費のほか、用水を用いる場合は、灌漑施設に係る費用等を積算す
る。

③　付帯費用

　　造成工事の発注者が請負者に払うべき造成費に加えて、直接負担す
べき通常の費用をいう。

　　㋑　農業施設

　農業施設と一体として設置されている付帯施設の再調達原価は、農業施設
の再調達原価に含める。付帯施設とは、農業施設内において温度、湿度、照

第1節　更　　地　135

度等を管理するために用いる散水施設、温度調整施設、通風換気施設のほか生育を促すCO_2タンク施設等である。

　　イ　減価修正

　　　(ア)　土　　地

　主な減価要因としては、土壌の劣化および水路等の施設の劣化がある。

　　　(イ)　農業施設

　主な減価要因としては、経年による劣化、農作業に伴う偶発的損傷等のほか、風水害等による損壊がある。特に付帯施設についての顕著な技術革新をふまえ、既存施設の機能的陳腐化についても、減価修正の要因となる。劣化、損傷および陳腐化の程度に応じた減価修正が必要となる。

　　　(ウ)　農業生産に用いる草木

　主な減価要因としては、虫食い・病気等による当該草木の生育状況の悪化のほか、風水害等による損傷がある。生育状況の悪化および損傷の程度に応じた減価修正が必要となる。

　　ウ　適用上の留意点

　　　(ア)　土　　地

　山林、原野等を農地として造成した場合、採算性の観点から農業経営がむずかしく、実際に造成が行われるケースは少なく、造成に係る資料の収集は一般的に困難である。

　　　(イ)　農業施設

　技術革新を反映した農業施設の導入の可否、当該農業施設の導入に伴う生産性向上の程度、対象不動産が存する地域における当該農業施設の導入の動向等をふまえ、再調達原価および減価修正を検討する必要がある。

　　　(ウ)　農業生産に用いる草木

　消費者の嗜好変化に伴う農作物の需要の拡大、減退等に留意する必要がある。

　b　取引事例比較法

　取引事例比較法の適用にあたっては、次の点に留意する。

(a) 実例の収集および選択

　農地等については、取引件数が少なく取引事例の収集が困難な場合が多いが、都市近郊においては、売買仲介業者からの収集が可能な場合がある。なお、農林水産省ホームページからは、所在地域、農地の区分等の情報を入手できる。また、限定的ではあるが、インターネット上で農地の価格相場、農地の売却物件等の情報を入手できる。

(b) 事情補正

　農地等の取引事例について、事情補正を要する可能性がある場合を例示すれば、次のとおりである。

　　○　取引当事者が縁戚関係にある等で恩恵的な取引が行われた場合
　　○　高齢者等の農業廃業予定者により売り急ぎで取引が行われた楊合
　　○　耕作規模の拡大を目指す法人等による買い進みを背景に取引が行われた場合

(c) 時点修正

　農地の価格変動率を求める揚合の参考資料として、「田畑売買価格等に関する調査」（全国農業会議所）、「田畑価格及び賃借料調」（一般財団法人日本不動産研究所）等の統計資料がある。また、年間平均使用料の推移については、市町村の農業委員会が公表しているデータも参考となる。

(d) 地域要因の比較および個別的要因の比較

　　ア　地域要因の比較

　農作業の機械化の進展に伴い、道路等の条件が農地等の生産効率に大きな影響を与えることとなるため、道路網の整備状況ならびに国道、都道府県道、市区町村道、里道等の道路種類および舗装状況の相違を比較する必要がある。

　気象条件、地勢等の自然的条件も、価格形成要因に与える影響が大きい点に留意して比較する必要がある。

　都市農地については、都市農業振興基本法等の法律の整備等による変化に留意する。

第1節　更　　地　137

イ　個別的要因の比較

地域要因の比較に準じて検討する。

(e)　配　分　法

　農地等の鑑定評価を行う場合において、当該農地等の価格が適正に把握でき、当該農地等以外の構成要素の価格または割合が適切に把握できる場合に、有効な方法である。たとえば、自作地または農業施設付農地の鑑定評価を行う場合において、自用の農業施設付農地の価格が適正に把握でき、当該自用の農業施設付農地に係る農業施設の価格または割合が適切に把握できる場合に、有効な方法となる。

c　収益還元法（直接還元法）

　農業経営に基づく純収益を還元して求める手法であり、次の式により表される。

　収益価格＝農地等に帰属する純収益÷還元利回り

　農地等に帰属する純収益
　　＝総収益（収穫額、補助金等）－総費用（物材費、労働費、経営者報酬等）

(a)　収　　　益

　主産物のほか、副産物の収穫額を含み、市場価格（運搬費、手数料等が含まれる）でなく庭先価格（農家の庭先における農産物価格）を採用する。

(b)　費　　　用

　稲作、野菜、果実等により費用項目が大きく異なる。

　①　共通費：物財費、農機具費、公租公課、燃料・光熱費、減価償却費、修繕費、人件費、経営者報酬

　②　個別費：賦課金、園芸施設費、樹木剪定費、水利費、水路改修費

上記の例は一部であり今後の農作業の変遷によりさらに増える費用項目にも留意すべきである。

(c) 還元利回り

農業経営は一般に、自然環境条件に左右される豊凶（冷夏等の稲の半作、野菜等の価格低による豊作貧乏、最近は夏場の異常高温、降雨不足等）リスクがある。

- ○ 耕作規模が小さい（稲作では西日本は小さく、東日本、北海道は大きい等）。
- ○ 生産性・収益性が低く回収が長期化する。
- ○ 制度金融による低利融資がある。

以上の点のほか今後の一般金利動向にも考慮して判定するものである。

d 小　括

以上、価格を求める手法について簡便であるが昨今の現場での問題点もふまえて記載したものである。しかし今後はスマート農業、有機栽培、そしてさらなる機械化の進化も考慮する。

(7) 処理計画の策定

農地等の鑑定評価にあたっては、取引事例が少ないこと等から処理に相当の期間を要する。したがって余裕をもった処理計画を立てることが好ましい。なお田地にあっては稲の収穫が完了する時期が秋口で、翌年の作業開始までの10〜1月の鑑定依頼が多い。特に最近は高齢者の廃業等から多くなる傾向がある。

(8) 対象不動産の確認

a 物的確認

農地等については、境界等を判断できる目標物が少ないことから、実地調査時に誤認しないように注意を要する。具体的には、畦畔、法地、用水路等が対象不動産に含まれるか否かの判断がむずかしい場合があり、可能な限

り、所有者、耕作者、隣地所有者、地元精通者等に立ち会ってもらう必要がある。

b　権利の態様の確認

権利関係は法務局のほか、市町村税務課、農政課等において調査を行う必要がある。貸借関係の有無は、所有者、耕作者、地元精通者等に聴取して確認する。田地にあっては、特に取水および排水の利用、権利および承諾について確認する。

⑼　資料の収集および整理

鑑定評価に必要な資料は、おおむね、確認資料（物的確認資料および権利の態様の確認資料）、要因資料および事例資料に区分される。

a　確認資料（農地等の特有の資料）

確認資料は物的確認資料と権利の態様の確認資料とに大別される。

　① 　物的確認資料

　　○ 　換地図、一時利用地・指定図（土地改良区事務所）

　　○ 　法定外公共物管理図：赤道、青道、里道、畦畔、井溝、用悪水路等（市町村財政課・建設課等）

　　○ 　その他水路図など（水利組合）

　② 　権利の態様の確認資料

　　○ 　換地証明・一時利用地証明（土地改良区事務所）

　　○ 　農地法３条の規定による許可申請書（市町村農業委員会等）

　　○ 　その他農地売買契約書、農地利用権設定書等

b　要因資料

一般資料として、農業関連行政法規、農業関連統計資料等がある。

c　事例資料

事例資料として、建設事例、取引事例、収益事例、賃貸事例等がある。賃貸事例に関し、物納の場合は、納入物の価値を価格に換算すべきであることに留意する。

⑽ 鑑定評価書作成上の留意事項

a 農地特有の単位

農地の実務では、地積の単位は「㎡」「a」「反」等が広く使用されている。

b 特殊な単位

圃場整備がされておらず棚田が広がる千枚田等では半日で4人（機械使用不可）が手で植える田を「4人田」といい、現在の1反に相当する。

⑾ 鑑定評価手法の活用

鑑定評価基準では、「農地」について、「鑑定評価額は、比準価格を標準とし、収益価格を参考として決定するものとする。再調達原価が把握できる場合には、積算価格をも関連づけて決定すべきである」と定めているが、これを前提として、次の類型に応じた鑑定評価手法を活用する必要がある。

a 農　　地

自作地、農業施設地、農地利用権および底地（農地）に大別される。

(a) 農地利用権

農地利用権は、それ自体が市場において売買されることは少なく、その価格については、たとえば、底地（農地）を宅地に転用する場合において、当該底地（農地）の所有者が農地利用権を取得する場合に、離作料の支払いというかたちで現れる。

(b) 底地（農地）

底地（農地）の価格は、農地利用権の付着している農地について、農地利用権の価格との相互関係において、農地利用権設定者に帰属する経済的利益を貨幣額で表示したものである。

(c) 農業施設付農地

　　ア　自用の農業施設付農地

自用の農業施設付農地の鑑定評価額は、積算価格、比準価格および収益価

第1節　更　　地　141

格を関連づけて決定するものとする。

　　イ　貸農業施設付農地

　貸農業施設付農地の鑑定評価額は、耕作権および農業施設利用権に係る実際実質賃料に基づく純収益等の現在価値の総和を求めることにより得た収益価格を標準とし、積算価格および比準価格を比較考量して決定するものとする。

b　農業施設

　農業施設一般、農業施設付農地利用権に大別される。

（a）　農業施設一般

　農業施設だけの鑑定評価は今後賃借農地上にある堅固なビニールハウス、太陽光パネル等の依頼はありうる。賃借（リース）農地は原則自由であることから企業間の譲渡取引による場合等は積算価格、建物残余法で求める。ただし耐用年数は一般年数と異なることに留意する。

（b）　農業施設付農地利用権

　農業施設設置権者が農業施設付農地において自ら耕作を行う場合における農業施設付農地利用権の鑑定評価額は、積算価格、比準価格および収益価格を関連づけて決定するものとする。

5　限定価格

(1)　限定価格の定義

　限定価格とは、鑑定評価基準によれば、「市場性を有する不動産について、不動産と取得する他の不動産との併合又は不動産の一部を取得する際の分割等に基づき正常価格と同一の市場概念の下において形成されるであろう市場価値と乖離することにより、市場が相対的に限定される場合における取得部分の当該市場限定に基づく市場価値を適正に表示する価格」をいう。

　そして、限定価格を求める場合の3つの例を示している。

142　第3章　不動産の種類と鑑定評価の方法

① 借地権者が底地の併合を目的とする売買に関連する場合

② 隣接不動産の併合を目的とする売買に関連する場合

③ 経済合理性に反する不動産の分割を前提とする売買に関連する場合

このうち、②が「隣地買収」に該当する。

まず、鑑定評価基準に規定されている定義の重要部分を解説する。

「正常価格と同一の市場概念の下において形成されるであろう市場価値」とは、個別の事情（早く売りたい＝売り急ぎ、早く買いたい＝買い進み、相続のため割安でも売りたい等）を考慮せず、いわば誰が買っても同じとなるような金額を算定した価格のことだと考えればよい。不動産の取引はこのように複雑な事情があり、正常な条件のもとで成立したかはわからない。そのために不動産鑑定士が市場になりかわって、誰に対しても等しく当てはまる市場価格を求めるのである。

また「市場が相対的に限定される場合における取得部分の当該市場限定に基づく市場価値を適正に表示する価格」は、上記の例①～③のような特定の当事者間でのみ合理性のある価格であるといえる。

ここでは、鑑定評価基準例示の②隣接不動産購入の事例で考えることにしよう。

以下に事例をあげたが、注意すべきは、隣接不動産を購入（隣地買収）すれば必ず増分価値が生じるわけではないという点である。図表3－1「限定価格の生じないケース」では、(B)地の所有者が(A)地を購入してももともと所有していた(B)地の価格が上昇する要因はないからである。

(2) 限定価格の評価

図表3－1のケース1を使って、実際の限定価格の評価の手順に従って、評価のポイントを示すことにする。

a 前 提

ケース1で(B)地所有者が隣地(A)地を購入するケースを前提とする。

図表3－1　限定価格の生ずるケース・生じないケース

限定価格の生ずるケース

（ケース1）

道　路

(A)地

(B)地

（ケース2）

道　路

(A)地

(B)地

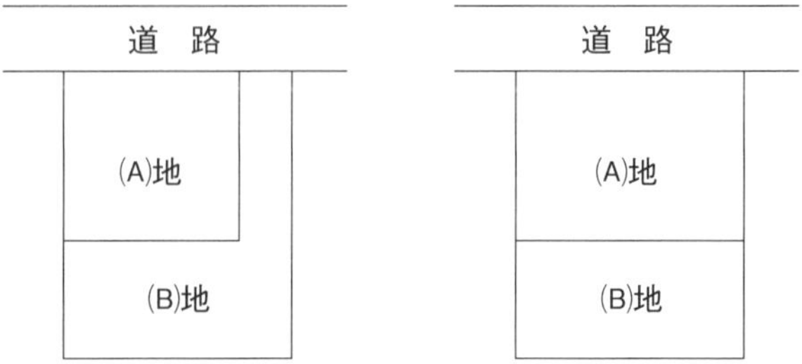

(B)地の所有者が(A)地を買収する場合（増分価値の発生）

限定価格の生じないケース

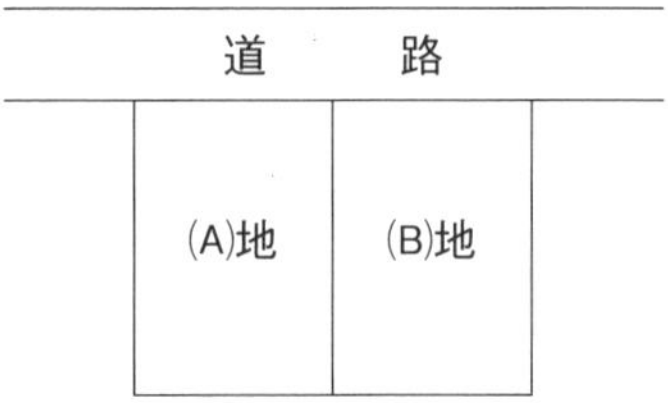

道　　路

(A)地　(B)地

(A)地または(B)地の所有者が、隣接する(B)地または(A)地を買収する場合（増分価値は発生せず）

（出典）　黒沢泰『逐条詳解不動産鑑定評価基準［新版］』178頁（プログレス、2015年）。

対象不動産(A)地（隣地）	80㎡	100,000円／㎡
現在所有不動産(B)地	120㎡	80,000円／㎡
購入後の所有地(A)＋(B)	200㎡	100,000円／㎡

b　手順と評価例

以下、評価手順について事例を用いながら解説する。

① 　隣地(A)地の単独価格（正常価格）の査定

まず、対象不動産単独での市場における正常価格を求める。

100,000円／㎡×80㎡＝8,000,000円

② 　(B)地の単独価格（正常価格）の査定

144　第3章　不動産の種類と鑑定評価の方法

次に、(B)地の市場における正常価格を求める。

　　80,000円／㎡×120㎡＝9,600,000円

③　隣地(A)および(B)地の併合後の価格（正常価格）の査定

　　そして、両者を併合して一体とした場合の正常価格を求める。この場合、併合後の土地の面積、形状、道路条件等に基づいて査定することが重要である。ここでは(A)単独の土地単価と(A)＋(B)の土地単価は同じと査定している（近隣地域における土地の取引価格水準から判断し、規模格差は織り込む必要がないことを前提とした）。

　　100,000円／㎡×200㎡＝20,000,000円

④　併合による「増分価値」の査定

　　③の両者を併合した価格と、①・②のそれぞれを単独で評価した価格を合計した場合とを比べ、どれだけ増分価値があるかを査定する。

　　その結果、増分価値は以下のとおり2,400,000円と査定された。

　　20,000,000円－（8,000,000円＋9,600,000円）＝2,400,000円

⑤　増分価値の配分

　　④で査定した増分価値は隣地(A)および(B)地が一体となることによって生じたものであることから、これを、隣地(A)から生み出された部分（これを隣地(A)の寄与分という）と(B)地から生み出された部分（これを(B)地の寄与分という）とに配分する（これが評価のポイントである）。

⑥　隣地(A)の併合を前提とした価格（＝限定価格）の決定

　　①の隣地(A)の単独価格（正常価格）に、⑤で査定した増分価値の隣地(A)への配分額（＝隣地(A)の寄与分）を加算して、隣地(A)の価格（限定価格）を決定する。

　　ここで、上記⑤で示した、評価のポイントである「増分価値の配分」について解説する。この増分価値の対象不動産への配分方法として、単価比による方法、面積比による方法、総額比による方法、買入限度額比による方法などがあり、対象不動産の実情に即して決定すべ

第1節　更　　地　　145

きである。

　ここでは実務で一般的に用いられている、総額比による方法、買入限度額比による方法の配分率の比較が説得力があるので前述の実例に即して、次に示す。

　(a)　総額比による方法

　併合前の画地の総額比により配分する方法である（単位：千円）。

　　(A)　$8,000/(8,000+9,600)\times100\%=45.5\%$

　　(B)　$9,600/(8,000+9,600)\times100\%=54.5\%$

　(b)　買入限度額比による方法

　併合前の画地が互いに相手画地を取得しても損はない買入限度額の各画地における価額比により配分する方法である。

　増分価値2,400,000円を(A)と(B)に配分する（単位：千円）。

　　(A)　$[(8,000+2,400)／((8,000+2,400)+(9,600+2,400))]\times100\%$
　　　　$=46.4\%$

　　(B)　$[(9,600+2,400)／((8,000+2,400)+(9,600+2,400))]\times100\%$
　　　　$=53.6\%$

　上記は併合による価格の上昇額の比率を求める計算式となっている。

　(c)　配分率の査定と隣地(A)の併合を前提とした価格の決定

　隣地(A)への配分率は、本件では①総額比による方法と②買入限度額による方法を同程度の重みと判断し、平均である46％と査定した。

　価格の決定（単位：円）

　　$8,000,000+(2,400,000\times46\%)\fallingdotseq9,100,000$

隣地(A)の正常価格　8,000,000円

隣地(A)の限定価格　9,100,000円

　つまり、(B)地の所有者は対象不動産である隣地(A)を、市場価格より約14％高い価格で購入しても損はないということになる。

⑶　小　　括

このように、限定価格は、市場価値と乖離しても当事者にとって経済合理性が認められる価格を指す。

第2節 複合不動産

1 複合不動産とは

「複合不動産」とは、「更地」の上に「建物」が建っている場合の土地・建物一体としての状態をいい、建物の所有・権利関係や利用形態（住宅、商業、工場等）に応じてさまざまな種類がある。

土地・建物が同一所有者であり、建物を自己使用している「自用の建物及びその敷地」（戸建住宅、自社ビル等）、土地・建物が同一所有者であり、建物を第三者に賃貸している「貸家及びその敷地」（賃貸マンション、賃貸店舗・事務所ビル等）が複合不動産の代表例であり、そのほか、土地所有者と建物所有者が異なり、借地権を土地利用権原とする建物が建っている「借地権付建物」などの種類がある（図表3−2参照）。

このように「複合不動産」には、一口に土地・建物といっても、複数の所有・権利関係や利用形態があり、鑑定評価の方法もそれらに応じてそれぞれ異なるものとなっている。したがって、鑑定評価にあたっては、まず対象不

図表3−2 複合不動産の種類（例示）

(出典) 筆者作成。

動産の所有・権利関係や具体的な利用状況は何かを正確に把握することが大切となる。

本節では、複合不動産の評価においてメインとなる「自用の建物及びその敷地」と「貸家及びその敷地」の評価方法について解説する。

2 「自用の建物及びその敷地」

「自用の建物及びその敷地」は「建物所有者とその敷地の所有者とが同一人であり、その所有者による使用収益を制約する権利の付着していない場合における当該建物及びその敷地」をいう。自己利用の戸建住宅や自社ビル、自用の工場・倉庫などが代表例である。

鑑定評価基準では原価法による積算価格、取引事例比較法による比準価格および収益還元法による収益価格を「関連づけて」評価を行うとされている（図表 3 - 3 参照）。

原価法は、価格時点における土地・建物の再調達原価を求め、再調達原価に対して減価修正（主に建物の経年減価、観察減価等）を行って求める「費用性」に着目した手法である。土地は、既成市街地であれば、取引事例比較法および収益還元法（土地残余法）によって求め、建物は価格時点において新たに建物を建築する場合の建築費によって求める。また、土地・建物一体

図表 3 - 3 「自用の建物及びその敷地」の評価

```
┌─────────────┐
│  積算価格    │
│  （原価法）  │─────┐
└─────────────┘     │
┌─────────────┐     │                        ┌─────────────┐
│  比準価格    │     ├── 関連つけく決定 ──│  鑑定評価額  │
│（取引事例比較法）│────┤                        └─────────────┘
└─────────────┘     │
┌─────────────┐     │
│  収益価格    │─────┘
│ （収益還元法）│
└─────────────┘
```

（出典）　筆者作成。

第 2 節　複合不動産　149

としてみた場合の市場性や最有効使用の観点から増減価することもある。「自用の建物及びその敷地」のように自己利用を中心とした利用方法で「収益性」が重視されない複合不動産の評価に適した評価手法となる。

取引事例比較法は、類似の不動産との比較（地域性や物件固有の要因等）を行い、取引価格の補・修正を行って対象不動産の価格を求める手法である。なお、複合不動産の場合は、用途、築年数、規模、構造等の個別性が強く、土地・建物一体として類似性の高い、比較可能な事例が少なく実務的には適用が困難なことが多い。

収益還元法は、不動産から生み出される収入から諸経費を控除した純収益（果実）を還元利回りで除し価格（元本）を求める手法である。自用の不動産のように実際には賃貸をしていない場合においても、賃貸を想定することができる建物の場合には、賃料収入（市場賃料）や賃貸運営に係る費用を想定することで収益還元法を適用することができる。現況が自用の不動産であっても、賃貸事業目的での購入を検討する需要者も考えられるからである。

収益還元法適用上の主な留意点は以下のとおり。

　　○　自用の建物では通常、賃貸仕様となっていないため、賃料査定にあたり1棟貸しを前提とするか、賃貸可能な区画ごとに図面上で概測した賃貸面積を前提とするか、想定する賃貸形式に留意する。

　　○　想定する賃貸形式に応じた費用を想定計上する。商業ビルでフロア貸しすることを想定した場合には、物件管理やリーシングのための費用、テナント募集費用等、賃貸ビルであれば通常発生する費用を想定し計上する。

　　○　収益還元法の適用が可能か検討する。対象不動産に係る賃貸市場が成熟していない場合や物件の仕様が特殊で類似の賃貸事例がないような場合には適用がむずかしくなる。たとえば、戸建住宅や特殊な用途の工場などがあげられる。

3 「貸家及びその敷地」

「貸家及びその敷地」は、「建物所有者とその敷地の所有者とが同一人であるが、建物が賃貸借に供されている場合における当該建物及びその敷地」と定義されている。賃貸マンション、賃貸店舗・事務所ビル、貸倉庫などが代表例である。

「貸家及びその敷地」の鑑定評価額は、実際実質賃料に基づく純収益等の現在価値の総和を求めることにより得た収益価格を標準とし、積算価格及び比準価格を比較考量して決定するものとするとされている（図表3-4参照）。

「貸家及びその敷地」を購入するにあたり、市場参加者は収益目的での取得が一般的であり、物件の「収益性」に着目して投資意思決定がなされるため、実際の賃料収入に基づく賃料徴収権を中心とした収益価格を標準として価格が形成されることになる。

収益還元法適用上の主な留意点は以下のとおり。

　　○　現状の実際賃料の水準が市場賃料と比べて高いのか低いのかを把握することが重要となる。将来において賃料の値下げ改定がされる可能性が高い場合には、市場賃料をもとに中長期的安定的な賃料を設定する、あるいは利回りに将来の賃料下落リスクを織り込む等の必要があ

図表3-4　「貸家及びその敷地」の評価

（出典）　筆者作成。

る。したがって、対象不動産の市場競争力（エリア、グレード、築年等）や賃貸市場の動向の分析が必要となる。なお、賃貸借契約においてフリーレントがある場合には、フリーレントを考慮した実質的な賃料を把握することも重要となる。

○　1棟貸しや主たるテナントが大部分に入居している場合には、空室リスクが大きいため、テナントリスクに留意する必要がある。実務上は、還元利回りにリスクを加算することが多い。

○　現状、空室となっている貸室については、「自用の建物及びその敷地」と同様に市場賃料での新規入居を想定する。

○　これまでの稼働実績、現状の賃貸借契約の状況や周辺地域における他の物件の稼働状況等を考慮し、将来の稼働状況について予測し、空室率を査定する。

○　過去の修繕の状況や将来の修繕計画をエンジニアリング・レポート等を参考に把握し、修繕費・資本的支出の計上を行う。

○　資産区分（躯体・設備・内装等）と修繕費用の負担区分に留意する（テナント負担であるものは収益還元法における諸経費に含めない）。

4　複合不動産としての最有効使用の検討

　第1節の「更地」の鑑定評価との大きな違いは「更地」は土地上に建物がなく、使用収益を制約する権利も付着していないことから、常に土地の「最有効使用」を実現できるのに対して、「複合不動産」はすでに建物が存し、さまざまな用途として利用がなされていることから、最有効使用が実現できているとは限らない点が鑑定評価上のポイントとなる。たとえば、更地としての最有効使用が、10階建ての賃貸ビルである場合でも、現況は容積率未消化の5階建賃貸ビル（築40年）というようなケースがあげられる。この場合には、必ずしも最有効使用を実現するために建物を取り壊し更地化することを前提として評価を行うわけではない。周辺の有効利用状況や市場動向、建

152　第3章　不動産の種類と鑑定評価の方法

物取壊しに係る費用、または別用途への転換可能性がある場合には、そのための費用とそれに対応する価値増価分等を考慮したうえで、複合不動産としてみた場合に最も高い価値を生むような、複合不動産としての最有効使用を判定し、鑑定評価を行うことが重要なポイントの1つとなる。以下の検討例を用いて解説する。

【検討例の前提】

　・対象不動産：築40年の5階建賃貸事務所ビル（使用容積率300％）

　・賃貸需要の旺盛な商業地の駅前に所在（基準容積率600％）

　・更地の最有効使用は10階建店舗付事務所ビルと判定される。

　・更地の時価（8億円）

　検討例のように容積率未消化な老朽化した賃貸ビルの評価において、想定される市場参加者の投資案としてA案（現況を継続）、B案（リノベーション後に賃貸）、C案（建物取壊し前提）があったとする。

　　A案：駅前に所在し利便性の高い事務所ビルであるので、追加投資を行わず、賃貸事務所としてそのまま利用することを前提に6億円で取得を検討（現況の建物利用を前提とした収益価格6億円）→現況の利用を継続

　　B案：駅前に所在し利便性が高く賃貸需要も高い地域に所在するため、現況の事務所ビルのリノベーションを実施し、賃貸事務所ビルとして投資することを前提に7億円で購入を検討（リノベーション後の賃貸事務所ビルの収益価格（賃料上昇を見込む）9億円－リノベーション費用2億円＝7億円）→用途変更・改造等を想定

　　C案：容積率が未消化の建物であるため、駅前商業地としての利便性、賃貸需要を考慮して、建物を取り壊し、更地化し、新しい10階建ての店舗・事務所ビルを建築することを前提に6.5億円で取得を検討（更地8億円－建物取壊費用および立退料

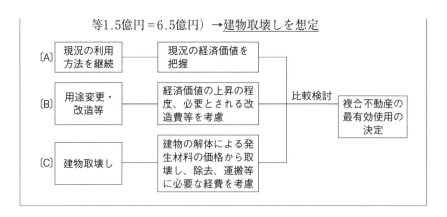

　都心の高度商業地など土地価格が高く、老朽化したビルではよくあるケースだ。上記の検討例について考えてみると、賃貸ビルの所有者である売主としては、最も高値であるB案（7億円）を提示できる計画を有する市場参加者へ売却することが最も高額で経済合理的であるため、市場で成立する価格はリノベーションを前提とした価格となり、これが複合不動産としての最有効使用と判定される。なお、建物取壊し（物件が賃貸中）の場合には、取壊費用とあわせて、賃借人の立退きに要する費用、期間等も考慮することになる。このように、複合不動産の鑑定評価を行う際には、対象不動産の築年数、用途、維持管理の状況、対象不動産の存する地域の需給の動向などの市場分析、市場参加者の投資行動等を分析のうえ、評価することが大切となる。

5　種類別の評価のポイント

　多岐にわたる価格形成要因のうち、どのような要因が、評価にあたってポイントとなるかについては、想定される需要者（市場参加者）の観点から、分析し判断する（図表3−5参照）。

　複合不動産の評価額に影響を与える要因は、土地に関する価格形成要因、建物に関する価格形成要因、「建物及びその敷地」に関する価格形成要因に

図表3−5　評価のポイント

需要者が取引にあたって重視するポイント＝評価のポイント	住宅	商業ビル	工場
需要者が取引にあたって重視するポイント＝評価のポイント	居住の快適性利便性など	繁華性の程度収益性・利便性など	生産の効率性労働力の確保費用の経済性など

これらに影響を与える要因によって価格形成される。

価格形成要因の分類	土地に関する要因	建物に関する要因	「建物及びその敷地」の要因

適用する手法の各段階において考慮される。

（出典）　筆者作成。

図表3−6　要因別の評価手法への影響

	原価法	収益還元法
土地に関する要因	物件の立地条件（地域要因）や敷地条件（個別的要因）等は、主に取引事例比較法や土地残余法において土地価格を評定するプロセスにおいて影響	物件の立地条件（地域要因）や敷地条件（個別的要因）等は、物件の競争力に影響を与え、賃料水準、稼働率、還元利回り等に影響
建物に関する要因	建物グレードや専有部分の仕様、維持管理の状態等は、建物再調達原価の評定、減価修正（物理的・機能的・経済的減価）等において影響	建物グレードや専有部分の仕様、維持管理の状態等は、物件の競争力に影響を与え、賃料水準、稼働率、還元利回り、物件に係る諸経費・収益性等に影響
「建物及びその敷地」の要因	土地・建物一体としての市場性（増減価）に影響	賃借人の属性や賃貸借契約の内容等は、物件の競争力に影響を与え、賃料水準、稼働率、還元利回り等に影響

（注）　複合不動産への取引事例比較法の適用は前述のとおり実務上困難であるため、原価法と収益還元法を記載。
（出典）　筆者作成。

第2節　複合不動産　155

分類される。それぞれが、複合的に作用し合って、市場での物件の市場競争力が決まることになる。

　上記の要因が、鑑定評価手法の適用にあたり、原価法では土地価格、建物価格、土地建物一体としての増減価に反映され、収益還元法では賃料、稼働率、還元利回り等に反映され、価格が形成されることになる（図表3－6参照）。

(1) 住宅の評価

　自用の住宅は、通常、賃貸目的ではないため「収益性」ではなく、長期的に保有し居住する目的のため「居住の快適性や利便性」に着目して取引がなされる。したがって、主に原価法を用いて評価する。

a 土地に関する要因の例示

　土地に関する要因を例示すると以下のとおり。

　　　　○　画地条件：敷地の接道状況はどうか。住宅の場合は日照・眺望などが居住の快適性に大きな影響があるため南向きである、角地である、などはプラス要因となる。また、道路よりも低位に接面するなど高低差がある場合にはプライバシーの観点からもマイナスに作用することが多いであろう。

　　　　○　街路条件：車両が十分に通行できる幅員か、一方通行か否か。

　　　　○　交通・接近条件：都心、最寄駅までの距離などの利便性は高いか。商業施設や学校・病院など公共施設の配置はどうか。

　　　　○　環境条件：供給処理施設（上下水道、ガス）の有無、土壌汚染の有無や嫌悪施設（汚水処理場等）の有無等。

　なお、普通住宅地域と高級住宅地域では需要者の視点も異なるであろう。高級住宅地域は、交通・接近条件よりも地域の名声・品等や、街並みの状況などに着目することがあり、住宅地域のなかでも想定される需要者によって、重視する着眼点が異なる点にも留意が必要だ。

156　第3章　不動産の種類と鑑定評価の方法

b 建物に関する要因の例示

建物に関する要因を例示すると以下のとおり。

○ 建物の設計や間取りは一般的か。特殊な設計である場合には、需要者が限定され、市場性減価が必要なことがある。

○ 修繕や維持管理は適切になされているか。維持管理状態が良好であれば建物の経済的残存耐用年数の判断において考慮する。また、修繕が適切に行われていない場合は将来の修繕費用が増える可能性がある。

○ 耐震基準は満たしているか。住宅の品質確保の促進等に関する法律に基づく日本住宅性能表示基準による住宅性能評価を受けているか（住宅ローン優遇、税制上の優遇等）。

c 「建物及びその敷地」の要因の例示

「建物及びその敷地」の要因を例示すると以下のとおり。

○ 敷地内における建物、駐車場、通路、庭等の配置、建物と敷地の規模の対応関係は一般的か。不均衡である場合には、土地・建物一体としての減価をすることがある。

(2) 商業ビルの評価

商業ビルの評価にあたっては、自用の場合と賃貸借に供されている場合で評価の視点が異なる。

a 「自用の建物及びその敷地」

基本的には、住宅と同様に、一般には、長期保有し自己利用することを目的に取引されるため、原価法が評価手法としてなじむが、商業ビルであれば賃貸して収益を得ることを目的とした取引も想定される。したがって、原価法と収益還元法を関連づけて評価する。

b 「貸家及びその敷地」

賃貸に供されている場合の商業ビルは、需要者は物件を賃貸して収益を得ることを目的として「収益性」に着目して取引されるのが通常である。した

第2節 複合不動産 157

がって、収益還元法を標準として、原価法を比較考量して求めることになる。

(a) 土地に関する要因の例示

事務所や店舗に特有な要因を例示すると下記のとおりである。

○ 画地条件：角地や三方路などは視認性や荷物の搬入に優れ、プラス要因となるだろう。

○ 街路条件：幹線道路に面しているか、歩道が整備されているか。

○ 環境条件：店舗・事務所の集積の程度、商業背後地の状況や潜在顧客の量はどうか、人流は多いか、視認性が優れているか等。

○ 公法上および私法上の規制（建ぺい率、容積率、地区計画等）。高度利用ができる場合などは物件の収益性に大きく貢献するといえる。

(b) 建物に関する要因の例示

建物の設計等や維持管理、耐震性等は住宅の要因と共通であるが、事務所や店舗に特に考慮する要因を例示すると下記のとおりである。

○ 建物のグレードや専有部分（各階の床面積、天井高）、共用部分の仕様。これらは物件の市場競争力や賃料水準等にも影響を与えると考えられる。

○ バリアフリー化、IT対応、セキュリティ、防災設備の状況等。

○ 建物の遵法性に問題はないか。違法建築ではないか。

○ 築年が古い物件の場合には、アスベストなど有害物質の使用の有無（特にアスベスト含有の吹付け材の使用が認められる場合には、飛散防止措置の実施状況や対策工事費用等について確認）。

(c) 「建物及びその敷地」の要因の例示

土地・建物一体として市場性を検討するにあたっては、住宅の場合と同様に敷地内における建物等の配置、建物と敷地の規模の対応関係のほか、「貸家及びその敷地」の場合に特有な要因として、賃貸人の状況（属性、信用力等）や賃貸借契約の内容（賃料水準や契約の安定性等）、稼働率等に留意が必要である。

⑶ 工場の評価

　自用の工場においては、多くが自社向けにオーダーメイドされた（汎用性に欠く）物件である。また、賃貸想定もむずかしいため、企業収益から対象不動産に帰属する収益を把握する考え方からアプローチすることも考えられるが、実務的には合理的に配分することが困難な場合が多い。したがって、評価手法としては、主に原価法を用いることになる。商業ビルと異なり、汎用性がない場合が多く、市場で需要者が限定されるため市場性減価を考慮する場合も多い。

　貸工場の場合には、「貸家及びその敷地」となり、需要者は物件を賃貸して収益を得ることを目的として取引されるのが通常である。したがって、収益還元法を標準として、原価法を比較考量して求めることになる。

　なお、市街地に隣接するなど工場からマンション、店舗用地等へ転換することが最有効使用と認められる場合には、転換後の用途を前提とした土地価格から建物取壊費用や土壌汚染対策費用等を控除して評価額を求める。

　工場の需要者は主に「生産や配送等の効率性や費用の経済性等」に着目するため、工場では特に下記のような要因に基づき価格形成がなされる。

a　土地に関する要因の例示

　土地に関する要因を例示すると以下のとおり。

　　○　街路条件：幅員や系統連続性に優れているか。トラックなど大型車量が往来するため工場では特に意識される要因である。

　　○　交通・接近条件：幹線道路、鉄道、港湾、空港、IC等の輸送施設との接近性。生産や配送等の効率性だけでなく、労働力の確保の観点からも重要となる。

　　○　環境条件：土壌汚染の有無は、工業地域ではさほど影響を及ぼす要因にはならないことが多い。しかし、食品加工の工場などが集積する地域は、土壌汚染の有無が大きな影響を与えることになるため、業種について留意が必要である。また、供給処理施設（上下水道、ガス）

第2節　複合不動産　159

の整備状況、工業用水や排水等の容量が需要者のニーズに影響を与えるだろう。

- ○　その他：工業団地特有の協定の有無。業種や建築等の制限があることがあるため調査が必要である。

b　建物に関する要因の例示

建物に関する要因を例示すると以下のとおり。

- ○　天井高、柱間隔、床荷重、空調設備、エレベーターの状況。
- ○　BCP（Business Continuity Plan）対策（自家発電装置、省エネルギー対策の状況等）の有無。
- ○　防災設備は整備されているか。

c　「建物及びその敷地」の要因の例示

工場では、広大な敷地に大小さまざまな工場、作業所、貯蔵庫などが点在しているケースが多く、消化建ぺい率や消化容積率の観点からも未消化であることが一般的である。そのため、賃貸マンションや商業ビルでは、敷地と建物の配置や周辺環境との適合等から一体減価となる要因であっても、工場においては同種の物件と比較した結果、工場全体としての機能性が重視され、減価要因としてみないこともある。

第3節 借地権と底地

　評価の対象としての借地権は、法定更新が認められる廃止前の借地法（大正10年5月15日施行、以下、本節において「旧法」という）による借地権、借地借家法（平成4年8月1日施行、以下、この節において「法」という）による普通借地権と、法22条ないし24条に規定する法定更新が認められない定期借地権に大別される。

　借地借家法はそれまでの借地法、借家法、建物保護法などを統合して平成4年8月1日に施行された。旧法では借地権の契約類型による区分がなく、借地権といえば1種類であったが、法は、法定更新制度を認める普通借地権についてそのルールを定め、更新がない定期借地権を新たに創設している。しかし、附則5条以降において「なお、従前の例による」として、旧法の条文が適用される借地権（以下「旧法借地権」という）の存在を認めている。

　借地権には、旧法に基づく借地権（旧法借地権）、法に基づく借地権（普通借地権）および定期借地権が混在し、それぞれの法的性質に応じて適用する手法が異なることから、本節では、まず借地権の概要について説明を行い、普通借地権および普通借地権が付着した底地の評価、定期借地権の概要、定期借地権および定期借地権が付着した底地の評価の順に説明する。

1　借地権の概要

(1)　借地権の種類

　借地権とは、借地借家法に基づく建物所有を目的とする地上権または土地

図表 3 － 7　借地権の種類

	旧法借地権	普通借地権	一般定期借地権
利用目的	制限なし	制限なし	制限なし
存続期間	堅固建物：30年以上 非堅固建物：20年以上（当事者による期間の定めがない場合は、堅固建物60年、非堅固建物30年）	30年以上	50年以上
契約更新	終了に関する特約は無効	終了に関する特約は無効	更新排除の特約が必要
再築による期間延長	同上	同上	期間延長しない旨の特約が必要
更新後の期間	堅固建物：30年以上 非堅固建物：20年以上	1回目20年 2回目以降10年	なし
建物買取請求権	あり	あり	買取請求排除特約が必要
設定方式	規定なし	規定なし	書面による
終了事由	正当事由 期間満了前の建物朽廃	正当事由	期間満了

（出典）　筆者作成。

の賃借権をいう。したがって、建物以外の工作物等を所有するための土地の賃貸借や使用貸借に基づく土地を使用する権利は借地権から除かれる。

　地上権も賃借権も他人が所有する土地を使用する権利であるが、地上権は土地所有者の許諾がなくても、原則として譲渡、転貸、担保の設定が可能であるのに対し、賃借権は民法612条により、土地所有者の許諾もしくはこれにかわる裁判所の許可がないと譲渡、転貸できない（図表 3 － 7 参照）。

　なお、法施行に伴い、旧法は廃止されたが、旧法に基づき締結された契約

162　第 3 章　不動産の種類と鑑定評価の方法

定期借地権			
建物譲渡特約付借地権	改正前 事業用借地権	改正後 事業用定期借地権等	
制限なし	事業専用建物の所有目的に限定	事業専用建物の所有目的に限定	
30年以上	10年以上 20年以下	10年以上 30年未満	30年以上 50年未満
建物譲渡により借地権は消滅	なし	なし	更新排除の特約が必要
同上	なし	なし	期間延長しない旨の特約が必要
なし	なし	なし	なし
あり	なし	なし	買取請求排除特約が必要
規定なし	公正証書による	公正証書による	公正証書による
建物譲渡	期間満了	期間満了	期間満了

は、次に掲げる権利の存続に関係する規定については旧法が適用される。

① 契約の更新（借地法5条、借地借家法附則6条）

② 建物の朽廃による借地権の消滅（借地法2条1項ほか、借地借家法附則5条）

③ 再建築による存続期間の延長（借地法7条、借地借家法附則7条）

④ 建物買取請求における支払いの期限付与（借地借家法13条2項・附則9条1項）

(2) 借地権に価格が発生する理由

借地権に価格が発生する理由としては、借地借家法に規定される最低存続期間の保証等により借地権の強化、安定化が図られていることを基礎として、土地を長期間占有し、独占的に使用収益しうる借地権者の安定的利益および、土地の経済価値に即応した適正な賃料と実際支払賃料との差額が発生しており、その差額が持続する期間を基礎として成り立つ経済的利益の現在価値のうち、慣行的に取引の対象となっている部分があるからとされている。

一般的に、地価の上昇に対し、地代が低廉に抑えられており、借地権者に帰属する経済的利益が発生していることが認められる。

借地権の価格は、借地権者に帰属する経済的利益に着目した市場参加者が多数現れ、市場において借地権の売買が一般化し、慣行化していくことによって形成され、その市場価値を表示したものである。

(3) 借地契約における一時金

借地契約においては、目的に応じて一時金が支払われることがあり、一時金が借地権価格を構成する場合がある。一時金は、契約締結時の一時金と将来見込まれる一時金に分けられる。なお、これらの一時金は地域における慣行等に基づく当事者の合意により決定されるものであり、不動産鑑定評価の前提条件ではあるが、不動産鑑定評価により算定されるものではない。

a 借地締結時に授受される一時金

(a) 敷金（保証金）

敷金（保証金）は契約終了時に返還されるので、預り金的性格を有する一時金である。地主にとっては運用益、借地人にとっては運用損が発生するので、評価においてはその額を毎期の収支に計上する。

(b) 権利金

権利金は返還義務がなく地代の前払い的な性格をもつため、評価において

は、運用益および償却額を計上する。

定期借地権の設定においても、権利金の授受が行われることがあるが、普通借地権の場合と比較して権利金の額は少額となる傾向がみられる。

(c) 前払地代

前払地代は、定期借地契約において授受される一時金であり、中途解約時における未経過前払分は地主から返還される。前払地代の未償却部分については、売買にあたっての精算項目であり、借地権価格や底地価格そのものを形成しない。

定期借地権が付着する底地の価格を求める場合には、前受地代を毎期の運営収益に計上するとともに、前受期間中、未経過前受地代の運用益相当額を計上する。一方、定期借地権の価格および定期借地権付建物の価格を求める場合には、前払地代を毎期の運営費用に計上するとともに、前払期間中、未経過前払地代の運用損相当額を計上する。

b　将来見込まれる一時金

以下の(b)から(d)の承諾料は、借地非訟事件で標準的な基準とされている料率であり、不動産鑑定評価において借地権価格等を算定する前提として一般的に採用されている。

(a) 更 新 料

更新料は、契約期間の終了に伴う再契約および延長の際に慣行に基づき支払われる金銭であり、地代の前払い的な性格をもつ。その額は、更地価格、借地権価格あるいは年額地代を基準とする場合などがあり、地域によって異なる。

将来支払うべき更新料が契約により明確である場合は、借地権価格から更新料相当額の価格時点における現在価値を減額する。なお、定期借地権は更新がないため、更新料の授受はない。

(b) 条件変更承諾料

借地契約で建物の構造や用途の変更について地主の許可を要すると約されている場合に、許可の対価として支払われる一時金である。

第3節　借地権と底地　　165

条件変更としては、旧法に基づく借地契約における非堅固建物所有の借地条件を堅固建物所有へ変更する場合が典型例である。条件変更が地主に及ぼす不利益は、増改築に加えて、建物の構造が変わることにより耐用年数がさらに延長し、借地契約期間の実質的な延長となることである。

条件変更は、建替え等を前提とするものであるため、借地非訟事件では、建替え等の承諾を含み、更地価格の10％を基準として、個別事情を考慮して決定される。

非堅固建物に限るなど借地契約に制約があり、最有効使用が達成できない場合は、契約減価として条件変更承諾料相当額を個別的要因格差で修正する。

(c) 建替承諾料・増改築承諾料

借地契約で建替えもしくは増改築について地主の許可を要すると約されている場合に、条件変更を伴わない全面改築または建物の一部の増改築の許可の対価として支払われる一時金である。

建替えや増改築を地主の立場からみると、建物の耐用年数の延長による借地権消滅時期の延長、建物の買取価格の増加、地主が借地権を買い取る場合において、土地の利用価値の増大による借地権価格の増加等が不利益として作用する可能性がある。借地非訟事件では、更地価格の3～5％を基準として、個別事情を考慮して決定される。

将来、増改築の予定がある場合は、増改築承諾料相当額の価格時点における現在価値を契約減価として反映させる必要がある。

(d) 譲渡承諾料（名義書換料）

借地契約で借地権の譲渡について地主の許可を要すると約されている場合に、許可の対価として支払われる一時金である。借地権者が譲渡によって得る利益の一部を賃貸人に配分する意味があり、名義書換料として慣行化されている。借地非訟事件では、借地権価格の10％を基準として、個別事情を考慮して決定される。なお、地上権に基づく借地権の譲渡については承諾料の支払義務は生じない。

借地権の売買に際し、譲渡承諾料が発生する場合には、借地権価格の評価において、譲渡承諾料を売却時に必要な費用として認識する。

2　普通借地権価格の評価

(1)　概　　要

鑑定評価基準では、借地権の鑑定評価は、借地権の取引慣行の有無およびその成熟の程度によって手法が異なるとし、次のとおりとされている。

a　借地権の取引慣行の成熟の程度の高い地域

借地権の鑑定評価額は、借地権および借地権を含む複合不動産の取引事例に基づく比準価格ならびに土地（借地権）残余法による収益価格を関連づけて得た価格を標準とし、当該借地権の設定契約に基づく賃料差額のうち取引の対象となっている部分を還元して得た価格（賃料差額還元法による価格）および借地権取引が慣行として成熟している場合における当該地域の借地権割合により求めた価格を比較考量して決定するものとする。

- ○　取引事例比較法に基づく比準価格
- ○　土地（借地権）残余法による収益価格
- ○　賃料差額還元法による価格
- ○　借地権割合により求めた価格

b　借地権の取引慣行の成熟の程度の低い地域

借地権の鑑定評価額は、土地（借地権）残余法による収益価格を標準とし、当該借地権の設定契約に基づく賃料差額のうち取引の対象となっている部分を還元して得た価格および当該借地権の存する土地に係る更地または建付地としての価格から底地価格を控除して得た価格を比較考量して決定するものとする。

- ○　土地（借地権）残余法による収益価格
- ○　賃料差額還元法による価格

○　底地価格を控除して得た価格

c　事　　例

　借地権の取引慣行の成熟の程度の高い地域において取引される借地権について、以下を前提として各手法を適用し、普通借地権の価格を求める。

〔前提条件〕

（土地）

　　　所在および地番　　：東京都○○区内

　　　現況地目　　　　　：宅地

　　　評価数量　　　　　：337.00㎡（登記簿記載数量）

　　　種別　　　　　　　：住宅地

　　　類型　　　　　　　：更地

　　　地域地区　　　　　：第二種住居地区・準防火地区

　　　容積率・建ぺい率　：300％・70％

　　　更地価格　　　　　：270,000,000円

　　　公租公課（土地）　：447,000円

（想定建物）

　　　用途　　　　　　　：共同住宅

　　　構造　　　　　　　：RC造4階建て　耐火建築物

　　　建築面積　　　　　：241.28㎡

　　　延床面積　　　　　：857.66㎡

　　　賃貸有効床面積　　：733.44㎡

　　　経済的耐用年数　　：（躯体）45年、（仕上げ）27年、（設備）15年

　　　構成比　　　　　　：（躯体）40％、（仕上げ）40％、（設備）20％

　　　再調達原価　　　　：287,000円／㎡

　　　設計監理料　　　　：5％

　　　建物初期投資額　　：258,000,000円（≒287,000円／㎡×857.66㎡

　　　　　　　　　　　　　　×105％）

168　第3章　不動産の種類と鑑定評価の方法

（借地契約）

　　　契約種別　　　　：普通借地権

　　　契約期間　　　　：50年

　　　経過期間　　　　：20年

　　　取壊工期　　　　：１年

　　　支払地代　　　　：6,300,000円

　　　保証金　　　　　：3,150,000円

（建物賃貸借契約）

　　　住戸数　　　　　：16戸

　　　平均月額賃料　　：4,241円／㎡

　　　平均月額共益費　：109円／㎡

　　　敷金　　　　　　：月額賃料の１カ月分

　　　礼金　　　　　　：月額賃料の１カ月分

(2)　土地（借地権）残余法

　更地の評価における土地残余法と同様の手順を適用し、借地権価格を求める手法である。

　更地の評価と異なる点は、土地の公租公課は土地所有者の負担となるから費用から除かれるが、借地人が支払う地代が含まれる。

運営収益

①賃料収入	37,326,228円	貸室面積×4,241円／㎡
②共益費収入	959,340円	貸室面積×109円／㎡
③その他収入	0円	
④空室等損失	1,531,423円	空室率4.0%
⑤貸倒損失	0円	敷金により担保されているので計上しない
⑥合計	36,754,145円	

第３節　借地権と底地　169

運営費用

⑦維持管理費	765,711円	運営収益×2.0%
⑧水道光熱費	0円	維持管理費に含む
⑨修繕費	774,000円	再調達原価（建築費）×0.3%
⑩プロパティマネジメントフィー	1,914,278円	運営収益×5.0%
⑪建物取壊費用の積立金	387,000円	再調達原価（建築費）×0.15%
⑫公租公課合計	2,631,600円	
⑬公租公課（土地）	0円	支払地代を計上するため計上しない
⑭公租公課（建物）	2,631,600円	再調達原価（建築費）より課税標準額を査定
⑮損害保険料	387,000円	再調達原価（建築費）×0.15%
⑯実際支払地代	6,300,000円	借地面積×1,556円／㎡
⑰合計	13,159,589円	

土地・建物に帰属する純収益

⑱土地・建物に帰属する運営純収益	23,594,556円	（⑥－⑰）
⑲敷金の運用益	29,861円	運用利率r=1.0%、空室率4.0%
⑳礼金の運用・償却額	615,255円	運用利率r=1.0%、期間n＝5年、空室率4.0%
㉑保証金の運用損	31,500円	運用利率r=1.0%
㉒資本的支出	258,000円	再調達原価（建築費）×0.1%
㉓土地・建物に帰属する純収益	23,950,172円	（⑱＋⑲＋⑳－㉑－㉒）

建物に帰属する純収益

㉔建物等に帰属する純収益	16,887,648円	（㉕×㉖）
㉕建物価格	258,000,000円	再調達原価（建築費）
㉖元利逓増償還率	0.065456	基本利率r=4.7%、変動率g=0.2%

170　第3章　不動産の種類と鑑定評価の方法

借地権価格

㉗借地権に帰属する純収益	7,062,524円	(㉓－㉔)
㉘未収入期間修正率	0.950453	基本利率r＝4.7%、 未収入期間m＝1.0年、 変動率g＝0.2%
㉙未収入期間を考慮した 純収益	6,712,597円	(㉗×㉘)
㉚還元利回り	4.5%	基本利率r＝4.7%、変動率g＝0.2%
借地権価格	149,000,000円	(㉙÷㉚)

(3) 賃料差額還元法

賃料差額還元法は、借地に係る正常実質賃料に対し、借地契約に基づき実際に支払っている実質的な賃料が低廉である場合に、その発生している差額を資本還元して借地権価格を求める手法である。

①正常実質賃料	13,137,000円	純賃料＋必要諸経費等
②純賃料	12,690,000円	(③×④)
③基礎価格	270,000,000円	
④期待利回り	4.7%	
⑤必要諸経費等	447,000円	(⑥＋⑦)
⑥公租公課	447,000円	査定額
⑦その他費用	0円	
⑧実際実質賃料	6,331,500円	(⑨＋⑩)
⑨実際支払賃料	6,300,000円	
⑩保証金の運用益	31,500円	運用利回り1.0%
⑪賃料差額	6,805,500円	
⑫取引対象となっている 部分	6,805,500円	慣行的取引対象部分100%

第3節　借地権と底地　171

⑬還元利回り	4.5%	基本利率r＝4.7％、変動率g＝0.2％
借地権価格	151,000,000円	(⑫÷⑬)

⑷ 借地権割合による方法

対象不動産の更地価格を求め、これに借地権割合を乗じて試算価格を求める手法である。

借地権割合は国税庁による財産評価基準路線価による借地権割合および地元精通者の意見を考慮し査定する。

更地価格を270,000,000円、借地権割合を60％とすると、

試算価格　270,000,000円×60％＝162,000,000円

⑸ 取引事例比較法

a 概　　論

借地権は単独で取引されることは少なく、通常、建物と一体化した借地権付建物として取引される。よって、取引価格から建物価格を控除した額を借地権価格として比較することになる。

借地権の比準価格の査定は、まず、近隣地域における標準借地権を設定し、更地の取引事例比較法に準じ、補修正を行うが、標準化補正については、各取引事例について、土地の個別的要因のほか、借地権固有の要因について行う必要がある。

この手法は更地の評価に準じるので、ここでは割愛する。

なお、対象不動産が契約により最有効使用を実現できないときは、契約減価として個別格差修正する。

b 参考事例

この手法の適用により、標準的画地の更地価格を800,000円／㎡、標準借地権の価格を480,000円／㎡と求められたとして、対象不動産に契約減価が発生している場合を想定する。

契約減価の解除に条件変更が必要であるとすると、減価額は条件変更承諾料相当額となる。

条件変更承諾料：更地価格の10%

標準的画地と対象不動産の間に格差はないものとすると、比準価格は次のとおりとなる。

480,000円／㎡×A － 800,000円／㎡×A×10％ ＝ 400,000円／㎡×A

（※A：土地面積とする）

(6)　普通借地権評価の総括

以上により、次の試算価格が求められた。

借地権残余法による収益価格　149,000,000円（借地権割合55.2％）

賃料差額還元法に基づく価格　151,000,000円（借地権割合55.9％）

借地権割合により求めた価格　162,000,000円

更地価格に対する借地権価格の割合は、収益価格、賃料差額還元法に基づく価格ともに、55％程度となった。

なお、対象不動産が借地権の取引慣行の成熟の程度の高い地域に存在し、適正な取引事例を収集することができる場合は、比準価格を重視して評価額を決定することとなる。

3　底地価格の評価

底地とは、借地権の付着している宅地の所有権である。

底地の価格は、借地権設定者に帰属する経済的利益をいい、具体的には、実際支払賃料から必要諸経費等を控除した部分の賃貸借契約期間に対応する経済的利益およびその期間の満了等によって復帰する経済的利益の現在価値をいう。

鑑定評価基準では、底地の鑑定評価額は、実際支払賃料に基づく純収益等の現在価値の総和を求めることにより得た収益価格および比準価格を関連づ

第3節　借地権と底地　173

けて決定するものとするとされているが、底地が取引の対象となることはほとんどなく、事例を取得することは一般的に困難であるので、代替の手法として、底地割合により価格を求めた価格を参考として決定することが通例である。

なお、底地を借地権者が買い取る場合は、敷地が同一所有者に帰属することによる市場性の回復等に即応する経済価値の増分が生ずる場合があり、求める価格は限定価格となる。

○　収益還元法に基づく収益価格

○　取引事例比較法に基づく比準価格

○　底地割合により求めた価格

前掲の前提条件のもとで、各手法を適用し、底地の価格を求める。

(1)　収益還元法

土地所有者が借地権者から受領している実際実質賃料から土地所有者が負担している必要諸経費を控除した額を、底地の還元利回りで還元して求める方法である。

直近合意時点において、更新料等の一時金を受領していた場合は、その額に年利率と契約期間に応ずる年賦償還率を乗じた額を支払賃料に加算し実際実質賃料を求める。

また借地人が将来において条件変更や建替えの計画があり、借地契約に基づき土地所有者の承諾が必要な場合は、支払予定の額の価格時点における現在価値を加算する。

運営収益

①地代	6,300,000円	
②その他収入	0円	
③合計	6,300,000円	(①＋②)

174　第3章　不動産の種類と鑑定評価の方法

運営費用

④プロパティマネジメントフィー	63,000円	運営収益×1.0%
⑤公租公課（土地）	447,000円	
⑥その他費用	0円	
⑦合計	510,000円	（④＋⑤＋⑥）

純収益

⑧運営純収益	5,790,000円	（③－⑦）
⑨保証金運用益	31,500円	運用利回り1.0%
⑩合計	5,821,500円	（⑧＋⑨）

底地価格

⑪還元利回り	5.5%	基本利率r＝5.7％、変動率g＝0.2％
底地価格	106,000,000円	（⑩÷⑪）

(2) 取引事例比較法

借地権の付着した土地は自ら使用することが事実上不可能であり、地代収入くらいしか経済的メリットがないので、底地の取引はほとんどなく、事例の収集がむずかしい。仮に底地の取引事例を得られたとしても、契約内容の詳細を把握することは困難であるため、底地の価格の評価にあたって、この手法の適用を断念することが多く、ここでは割愛する。

(3) 底地割合により求めた価格

借地権の対象となっている土地の更地価格に底地割合を乗じて求める方法である。

更地価格を270,000,000円、借地権割合を60％とすると、

試算価格　270,000,000円×40％＝108,000,000円

第3節　借地権と底地　175

⑷ 底地評価の総括

以上より、試算価格が求められた。

収益還元法による収益価格　106,000,000円（底地割合39.3%）

底地割合により求めた価格　108,000,000円

土地の収益価格と同様に、底地の場合も還元利回りのいかんによって価格が左右されるので、その判定は特に重要である。一方、底地の需要は少なく市場性が劣り、担保価値の減退もあるため、底地の還元利回りは、必然的に高いリスクを考慮して判定されるが、取引事例が少ないため、適切に判定することがむずかしい。

底地割合を借地権割合から判定する場合、借地権と底地の和が更地価格になることを前提とするが、実際の試算ではそうならないこともありうる。

よって、底地の評価は、収益価格を標準としつつ、底地割合や借地権価格との平衡を図り決定することとなる。

4　定期借地権価格の評価

定期借地権は、一般定期借地権（法22条）、事業用定期借地権等（法23条）、建物譲渡特約付借地権（法24条）に分けられる。

⑴　定期借地権の種類

a　一般定期借地権

借地権の存続期間を50年以上とし、借地期間満了時において、借地権者は建物を取り壊し更地にして土地所有者に土地を返還する借地権であり、契約更新、建物再築による期間延長、建物買取請求権を放棄することを書面で契約することにより成立する。

b　事業用定期借地権等

存続期間は10年以上50年未満で設定することができ、借地期間満了後に賃

借人は建物を取り壊し更地にして土地所有者に土地を返還する借地権であり、公正証書によって契約することを要件とする。

　もっぱら事業の用に供する建物の所有を目的とすることを要件とするため、住宅用途の賃貸事業に供する建物所有を目的とした借地契約には適用できない。

c　建物譲渡特約付借地権

　借地権の存続期間を30年以上とし、期間満了時に地主が建物を買い取ることを約定した借地権である。よって、借地期間満了時に借地権者は建物を取り壊さず土地所有者に土地を返還し、土地所有者は借地権者から建物を相当の価格で買い取る。

　地主が建物を買い取った後でも、借地人または借家人がそのまま建物を利用したいという場合には、定期借家契約を活用し、期限を定めた借家契約とする特約を結ぶことも可能である。

　建物譲渡特約付借地権は、地主が借地人から建物を買い取ることで借地権が消滅するが、地主が建物の買取りをやめた場合、借地権は消滅することなく継続することになる。

d　定期借地権の価格の位置づけ

　鑑定評価基準は、各論第1章第1節で借地権の価格について規定しているが、定期借地権固有の特性をふまえた個別の規定はない。

　土地を使用することによる経済的な利益は完全所有権（更地）が上限であることを前提に、定期借地権の更地価格に占める経済的な利益の割合（以下「権利割合」という）を使用借権、普通借地権と比較すると、定期借地権の権利割合は、使用借権よりは高く、旧法借地権または一般的な普通借地権の割合よりは劣るものと考えられる（図表3－8参照）。

　鑑定評価基準における借地権の評価は、取引慣行の成熟の程度に応じて手法が定められている。取引慣行の成熟の程度が高い場合には、取引事例比較法、土地（借地権）残余法、当該借地権の設定契約に基づく賃料差額のうち取引の対象となっている部分を還元する手法（賃料差額還元法）、借地権取

図表 3 − 8　使用借権、定期借地権、普通借地権の比較

	使用借権	定期借地権	借地権
契約	要物契約	諾成契約	諾成契約
	片務契約	双務契約	双務契約
	不要式契約	要式契約	不要式契約
地代	無償	原則として有償	原則として有償
存続期間	・契約に定めた時期 ・返還時期を定めていなかったときは、使用収益が終了した時期 ・使用収益終了前でも、使用収益をするのに足りる期間を経過したときは、返還請求可能等	法22条：50年以上 法23条：10年以上50年未満 法24条：30年以上	法 ・原則として30年 ・30年超の場合はその期間 旧法 ・法定存続期間 　堅固建物60年 　普通建物30年 期間の定めがある場合 　堅固建物30年以上 　普通建物20年以上
相続	不可	相続人が承継	相続人が承継
契約更新	法定更新なし	更新なし	法定更新あり
譲渡転貸	なし	可能（賃借権の場合、貸主の承諾が必要）	可能（賃借権の場合、貸主の承諾が必要）
建物取壊し	借主が取壊し	借主が収去 建物買取請求権は行使不可	建物買取請求権の行使可能

（出典）　筆者作成。

引が慣行として成熟している場合における当該地域の借地権割合により求める方法（借地権割合法）を併用し、また、取引慣行の成熟の程度が低い場合には、土地（借地権）残余法、賃料差額還元法、借地権の存する土地に係る更地または建付地としての価格から底地価格を控除する手法（底地価格控除

法）を併用して、それぞれ借地権価格を求めることとされている。

定期借地権も借地権の1つであるので、その評価については、基本的には、借地権の評価手法に準ずることになるが、定期借地権単独では取引がほとんど観察されないため、定期借地権の評価にあたっては、借地権のなかでも取引慣行の成熟の程度の低い場合の評価に準ずることになると考えられる。

○　土地（借地権）残余法

○　賃料差額還元法

○　底地価格控除法

前掲の前提条件を普通借地権から定期借地権に変更し、ほかは同一として、各手法を適用し、定期借地権の価格を求める。

(2)　土地（借地権）残余法

$$\left(\begin{array}{cc} \text{土地および建物等} & - & \text{建物等に帰属} \\ \text{に帰属する純収益} & & \text{する純収益} \end{array} \right) \times \begin{array}{cc} \text{複利年金} \\ \text{現価率} \end{array} - \begin{array}{cc} \text{建物取壊費用の} \\ \text{現在価値} \end{array}$$

現状を所与、または最有効使用の借地権付建物等を想定し、それらに帰属する純収益から、建物等に帰属する純収益を控除した残余の借地権に帰属する純収益に複利年金現価率を乗じて定期借地権の経済価値を求める手法である。

建物に帰属する純収益の計算までは普通借地権と同様の手順によるが、契約期間に定めがあるため有期還元法（インウッド式）を採用し、借地権に帰属する純収益に乗じる利回りは、借地に係る契約上の残存期間における複利年金現価率を用いる。

また、一般に投下資本を早期に回収する必要があるという観点や、定期借地権の流通性減退リスク等の観点から、通常の借地権と比較して、複利年金現価率を求める際に用いる利率は高位に査定される傾向にある。

第3節　借地権と底地　179

①運営収益	36,754,145円	
②運営費用	13,159,590円	
③土地・建物に帰属する運営純収益	23,594,556円	普通借地権の評価に準ずる
④土地・建物に帰属する純収益	23,950,172円	
⑤建物等に帰属する純収益	16,887,757円	

借地権価格

⑥借地権に帰属する純収益	7,062,414円	普通借地権の評価に準ずる
⑦複利年金現価率	13.590721	利率$r=6.0\%$、期間$n=29$年
⑧建物取壊費用の現在価値	3,809,256円	(⑨×⑩)
⑨建物取壊費用の将来見積額	20,640,000円	再調達原価(建築費)×8.0%
⑩複利現価率	0.184557	利率$r=6.0\%$、期間$n=29$年
定期借地権価格	92,000,000円	(⑥×⑦－⑧)

(3) 賃料差額還元法

賃料差額還元法は、鑑定評価基準において規定されている「当該借地権の設定契約に基づく賃料差額のうち取引の対象となっている部分を還元して得た価格」を求める手法である。

賃料差額の計算までは普通借地権と同様の手順によるが、定期借地権に係る経済価値は、借地に係る契約上の残存期間という一定期間内での経済価値に対応するものであるので、賃料差額に、契約残存期間に対応した複利年金

現価率を乗じて求める。

　地主の立場からは一般に投下資本を早期に回収する必要があることから、また、定期借地権による流通性の減退リスク等の観点から、複利年金現価率を求める際に用いる利率は、通常の借地権の場合と比較して、高位に査定される傾向にある。

　契約期間に定めがあるため、有期還元法（インウッド式）を採用し、借地権に帰属する純収益に乗じる利回りは、借地に係る契約上の残存期間における複利年金現価率を用いる。

①正常実質賃料	13,130,232円	
②実際実質賃料	6,331,500円	普通借地権の評価に準ずる
③賃料差額	6,798,732円	
④取引対象となっている部分	6,798,732円	慣行的取引対象部分100％
⑤複利年金現価率	13.590721	基本利率r＝6.0％、期間n＝29年
⑥建物取壊費用の現在価値	3,809,256円	（⑦×⑧）
⑦建物取壊費用の将来見積額	20,640,000円	再調達原価（建築費）×8.0％
⑧複利現価率	0.184557	基本利率r＝6.0％、期間n＝29年
定期借地権価格	89,000,000円	（④×⑤－⑥）

　一般定期借地権または事業用定期借地権を評価する場合の建物解体費用は、賃料差額還元法における費用項目としてとらえるのではなく、当手法によって求められた価格から、複利現価率を用いて割り引いた建物解体費用の現在価値を控除する。なお、この場合の複利現価率を求める際に用いる利率は、賃料差額に乗じる複利年金現価率を求める際に用いる利率と同一である。

(4)　借地権割合法

　借地権割合法は、借地権取引が慣行として成熟している場合における当該

第3節　借地権と底地　181

地域の借地権割合により価格を求める手法である。

定期借地権は単独としての取引慣行が未成熟であるので、その借地権割合を市場から把握することは困難である。

⑸　底地価格控除法

底地価格控除法は、更地または建付地としての価格から底地価格を控除して価格を求める手法である。

底地価格控除法は、「定期借地権の価格＋定期借地権付底地価格＝更地または建付地価格」の等式が成立する場合に有効な手法であるが、必ずしも当該等式が成立するとは限らないことに留意する必要がある。

また、建物およびその敷地が最有効使用の状態と乖離しており、契約減価または建付減価が発生している場合は、借地に係る契約上の残存期間および建物の経済的残存耐用年数等に留意して当該減価率を求める必要がある。

⑹　定期借地権評価の総括

以上により、次の試算価格が求められた。

借地権残余法による収益価格　92,000,000円（借地権割合34.1％）

賃料差額還元法に基づく価格　89,000,000円（借地権割合33.0％）

更地価格に対する定期借地権価格の割合は、収益価格、賃料差額還元法に基づく価格ともに、34％程度となった。

5　定期借地権が付着する底地価格の評価

鑑定評価基準では、借地権が付着する底地の価格を求める評価手法が規定されており、底地の鑑定評価額は、実際支払賃料に基づく純収益等の現在価値の総和を求めることにより得た収益価格および比準価格を関連づけて決定するものとされている。

○　収益還元法

182　第3章　不動産の種類と鑑定評価の方法

○　取引事例比較法

　前掲の前提条件を普通借地権から定期借地権に変更し、ほかは同一として、各手法を適用し、定期借地権が付着する底地の価格を求める。

(1)　収益還元法

> 残存期間にわたる純収益の　　契約終了時点における
> 現在価値の総和　　　　　　 ＋　土地価格の現在価値

　定期借地権が付着する底地の価格は、定期借地期間における純地代収入の現価の総和と復帰する不動産の現在価値によって構成され、毎期キャッシュフローの現在価値の合計額に、契約期間満了時における復帰価格としての更地価格の現在価値を加算して求める。

　また、条件変更承諾料、名義書換料等の一時金の授受がある場合は、これらの一時金による経済的利益も加味する必要がある。

　適用にあたっては、直接還元法（有期還元法：インウッド式）とDCF法があるが、結果はほぼ等しくなる。

　借地期間満了時に借地権者から返還されることを想定するため、収益期間を借地契約上の残存期間とする。

①運営収益	6,300,000円	
②運営費用	510,000円	
③運営純収益	5,790,000円	（①－②）
④保証金運用益	31,500円	運用利回り1.0%
⑤純収益	5,821,500円	（③＋④）
⑥純収益の現在価値の総和	88,143,760円	（⑤×⑦）
⑦複利年金現価率	15.141074	割引率r＝5.0%、期間n＝29年
⑧契約終了時における土地価格	363,919,207円	割引率r＝5.0%、変動率g＝1.0%、期間n＝30年

第3節　借地権と底地　　183

⑨現価率	0.231377	割引率$r=5.0\%$、期間$n=30$年
⑩土地価格の現在価値	84,202,534円	(⑧×⑨)
底地価格	172,000,000円	(⑥+⑩)

(2) 取引事例比較法

底地の評価における取引事例比較法の適用にあたっては、所有権に係る取引事例比較法において留意すべき事項に加え、取引事例に係る契約内容について把握し、適切な補正を行う必要がある。

定期借地権が付着する底地の価格は、定期借地期間における純地代収入の現価の総和と復帰する不動産の現在価値によって構成されるが、契約内容が判明すれば、各種要因の比準も可能な場合もあると考えられる。しかしながら、借地関係は属人的要素も強く、公表される情報も限られるため、契約内容の確定は困難である。

(3) 定期借地権が付着する底地評価の総括

以上より、試算価格が求められた。

収益還元法による収益価格　172,000,000円（底地割合63.7%）

定期借地権の場合、残存する借地期間が減少するに従って、定期借地権価格が減少し、底地価格が増加する。本試算では、借地期間50年のうち、20年が経過している前提であるが、更地価格に対する定期借地権価格の割合は34%程度で、底地価格は64%程度となっている。

定期借地権が付着する底地の評価は、収益価格を標準としつつ、定期借地権価格との平衡を図り決定することとなる。

184　第3章　不動産の種類と鑑定評価の方法

第4節　区分所有権

1　区分所有権の概念

　区分所有権とは、1棟の建物に構造上区分された数個の部分で独立して住居、店舗、事務所または倉庫その他建物としての用途に供することができるものがあるとき、その建物の部分を目的とする所有権をいう（建物の区分所有等に関する法律（以下「区分所有法」という）1条・2条1項）。通常は区分所有権のみが取引や評価の対象となることはなく、「専有部分（区分所有法2条3項）」ならびに当該専有部分に係る「共用部分（区分所有法2条4項）の共有持分」および「敷地利用権（区分所有法2条6項）」によって構成される「区分所有建物およびその敷地」が評価対象となる。

　区分所有建物およびその敷地の経済価値は、専有部分、共用部分の共有持分および敷地利用権に関する個々の権利が合体したものとみるよりも、専有部分の所有権を中心とし、これを支える共用部分および敷地利用権を一体とした利用価値とみるべきであり、専有部分、共用部分および敷地利用権が三位一体となり、専有部分の経済価値として凝縮したものと考えることができる（図表3−9参照）。

　したがって、区分所有建物およびその敷地の経済価値は、専有部分の価値とともに区分所有建物の存する1棟の建物内の位置ならびに1棟の建物およびその敷地としての全体の経済価値との関連についても把握する必要がある。

　また、対象不動産の確認に際しては、専有部分のみならず共用部分、建物全体、敷地、専用使用権の内容、管理費等についても図面、管理規約、管理

図表 3－9　区分所有建物およびその敷地の構成要素

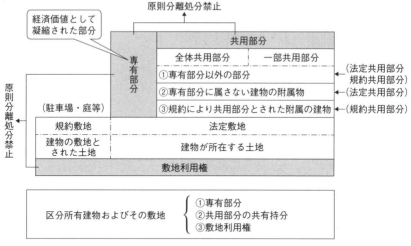

（出典）　筆者作成。

組合の決算書等に基づき確認することが必要である。

2　区分所有権（区分所有建物およびその敷地）の評価

　区分所有建物およびその敷地は、専有部分が自用の場合、賃貸されている場合があり、それぞれ敷地利用権が所有権と借地権等の場合がある。

　専有部分が自用の場合と賃貸されている場合のそれぞれについて、適用すべき鑑定評価手法を記載すると以下のとおりである。

　　① 　専有部分が自用の場合

　　　　積算価格、比準価格および収益価格を関連づけて鑑定評価額を決定する。

　　② 　専有部分が賃貸されている場合

　　　　実際実質賃料に基づく純収益等の現在価値の総和を求めることにより得た収益価格を標準とし、積算価格および比準価格を比較考量して

鑑定評価額を決定する。

(1) 原価法（積算価格）

　区分所有建物およびその敷地の鑑定評価における原価法は、まず１棟の建物およびその敷地の再調達原価を求め、この再調達原価について減価修正を行ってその積算価格を求め、次に当該積算価格について、対象不動産に係る各階層別および同一階層内の位置別の効用比により求めた配分率を乗じて得た額に、必要に応じ対象不動産の個別的要因の補正を行って積算価格を求める。

前提条件

- ・RC造４階建て
- ・全専有面積：1,010㎡
- ・１棟の建物およびその敷地の積算価格：750,000,000円
  （土地350,000,000円、建物250,000,000円、販管費および投下資本収益150,000,000円）
- ・対象不動産は３階、No.2

階層別効用比率

階層	① 専有面積 （㎡）	② 階層別効用比	③ 階層別効用積数 ①×②	④ 階層別効用比率 ③÷Σ③ （％）
４階	270	105	28,350	27.789
３階	270	101	27,270	26.730
２階	270	100	27,000	26.465
１階	200	97	19,400	19.016
計	1,010	—	102,020	100.000

位置別効用比率（３階）

区画	⑤ 専有面積 （㎡）	⑥ 位置別効用比	⑦ 位置別効用積数 ⑤×⑥	⑧ 位置別効用比率 ⑦÷Σ⑦ （％）

第４節　区分所有権　187

No.1	65	105	6,825	24.927
No.2	65	103	6,695	24.452
No.3	70	100	7,000	25.566
No.4	70	98	6,860	25.055
計	270	—	27,380	100.000

積算価格の査定

⑨ 1棟の建物および その敷地の積算価 格 （千円）	⑩ 配分率（※） （％）	⑪ 個別的要因の 補正 （％）	⑫ 区分所有建物および その敷地の積算価格 ⑨×⑩×⑪ （千円）
750,000	6.536	100	49,000

（※）　配分率＝階層別効用比率×位置別効用比率

　1棟の建物およびその敷地の再調達原価の判定、減価額の判定、対象不動産への配分等の一連の作業は、個々の専有部分に関する仕様、施工の程度等の点において、1棟の建物およびその敷地における標準的なものを前提としている。さらに、これら一連の作業プロセスにおいて、専用使用権に対する価値の増減は考慮されない場合もある。

　したがって、対象不動産の積算価格を求めるにあたっては、必要に応じて対象不動産に係る個別的要因を考慮する必要性が生ずる。具体的に補正すべき個別的要因として、建物については、対象不動産への配分率を求めるにあたって判定しなかった特別仕様等による増分価値等がある。たとえば、個々の区分所有者が新たに投資した建物の附属物等に関する増分価値や、建物内部の維持管理の程度に基づく価値の増減、特に広狭が認められるバルコニー等が考えられる。専用使用権については、特定の専有部分に随伴する駐車場、倉庫、専用庭等の存在が考えられる。

(2)　取引事例比較法（比準価格）

　区分所有建物およびその敷地における取引事例比較法は、類似の区分所有

建物およびその敷地に係る事例の収集および選択が可能な場合に有効である。

　住宅の場合は比較的容易に取引事例を収集しうるが、他の用途については区分所有建物およびその敷地の取引事例の収集が困難である場合が多い。このため、広域的な取引事例の収集や市街地再開発事業における保留床の取得事例などを検討するが、個別性が強く要因比較が困難である場合や時点修正期間が長期にわたる場合等、事例の規範性が劣るため適用を断念するケースが多い。

　取引事例比較法の適用に際して収集選択した取引事例についても、対象不動産と同様に、物的および権利の態様について確認を行わなければならない。その際、取引事例の面積の確定にあたっては、「内法面積」であるか、「壁芯面積」であるかの別について留意するとともに、対象不動産の面積と事例不動産の面積との鑑定評価上の確定方法が一致しているか否かを確認のうえ、同一尺度で比較する必要がある。

　また、専有部分に係る個別的要因は、原価法において用いた階層別効用比および位置別効用比の差を生じさせる要因でもあることから、これらとの関連性についても十分留意しなければならない。

(3) 収益還元法（収益価格）

　区分所有建物およびその敷地における収益還元法は、以下の方法により試算を行う。

　対象不動産に係る専有部分が自用である場合には、当該区分所有建物およびその敷地を新たに賃貸借に供することを想定して総収益を査定する。

　また、対象不動産に係る専有部分が貸家である場合には、実際実質賃料に基づき総収益を適正に算定する。なお、この場合の賃料の収受形態としては、主に次の2つがある。

　　① 賃貸人が管理費および修繕積立金を負担し、賃借人は賃料のみを支　　　払う形態

第4節　区分所有権　189

②　賃貸人が修繕積立金のみを負担し、賃借人が賃料および管理費を支
　払う形態

　総費用として計上すべき項目としては、他の複合不動産の類型である「自
用の建物およびその敷地」「貸家およびその敷地」等に準じる。区分所有建
物およびその敷地のうち、特にマンションの場合には管理組合が組織される
ことがほとんどで、共用部分の維持管理のために区分所有者から管理組合に
対して管理組合費（「管理費」と称されることも多い）や修繕積立金が支払
われている例が多い。

　管理組合費とは、1棟全体の建物保守管理費、共用部分の水道光熱費等に
充当するために各区分所有者より管理組合が徴収する費用をいい、修繕積立
金とは、区分所有建物において1棟全体（主に共用部分）の修繕費や資本的
支出に充当するために、各区分所有者より管理組合が徴収する費用をいう。
管理組合費および修繕積立金は本来共用部分に係る費用に充当されるもので
あって、専有部分に係る費用については通常含まれておらず、浴室・キッチ
ン等の改修やテナントの入替えに伴うオーナー負担の原状回復費等の専有部
分に係る費用は別途計上する必要がある。

　このうち管理組合費については、共用部分の維持管理費、水道光熱費等複
数の費用に充当されるほか、管理組合の運営に関する費用等区分所有建物固
有の費用も含まれていることに留意する必要があり、修繕積立金について
は、管理組合で策定されている長期修繕計画を参考に、上記修繕積立金が充
当される経費の内容および金額について検討のうえ、建物の状況に照らして
将来的な大規模修繕において不足が生じないような金額を計上することに留
意する必要がある。

　管理組合費および修繕積立金の具体的な取扱いについては、過去の管理組
合の収支報告書に基づき支出実績を分析したうえで、専有部分の修繕費等こ
れら以外に必要となる費用等と合算して、維持管理費、水道光熱費、修繕
費、プロパティマネジメントフィー、損害保険料、資本的支出の各項目にお
いて適正な額を計上する方法のほか、その他費用のなかに管理組合費および

190　第3章　不動産の種類と鑑定評価の方法

修繕積立金を計上し、これらで不足する金額を上記各項目のなかで反映する方法もあり、規約における支出区分に関する規定や支出実績における管理組合費および修繕積立金の内容等を確認のうえ、案件の性格に応じて適切に判断する必要がある。

　管理費を賃借人が負担している形態の場合には、①管理費を総収益に加算して、管理費を含む総費用を控除して純収益を求めるか、②管理費を総収益に計上せず、管理費以外の総費用を控除して純収益を求めるかのいずれかにより対象不動産に帰属すべき純収益を求める。

　また、区分所有建物およびその敷地のうち商業ビル等については、1棟全体を単独所有している場合と比較すると、所有者としての権利行使（修繕・維持管理等）に一定の制約を受けるので、流動性リスクがやや高くなることに伴い還元利回りは高くなる傾向にある。

第5節　賃　　料

　賃料は、賃貸借の対象が土地か建物かによって、地代と家賃に分けられ、それぞれについて、新規賃料と継続賃料がある（図表3－10参照）。よって鑑定評価で求める賃料は4通りとなるが、それぞれの契約締結の背景について典型的なケースを考えてみる。

　土地の賃貸借は、当面の間、自分で使用する予定はないが、手放したくない場合に行われる。普通借地と定期借地があるが、現在では期間満了後に確実に土地が返還される定期借地が主流である。地代は土地価格に対する利回りや固定資産税の倍率といった指標で判断しようとするが、一般の人からするとそれぞれの妥当な水準を把握することがむずかしい。このような場合に、不動産鑑定士による賃料の評価が必要とされる場合がある。

　建物の賃貸借では、オフィスや共同住宅を開発し、賃貸事業を営む場合に賃料の設定が必要となる場合が典型例として考えられる。この場合の賃料は、地域における賃料相場と投資回収等による事業目論見に基づき投資額と賃料を変数とする関数をシミュレーションし決定されることが一般的であって、投資内容を先に決め、それに対してどれほどの賃料を設定すべきかというアプローチがなされることはない。

　よって、建物の新規賃料を不動産鑑定評価によって設定するケースは少ないが、鑑定士に評価を依頼するケースはないわけではなく、たとえば、不法占拠の損害賠償請求にあたり新規賃料を求める場合や現況が自用の建物を賃貸するときに参考とする場合などが考えられる。

　投資のベースとなる事業計画においては賃料、修繕費、公租公課等の変動をあらかじめ織り込んだ精緻な計算がなされることが通常であり、賃料改定

図表3－10　賃料の分類

	内容	賃料の種類
対象	土地の賃料	地代
	建物の賃料	家賃
状態	新規に賃貸借契約する場合の賃料	新規賃料
	現行賃料を改定する場合の賃料	継続賃料

（出典）　筆者作成。

の場合でも、経済状況をふまえて事業計画に従い設定される。また、土地所有者が店舗を建て1棟すべてを賃貸するケースでは、貸主と借主の双方が利益目標をもったうえで協議し、負担割合と賃料が設定される。よって、共同住宅や店舗の1棟貸しなどの賃料改定は、相対的に不動産鑑定士による評価が必要とされる場合は少ないと考えられるが、大型ビルのメインテナントが経済情勢の変化に鑑み、賃料改定を申し出るようなときは、その根拠として不動産鑑定士による賃料評価が必要とされる場合がある。

　地代も家賃も評価の方法は同じであるので、本節では、地代の評価方法について以下に詳述する。

1　賃料評価のポイント

(1)　実質賃料の概念

　賃借人が各支払時期に賃貸人に支払う賃料を支払賃料というが、賃借人が支払う一時金の運用益や償却額は実質的には、賃料とみなされるため、鑑定評価にあたっては、実質的な賃料で判断する必要がある。支払賃料に運用益および償却額等の賃貸人の利益となる経済的対価を含んだものを実質賃料といい、次式で表される。

第5節　賃　　料　193

> 実質賃料＝支払賃料＋一時金の運用益および償却額

⑵　賃貸にあたって授受される一時金

　不動産の賃貸借にあたっては、借主から貸主に一時金が支払われることがある。不動産鑑定の視点からは、一時金を賃貸借契約満了時に借主に返還されるものと返還されないものとで区別する必要がある。

　返還される一時金には、保証金や敷金等の名目で授受され、賃料の不払い等の賃借人の債務不履行等のリスクに充当することを目的とする預り金的性質をもつ。

　返還されない一時金には、権利金、礼金、更新料等の名目で、実質的に賃料の前払い的性質をもち純賃料の一部を構成する。

a　預り金的性質をもつ一時金

　敷金等の返還される一時金は、一時金受領から返還までの期間において貸主が運用することが可能であるため、一時金の額に運用利回りを乗じた額を運用益として純賃料に含めることとなる。運用利回りは、長期国債利回りを採用することが一般的である。

b　賃料の前払い的性質をもつ一時金

　返還されない一時金は、結局、貸主の収益となるが、各年における運用益と償却額の和を同額とする概念上の計上方法により認識する。

　具体的には、年利率（r）と償却期間（n）をパラメータとする年賦償還率を用い、次式で表される。

$$年賦償還率 = r + \frac{r}{(1+r)^n - 1}$$

年利率は運用利回りと同様に長期国債の利率を用い、償却期間については

194　第3章　不動産の種類と鑑定評価の方法

土地賃貸借の場合は借地契約期間を、建物の場合は対象不動産が所在する近隣地域等における平均的な入居期間を用いる。

礼金として30万円を受領し、運用利回りを1.0%、入居期間を5年とした場合、各年の運用益と償却額の合計は次のとおりになる。

$300,000$円$× (0.01 + 0.01 ／ ((1 + 0.01)^5 - 1)) = 61,812$円／年

5年の総額は309,060円となり、9,000円程度の増となるが、長期にわたる景気低迷のわが国においては、運用利回りが低いため複雑な計算をする割に、誤差程度の差額しか生じないことがわかる。

2 新規賃料の評価

価格の評価における正常価格と同じ概念の新規賃料を正常賃料という。また、隣地を借り増しする場合の賃料を価格概念と同様に限定賃料という。

宅地の正常賃料の鑑定評価にあたっては、価格と同様に、費用性、市場性、収益性に対応した3手法により求め、それぞれ積算法、賃貸事例比較法、収益分析法という、各手法によって求められた試算賃料を積算賃料、比準賃料、収益賃料と称する。

新規賃料は、積算賃料と比準賃料を関連づけ、収益分析法における純収益を求めることができるときは収益賃料を比較考量して決定するとされているが、収益分析法の適用は現実には困難であるので、積算賃料と比準賃料から新規賃料を決定することが多い。

(1) 積 算 法

積算法は価格時点における基礎価格を求め、これに期待利回りを乗じて得た額に必要諸経費等を加算して試算賃料を求める手法である。なお、基礎価格に期待利回りを乗じた額を純賃料という。

実質賃料＝純賃料＋必要諸経費

第5節 賃 料 195

$$= （基礎価格×期待利回り）+必要諸経費$$

a 基礎価格

　基礎価格は、対象不動産の正常価格から賃貸借契約によって最有効使用が制限されている場合に、経済価値の減額額を控除した価格である。

　基礎価格は、原価法および取引事例比較法によって求め、賃料収益に基づき算定する収益還元法は適用できない。また、既成市街地の宅地の基礎価格は、原価法を適用できないので、結局、取引事例比較法のみによって求めることになる。

　賃貸借契約に基づいても最有効使用が実現できる場合は、基礎価格は正常価格と一致するが、たとえば、土地の賃貸借で、規模、構造、用途等を制限されている場合は、収益性が低下することがあり、相当する経済価値の低下分を正常価格から控除することになる。

　建物の賃貸借においては、積載荷重やグリーストラップの設置不可等の構造や設備上の制限により特定の用途に使用することができないことに起因する減価が考えられる。

b 期待利回り

　鑑定評価基準では、「期待利回りとは、賃貸借等に供する不動産を取得するために要した資本に相当する額に対して期待される純収益のその資本相当額に対する割合をいう。期待利回りを求める方法については、収益還元法における還元利回りを求める方法に準ずるものとする。この場合において、賃料の有する特性に留意すべきである」とされており、投資対象としての危険性、流動性等を反映して定まるとされるが、数理的に割り出されるものではなく、賃貸人の主観に依存する数値である。とはいえ、賃貸人の利回りに対する期待は自由度に限界があり、比較可能な他の資産の収益性や金融市場における運用利回り等との比較のなかで決定されることになる。

　近隣地域等に存在する類似の賃貸事例の期待利回りを比較して求めることが理想的ではあるが、各事例について契約内容、一時金の額、必要諸経費を

含む詳細を正確に把握し、期待利回りを算出することは困難である一方、地域により不動産の用途や規模に応じた期待利回りの水準は一定の範囲にあることから、実務上は、公的に発表された不動産投資家調査等を参考として決定することが多い。

c 必要諸経費

必要諸経費とは貸主が負担する費用であり、土地の賃貸借については通常、土地の公租公課のみである。

建物の賃貸借については、それに加えて、建物の公租公課、維持管理費（共用部分の光熱水費、設備等の点検費、修繕費等）、火災保険料等、空室による損失がある。賃料の貸倒れに備えた準備金は敷金等を受領しているときはそれで補填できるため計上しないのが一般的である。建物の減価償却費は、減価償却後の純収益に対応する期待利回りを採用する場合に限り計上するが、現金支出を伴わない会計上の費用であるため、通常は計上せず、償却前の期待利回りを使用するのが一般的である。

d 積算法による評価

下記の前提条件に基づき、宅地の新規賃料を積算法によって求める。

（前提条件）

・対象不動産の最有効使用を制約する契約条件があり、減価額を10,000,000円相当と査定。

・予定契約の内容

建物所有を目的とする普通借地契約

契約期間：　　　　　　30年

権利金：　　　　　　　2,000,000円（返還義務なし）

・対象不動産の更地価格　120,000,000円

・期待利回り　　　　　　3.2%

・必要諸経費等　　　　　1,200,000円

・運用利回り　　　　　　1.0%

・年賦償還率　　　　　　　　0.0387（年率1.0%、期間30年）

新規賃料は以下のように算出される。

　　　　　　　基礎価格　　　　　　　期待利回り　必要諸経費等

（120,000,000円－10,000,000円）×　3.2%　＋1,200,000円

＝4,720,000円／年

なお、月額支払賃料は次のとおり求められる。

権利金の運用益および償却額

2,000,000円×0.0387＝77,400円／年

月額支払賃料

（4,720,000－77,400）÷12月＝386,800円／月

(2) 賃貸事例比較法

賃貸事例比較法は、価格における取引事例比較法と同様の処理により試算賃料を求める手法である。

事例の選択にあたっては、できる限り賃貸借契約の内容が類似する事例を収集・選択する必要がある。賃貸借では、契約により一時金が支払われている場合があるので、支払賃料にその運用益等を含んだ実際の実質賃料に換算して比較する必要がある。

近隣地域において、次の賃貸事例を得られたとし、下記の前提条件に基づき、宅地の新規賃料を賃貸事例比較法によって求める。

（前提条件）

・契約の内容

①　建物所有を目的とする普通借地契約

②　契約期間：30年

③　借地面積：160㎡

④　月額賃料：2,394円／㎡

⑤　権利金：　137,500,000円／㎡（返還義務なし）

・運用利回り　　1.0%

・年賦償還率　　0.0387（年率1.0%、期間30年）

　まず、支払賃料に一時金の運用益等を加算し、実質賃料を求める。

　　月額実質賃料＝2,394円／㎡＋（13,750円／㎡×0.0387）÷12月

　　　　　　　　＝2,438円／㎡

　賃貸借について特別の事情はなく、賃貸借の時点と価格時点は十分近く、角地（個別格差を＋3とする）であるとする。

　実質賃料を次のとおり比準する。

　　　　　　　　　事情補正　時点修正　地域要因比較　個別要因比較

　2,438円／㎡×100/100×100/100　×　100/100　×　100/103

　＝2,367円／㎡

　同様の手順で、複数の賃貸事例を比準し、比較考量のうえ、標準賃料を求め、これに対象不動産の個別格差率を乗じて比準賃料を決定するが、ここでは、上記金額を比準賃料として採用する。

　　比準賃料　2,367円／㎡×160㎡×12月＝**454万円／年**

(3)　収益分析法

　収益分析法は、一般企業経営に基づく総収益を分析し、収益純賃料を求め、次にこれに賃貸借にあたって必要となる必要諸経費等を加算して求める手法である。

　賃料を収益の基盤とする賃貸用不動産には適用できない。住宅、事務所、工場、倉庫等への適用は一般的に困難であるが、商業施設、ホテル、病院等へ適用できる可能性がある。

　建物の賃貸の試算では、まず、売上高から売上原価を控除し、売上総利益を求め、これに固定資産関係費用を除く営業経費を差し引き、業務総利益（GOP：Gross Operating Profit）を求める。

固定資産関係費用は、固定資産税、保険料、開業費用の繰延償却、減価償却等をいう。業務総利益は、純粋に運営の成果を表す利益概念であり、固定資産関係費用、資金調達費用、税引き前の利益から構成される。

　業務総利益から経営帰属分と必要諸経費を控除し、収益純賃料を求める。収益純賃料に貸主が負担すべき必要諸経費を加算した額が収益賃料となる。

　新規賃料の査定にあたって収益分析法を適用する際は、売上高を含むすべての財務データを想定しなければならないため、類似する不動産における同じ業種業態の決算書等を比較して設定するとともに、該当する事業の経営に精通している必要がある。

　実務的には、稼働中の類似の不動産の財務データから類推して想定するか、簡便的に同じ業種業態で同程度の規模の事業の事例から売上高に対する賃料の割合を算定して求めるが、経営責任者の資質や取扱品目の違いにより企業業績が左右する傾向があり、想定に基づく試算であることは変わらず、規範性に劣る。

　この手法は、資料の収集・分析が容易ではなく、想定項目が多いので、他の手法に比べ説得力が劣るため、単独では使用されず、他の手法による試算賃料の妥当性を検証する目的で適用される。

⑷　新規賃料の決定

　先の事例で積算法と賃貸事例比較法による試算賃料を求めた。
　　○　積算法による試算賃料：472万円／年
　　○　賃貸事例比較法による試算賃料：454万円／年
　不動産の鑑定評価にあたっては、積算法における基礎価格の査定の際に使用する変数や、賃貸事例比較法において収集した各事例の実質賃料の査定に必要な数値および契約内容の詳細等について、収集した資料から得られる情報に限界があり、想定等により補完せざるをえない場合がある。

　よって、試算賃料の調整にあたっては、得られた各試算賃料で使用した事例が一定の粒度をもち、想定部分が少ないものに重みを置き関連づけて決定

することとなる。

ここでは、どちらの試算賃料も事例、資料等により十分な情報を得られ、規範性があるものとし、同等に重みづけ、双方の平均をとって試算賃料とする。

○　正常実質賃料：（472万円＋454万円）÷ 2 ＝463万円／年

3　継続賃料の評価

(1)　継続賃料とは

継続賃料とは、賃貸借契約の継続中に、貸主と借主の間で、賃料改定等が行われる場合に決められる賃料である。継続賃料の鑑定評価は、主として、当事者間で賃料改定を協議する際の参考とする場合や、協議が調わず賃料増減額請求権を行使する場合に活用される。

継続賃料の評価は、従来、相当性の回復を目的とするものであったが、賃料増減請求権に係る裁判で相当賃料に関する統一的な考え方が判示されたことにより、「現行賃料を前提として、契約当事者間で現行賃料を合意して適用した時点（以下「直近合意時点」という）以降において、公租公課、土地および建物価格、近隣地域もしくは同一需給圏内の類似地域等における賃料または同一需給圏内の代替競争不動産の賃料の変動率等のほか、賃貸借等の経緯、賃料改定の経緯および契約内容を総合的に勘案し、契約当事者間の衡平に留意の上決定するもの」とされている。

a　継続賃料評価の一般的留意事項

裁判所の判断枠組みをふまえると、継続賃料の評価に際しては、次の 5 点に留意する必要がある。

①　賃料増額請求権：原則として、借地借家法の適用がある場合に、法に裏付けられた権利として継続賃料の評価が可能であること。

②　契約の拘束力：賃料相場等と無関係に当事者が自由に賃料を決める

第 5 節　賃　　料　201

ことはでき、合意された賃料が不相当であることに対して、借地借家法は介入できない。

③　事情変更：直近合意時点以降に、公租公課、土地および建物価格、近隣地域もしくは同一需給圏内の類似地域等における賃料または同一需給圏内の代替競争不動産の賃料の変動により事情変更が生じている場合に、借地借家法に基づく賃料増減請求が可能となること。

④　諸般の事情：前記③以外に、賃貸借等の契約締結の経緯、賃料改定の経緯および契約内容の要因を総合的に考慮すること。

⑤　衡平の原則：現行賃料の増減については、前記③および④を総合的に考慮すると、現行賃料で当事者を拘束することが衡平に反する場合に行われ、原則として、現行賃料と正常賃料の間で決定される。

b　継続賃料の価格形成要因

継続賃料固有の価格形成要因は、直近合意時点から価格時点までの間の変動要因（「事情変更に係る要因」）と、直近合意時点における「諸般の事情に係る要因」に整理することができ、それぞれの内容は上記のとおりである。

なお、鑑定評価基準では、主な価格形成要因として次が例示されている。

①　近隣地域もしくは同一需給圏内の類似地域等における宅地の賃料または同一需給圏内の代替競争不動産の賃料の推移およびその改定の程度

②　土地価格の推移

③　公租公課の推移

④　契約の内容およびそれに関する経緯

⑤　賃貸人等または賃借人等の近隣地域の発展に対する寄与度

c　継続賃料の算出

継続賃料は、継続賃料の一般的留意事項をふまえ、差額配分法、利回り法、スライド法、賃貸事例比較法を適用して求める。

ただし、賃貸事例比較法は、継続賃料固有の価格形成要因である直近合意時点から価格時点までの事情変更および諸般の事情に係る要因に類似性が認

められる適切な事例を収集することが困難な場合が多い。このような場合は、適切に補正することが可能な賃貸事例で代替し、試算賃料の調整の段階で適切に重みづけを行う。

(2) 差額配分法

差額配分法は、価格時点における対象不動産の正常実質賃料と実際実質賃料との間に差額が発生しているときに、契約の内容や契約締結の経緯等を総合的に勘案して、その差額のうち賃貸人等に帰属する部分を適切に判定して、実際実質賃料に加減して試算賃料を求める手法である。

差額配分法による試算賃料は次の計算式で表現される。

試算賃料＝実際実質賃料＋（正常実質賃料－実際実質賃料）
　　　　　×貸主に帰属する割合

差額配分法は、現行賃料と、適正な新規賃料に開きがあることを前提として、その間のどこかを継続賃料とするものである。実際実質賃料に加減する差額のうち貸主に帰属する部分を配分率という概念を用いて判定する。

ここで問題となるのは、配分率の判定方法である。

a　貸主に帰属する部分割合（配分率）の判定

配分率の判定に関して、鑑定評価基準では、「賃貸人等に帰属する部分については、継続賃料固有の価格形成要因に留意しつつ、一般的要因の分析および地域要因の分析により差額発生の要因を広域的に分析し、さらに対象不動産について契約内容および契約締結の経緯等に関する分析を行うことにより適切に判断するものとする」とされている。

鑑定評価基準では、上記のようにさまざまな要因を分析し、配分率を決めることになっているが、判断基準や評価プロセスが明確に整理されておらず、ブラックボックス化しやすい傾向がある。よって、実務では、少なくとも配分のプロセスが明確である、折半法、3分の1法、権利割合法などが採

第5節　賃　　料　203

用されるが、いずれも理論的な根拠はない。

(a) 折 半 法

賃貸人と賃借人に均等に折半する考え方であり、実際実質賃料に差額の2分の1を加算する。賃料差額が72万円／年の場合、貸主に帰属する部分は36万円／年となる。

(b) 3分の1法

地価の急騰局面において、急激な賃料上昇抑制の観点から当事者双方の衡平に鑑み、貸主帰属部分の配分を3分の1とする考え方である。3分の1法は、賃料差額を、貸主および借主のほかに経済情勢の変動に帰属させる考え方である。

賃料差額が72万円／年の場合、貸主に帰属する部分は24万円／年となる。

(c) 権利割合法

賃料差額の配分の根拠を経済的側面に依拠する考え方であり、当事者間の衡平を求めるものではない。賃料差額のうち、借地権と底地権の合計に対する底地権の割合で配分する。

(d) 賃料下落の局面における適用

差額配分法は、賃料上昇の局面を前提としてつくられているので、賃料下落局面で適用することを想定されていない。この場合におけるマイナスとなる差額の配分に関しては、マイナス差額を貸主・借主で配分することを肯定する見解と否定する見解があるが、後者のマイナス差額は貸主がすべて負担し、新規賃料たる正常実質賃料に引き下げるべきであるとするのが一般的な見解である。

b 差額配分法による評価

以下を前提条件として宅地の継続賃料（年額実質賃料）を差額配分法によって求める。

（前提条件）
正常実質賃料は、前記で求めた新規賃料とする。

204 第3章 不動産の種類と鑑定評価の方法

賃料差額のうち、1/2が貸主に帰属する部分とする。

実際実質賃料		400万円／年
正常実質賃料		463万円／年
賃料差額	463万円−400万円 =	63万円／年
賃貸人に帰属する部分	63万円×1/2 ≒	31万円／年
差額配分法による試算賃料	400万円＋31万円 ＝	**431万円／年**

(3) 利回り法

利回り法は、基礎価格に継続賃料利回りを乗じて得た額に必要諸経費等を加算して試算賃料を求める手法である。

利回り法による試算賃料は次の計算式で表される。

試算賃料＝価格時点の基礎価格×継続賃料利回り
　　　　　＋価格時点の必要諸経費等

a 継続賃料利回り

鑑定評価基準では、「継続賃料利回りは、直近合意時点における基礎価格に対する純賃料の割合を踏まえ、継続賃料固有の価格形成要因に留意しつつ、期待利回り、契約締結時およびその後の各賃料改定時の利回り、基礎価格の変動の程度、近隣地域若しくは同一需給圏内の類似地域等における対象不動産と類似の不動産の賃貸借等の事例または同一需給圏内の代替競争不動産の賃貸借等の事例における利回りを総合的に比較考量して求めるものとする」とされている。

直近合意時点における基礎価格に対する純賃料の割合は、契約当時における当事者双方の意思を反映していると考えられることから、継続賃料固有の価格形成要因の影響が軽微であるときは、これを継続賃料利回りとし、利回り法による試算賃料とすることが多い。しかし、現行地代を地価の変動でス

第5節 賃 料 205

ライドさせることになるので、地価が急騰している状況では、賃料の変動は地価変動のスピードよりも遅く発現する傾向があるため、利回り法による試算賃料が大幅に上昇し、適切でない結果となることがある。この場合、期待利回り等との均衡を考慮のうえ、継続賃料利回りを判定する必要がある。

b　直近合意時点における基礎価格の算定

　利回り法は、現行賃料が決定されたとき（直近合意時点）における基礎価格に対する利回りを、継続賃料の評価の基礎とする考え方である。

　現行賃料は、必ずしも正常実質賃料で合意されているとは限らず、基礎価格や期待利回りといった概念の埒外で決定された場合がある。

　したがって利回り法の適用にあたっては、直近合意地点における基礎価格を求める必要がある。

　土地については、価格時点における土地価格に公示価格等の変動率によって時点修正を施して求める。建物については、価格時点における再調達原価に建設物価指数等による時点修正および経年による減価修正を行って求める。

c　利回り法による評価

　以下を前提条件として宅地の継続賃料（年額実質賃料）を利回り法によって求める。

（前提条件）

〔直近合意時点における基礎価格等〕

土地価格	110,000,000円
基礎価格	100,000,000円
実際実質賃料（年額）	4,000,000円
必要諸経費等（年額）	1,000,000円

〔価格時点における基礎価格等〕

土地価格	120,000,000円
基礎価格	110,000,000円

必要諸経費等（年額）　　　　　　1,200,000円

　まず、現行の純賃料を直近合意時点における基礎価格で除して直近合意時点における利回りを求める。

　（4,000,000円－1,000,000円）÷100,000,000円＝3.0%

　この利回りは直近合意時点において当事者間で決定した賃料を、不動産の経済価値に対する利率で表現したものといえ、今回は継続賃料固有の価格形成要因に大幅な変動がないケースに該当するものとし、これを採用する。

　利回り法による試算賃料　110,000,000円×3.0%＋1,200,000円
　　　　　　　　　　　　　　＝4,500,000円／年

(4)　スライド法

　スライド法は、賃料が経済情勢の変動に連動するという考え方に基づき、利回りを直近合意時点の利回りで固定し、現行賃料を変動率でスライドさせて求める手法である。

　鑑定評価基準では、「スライド法は、直近合意時点における純賃料に変動率を乗じて得た額に価格時点における必要諸経費等を加算して試算賃料を求める手法である。なお、直近合意時点における実際実質賃料または実際支払賃料に即応する適切な変動率が求められる場合には、当該変動率を乗じて得た額を試算賃料として直接求めることができるものとする」とされている。

　スライド法による試算賃料は次の計算式で表わされる。

試算賃料＝直近合意時点における純賃料×変動率
　　　　　＋価格時点の必要諸経費等

　ただし、直近合意時点における実際実質賃料の変動率が求められる場合は次式を採用できる。

第5節　賃　　料　207

> 試算賃料＝直近合意時点における実際実質賃料×変動率

　鑑定評価基準に「実際実質賃料または実際支払賃料に即応する適切な変動率が求められる場合には」とあるが、公租公課は物価などの経済情勢の変動と必ずしも連動しないため、スライド法の適用にあたっては、原則として、変動率の対象として公租公課を控除した純賃料が使われる。

a　変動率

　鑑定評価基準では、「変動率は、直近合意時点から価格時点までの間における経済情勢等の変化に即応する変動分を表すものであり、継続賃料固有の価格形成要因に留意しつつ、土地および建物価格の変動、物価変動、所得水準の変動等を示す各種指数や整備された不動産インデックス等を総合的に勘案して求めるものとする」とされている。上記の「継続賃料固有の価格形成要因」とは「事情変更に係る要因」と「諸般の事情に係る要因」を意味するが、実務上、後者の要因を反映することは困難である。

　スライド法の変動率としては、継続賃料の変動との相関性の大きい指数を用いるのが基本方針である。よって、継続賃料市場の動向を示す指標が最も適しているが、実際には、きわめて限定的にしか整備されていない。

　スライド法では賃料を財・サービスの価格の1つとして扱う思想が根底にあるので、一般的に、国民所得指標、労働賃金指数、消費者物価指数等が用いられ、不動産価格の変動率を示す指数は用いられない。

　なお、対象不動産の価格の変動率を用いてしまうと、利回り法と同様の結果になり、評価材料としての意味を失う結果となる。

　変動率査定に使用する資料としては、次のものがあげられる。

　　①　一般的要因・地域要因

　　　ⓐ　消費者物価指数（総務省）

　　　ⓑ　国内総生産（内閣府）

　　　ⓒ　企業向けサービス価格指数（日本銀行）

ⓓ　全国賃料統計（一般財団法人日本不動産研究所）

ⓔ　商業統計調査（経済産業省）

②　個別的要因

ⓐ　対象不動産の基礎価格の変動

ⓑ　対象不動産の公租公課の変動

ⓒ　類似の継続賃貸事例における賃料改定率

b　スライド法による評価例

　以下を前提条件として宅地の継続賃料（年額実質賃料）をスライド法によって求める。

（前提条件）

〔直近合意時点における基礎価格等〕

土地価格	110,000,000円
基礎価格	100,000,000円
実際実質賃料（年額）	4,000,000円
必要諸経費等（年額）	1,000,000円

〔価格時点における基礎価格等〕

土地価格	120,000,000円
基礎価格	110,000,000円
必要諸経費等（年額）	1,200,000円

〔前提となる変動率等〕

純賃料の改定率	＋7.0％
地価変動率	＋9.0％
消費者物価指数	＋5.0％

　スライド法の変動率は、継続賃料の変動との相関性の大きい指数を用いるのが基本方針である。よって、純賃料の改定率を採用し、これを現行の純賃料に乗じた額に価格時点における必要諸経費等を加算し、次のとおり査定す

第5節　賃　料　209

る。

スライド法による試算賃料

$(4,000,000円-1,000,000円)\times1.07+1,200,000円=4,410,000円／年$

⑸　継続賃料の決定

前述のとおり継続賃料の適切な賃貸事例を収集することが困難な場合が多いが、ここでは次の賃貸事例比較法による試算賃料を得られたとする。

賃貸事例比較法による試算賃料	4,450,000円／年
差額配分法による試算賃料	4,310,000円／年
利回り法による試算賃料	4,500,000円／年
スライド法による試算賃料	4,410,000円／年

継続中の宅地の賃貸借等の契約に基づく実際支払賃料を改定する場合の鑑定評価額は、差額配分法による賃料、利回り法による賃料、スライド法による賃料および比準賃料を関連づけて決定するものとするとされている。

継続賃料の試算賃料の調整にあたっては、新規賃料の場合のほか、継続賃料固有の価格形成要因についての情報を把握しうる資料を収集できたかがウェートづけ判断のポイントである。また、継続賃料の各評価方法は、異なる視点からのアプローチにより試算価格を求めようとするものであり、どの手法による試算賃料がより正しいというものではないが、スライド法は、経済情勢の変動を比較的ダイレクトに反映させて求める賃料であることに留意する必要がある。

差額配分法は、新規賃料と同様に、正常実質賃料評価の各段階における想定項目の多寡がウェートづけ判断の中心となる。

賃貸事例比較法では収集した賃貸事例が、特に「諸般の事情に係る要因」について十分な粒度の情報を有していたかが問題となる。

利回り法は価格時点における基礎価格と連動させた試算賃料であるので、

210　第3章　不動産の種類と鑑定評価の方法

不動産価格が急激な変動局面にあるときは、重みを低くする必要がある。

　スライド法は経済情勢の変化が著しいときは、賃料水準の変動と一致しないことがあるので、利回り法と同様の配慮が必要となる。

　今回は、いずれの手法でも適切な資料を得られ、価格時点が急激に変動している経済状況下でないとすると、いずれも同等の重みづけを有すると認め、継続賃料を次のとおり決定する。

　(4,450,000円／年＋4,310,000円／年＋4,500,000円／年＋
4,410,000円／年)÷4 ＝4,420,000円／年

第6節　借家権

1　借家権の概念

　借家権とは、旧借家法を含む借地借家法が適用される建物の賃借権のことで、借りている建物が居住用であるか営業用であるかを問わず、賃借人の居住等の安定を保護するための権利と考えられる。

　ところが、借家権は賃貸人の承諾なくして第三者へ譲渡すれば賃貸借契約違反となり、借家権としては消滅する。特に居住用建物についてはお金を払ってまで借家権を取得する人は一般的には存在せず、市場において価格を形成することは考えられない。ただし、飲食店舗等の営業用建物については市場が形成されているケースがみられる場合はある。その場合も、価格としては純粋な借家権価格としてよりは、営業の譲渡対価等の名目として造作譲渡の対価を含めて支払われるのが一般的である。

　ここでよく混同される借地権と借家権の異同について考察する。

　借地権とは、借地借家法（廃止前の借地法を含む）に基づく借地権（建物の所有を目的とする地上権または土地の賃借権）をいう。また、借家権とは、借地借家法（廃止前の借家法を含む）が適用される建物の賃借権をいう。

　いずれの権利対価も、借地借家法をはじめとする法令等によって保護される法的保護利益と賃貸人に属する経済的利益により形成されるものである。しかし、借家権価格の実質的内容は以下の点で借地権価格とは異なる。

(1)　法的側面

　土地賃貸借は、最低存続期間が保証され、契約期間が経過または建物が滅失しても賃貸人に更新拒絶の正当事由がない限り借地契約が存続する（借地借家法18条）。一方、建物賃貸借は、賃貸人の更新拒絶に正当事由が必要であるのは借地契約と同様であるが、建物の滅失によって権利は消滅する。

　借地権は、当該権利を譲渡または転貸するにあたり、これを賃貸人が承諾しないときには裁判所は承諾にかわる許可を与えることができる（借地借家法19条）ことから、借地権は賃貸人の承諾なしに事実上の譲渡性を有するが、借家権は賃貸人の承諾なしでは譲渡ができない。

　以上の法的側面の比較から、土地賃貸借の権利に対して建物賃貸借の権利は弱いことがいえる。

(2)　経済的側面

　借地権においては、当該宅地の経済価値に即応した適正な賃料（借地条件に基づく正常賃料相当額）と実際支払賃料との乖離（賃料差額）が発生するケースが多くみられ、一般に賃料差額の持続する期間に基づく経済的利益が借地権者に帰属する経済的利益として市場において把握される。一方で借家権は、前述のとおり法的に譲渡性が制約されることから、現実に賃料差額が発生していたとしても、その価値を交換市場で把握することは困難であり、借家権の経済価値は、長期間の居住または営業活動によって享受できる生活上、営業上の種々の借家人の個別的・属人的な利益が中心となる。

　借家権の鑑定評価が具体化するケースは、①上記のとおり不随意の立退きに伴い事実上、借家人が被る損失の補償、②公共用地取得に伴う損失補償、③都市再開発法において借家権取得を希望しない場合の補償等であるが、いずれも建物賃貸借の当事者間等で生ずる契約関係の終了に伴い利害調整をする場面が多く、借家権の経済価値は借家人が被る損失の補償として把握することが中心となっている。

したがって、借家権価格という価格は一般の方には認識が困難で、通常は賃貸借契約期間満了前あるいは契約更新時に貸主に正当事由のない場合に賃借人に立退きを求める場合の「立退料」、あるいは公共事業等のために建物等が買収される際の「補償金」として支払われる金額と認識できる。

2　借家権価格評価のポイント

　前記の公共用地の取得に伴う損失補償においては「公共用地の取得に伴う損失補償基準細則」（以下「用対連基準」という）が制定されている。

　用対連基準は賃貸人と賃借人の衡平な負担における賃借人への補償基準が制定されており、公共用地の補償はもちろん不随意の立退きの場面においても、裁判等においても広く活用されている。

　用対連基準は下記項目で成り立っている。

- ①　借家人補償
- ②　工作物補償
- ③　動産移転補償
- ④　移転雑費補償
- ⑤　営業補償

　上記項目で成り立っている用対連基準と鑑定評価基準との関係性を図にすれば図表3－11のとおりとなる。

　上記のように、鑑定評価基準における補償方式による借家権価格はおおむね用対連基準の通損補償における借家人補償（家賃差額補償＋一時金の補償）の部分に相当し、工作物補償や営業休止補償等は含まれないため、鑑定評価基準による借家権価格に用対連基準による工作物補償や営業休止補償等を加算した価格を立退料相当額として求める場合が実務上は多くみられる。

　また鑑定評価基準には、「借家権の取引慣行がある場合における借家権の鑑定評価額は、当事者間の個別的事情を考慮して求めた比準価格を標準とし、自用の建物およびその敷地の価格から貸家およびその敷地の価格を控除

214　第3章　不動産の種類と鑑定評価の方法

図表3-11 用対連基準と鑑定評価基準との関係性

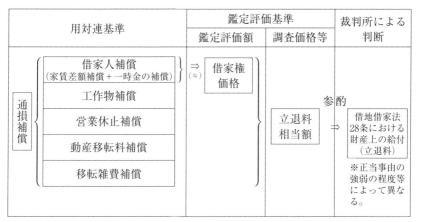

(出典) 筆者作成。

し、所要の調整を行って得た価格を比較考量して決定するものとする。借家権割合が求められる場合は、借家権割合により求めた価格をも比較考量するものとする」とある。

さらに、借家権の価格といわれているものには、賃貸人から建物の明渡しの要求を受け、借家人が不随意の立退きに伴い事実上喪失することとなる経済的利益等、賃貸人との関係において個別的なかたちをとって具体に現れるものがある。この場合における借家権の鑑定評価額は、「当該建物およびその敷地と同程度の代替建物等の賃借の際に必要とされる新規の実際支払賃料と現在の実際支払賃料との差額の一定期間に相当する額に賃料の前払的性格を有する一時金の額等を加えた額ならびに自用の建物およびその敷地の価格から貸家およびその敷地の価格を控除し、所要の調整を行って得た価格を関連づけて決定するものとする」とあり、まとめると借家権の取引慣行のある場合には①比準価格を標準として、②控除方式、③割合方式を比較考量して決定する。借家権の取引慣行のない場合には①差額方式、②控除方式を関連づけて決定することとなる。

第6節 借家権 215

借家権の取引慣行のある場合

| 比準価格 | 標準とする |

　控除方式による価格 ⎫
　　　　　　　　　　　⎬ 比較考量する
　割合方式による価格 ⎭

借家権の取引慣行のない場合

　差額方式による価格 ⎫
　　　　　　　　　　　⎬ 関連づけて決定する
　控除方式による価格 ⎭

3　借家権価格（借家人補償）の評価

⑴　差額方式

差額方式は、賃借人が建物を明け渡し、移転を余儀なくされることにより、現在の家賃および一時金と標準的な移転先の家賃および一時金の差額ならびに家賃差額に応じた補償期間を査定し算出するものであり、家賃差額にかかわる補償額に一時金補償額を加算して借家権価格を求める。

a　賃料差額の計算

移転先の標準的な支払賃料は当該地域における現在の建物と同等の建物の賃貸事例比較法で求める。

補償期間については、用対連基準で下表のように決められており、最大5年分まで認められている。

従前の建物との家賃差	補償期間（年数）
3.0倍超	4年
2.0倍超3.0倍以下	3年
2.0倍以下	2年

216　第3章　不動産の種類と鑑定評価の方法

新規賃料から現行賃料を控除して、年間の賃料差額を次のとおり求めた。

新規支払賃料（共益費込）　現行賃料（共益費込）　賃料差額（月額）
　　1,000,000円　　　－　　　500,000円　　＝　　500,000円
賃料差額（月額）500,000円×12カ月＝賃料差額（年額）6,000,000円

賃借人は本件建物において、約40年間に及ぶ営業を行い顧客を獲得してきた。本件立退要求がなくかつ大震災等がこなければ、当面の間は営業を継続することも可能であることを考慮すると、家賃差は2倍であるものの3倍超相当の4年とすることが妥当と判断した。

賃料差額に複利年金現価率（3.902：利回り1％、補償期間4年）を乗じ、次のとおり試算した。

賃料差額（年額）6,000,000円×3.902＝23,412,000円

---

b　一時金補償額の計算

一時金補償額は、賃貸借契約において借家人に返還されないことと約定されている一時金の額に返還されることと約定されている一時金に係る部分を加算して求める。

賃貸借契約において借家人に返還されないことと約定されている一時金を求める式は次のとおり。

標準家賃（月額）×補償月数

賃貸借契約において借家人に返還されることと約定されている一時金は移転に伴って支払うこととなる一時金から退去に伴い借家人に返還が予定される一時金を控除した額に用対連基準による補償率を乗じて求め、次の式によって表される。

$$（標準家賃（月額）×補償月数－従前貸主からの返還見込額）$$

$$×\frac{(1+r)^n-1}{(1+r)^n}$$

用対連基準による補償率：$\dfrac{(1+r)^n-1}{(1+r)^n}$

r：年利率1％

n：賃借期間10年

　ここでは、借家人が支払う一時金は全額返還されることと約定されるものとし、同一需給圏内の店舗賃貸事例より、補償月数を12カ月、従前貸主からの返還見込額を6,000,000円と査定して、次のとおり求めた。

$$（（1,000,000円×12カ月）－返還見込額6,000,000円）×補償率0.0947$$
$$=568,200円$$

　用対連基準は公共の福祉の観点から賃借人にある程度の受忍を求めているともいえ、民間同士における立退料の算定においては、個別の契約内容・契約経緯・諸々の事情等を総合的に勘案して合意がなされることが通常である。

c　差額方式による価格

　上記より、差額方式による価格は以下のとおりになる。

　　23,412,000＋568,200≒23,980,000円

(2)　控除方式

　控除方式による価格は，賃借人が建物を明け渡すことにより、貸家およびその敷地が自用の建物およびその敷地に復帰することに伴う増分価値に着目した価格である。

218　第3章　不動産の種類と鑑定評価の方法

（計算例）

　対象不動産の自用の建物およびその敷地の価格から貸家およびその敷地の価格を控除して、所要の調整を行って下記のとおり査定した。

自用の建物およびその敷地の価格　①	貸家およびその敷地の価格　②	調整率（注）（α）	控除方式による価格（①－②）× α
280,000,000円	235,000,000円	50%	22,500,000円

（注）　調整率は、賃借人の退去によって貸家およびその敷地から自用の建物およびその敷地になることに伴い生じる経済的利益のうち、賃借人に対して帰属する割合を求めるものであり、通常50%を採用することが多い。

(3)　割合方式

　割合方式による価格は、本来であれば借家権の取引慣行が認められる場合に、借家権取引事例等から判断される借家権割合に基づき試算されるべき価格とされている。借家権の取引慣行の認められない場合には採用するべきではない。以下、参考までに計算例などを掲載する。

　割合方式による借家権価格＝土地価格×市場調整×借地割合×借家権割合＋建物価格×市場調整×借家権割合

（計算例）

　本件では、財産評価基本通達の定めに基づき、当事者双方の事情等も勘案のうえ、借地割合を70%、借家権割合を30%とした。

　割合方式による借家権価格の査定

第6節　借　家　権　　219

$$
\begin{array}{l}
\text{土地価格×市場調整 × 借地割合 × 借家権割合 + 建物価格 × 市場調整 × 借家権割合} \\
280,000,000円×0.95 × \quad 0.7 \quad × \quad 0.3 \quad + 5,500,000 × \quad 0.95 \quad × \quad 0.3 \\
≒ 55,860,000 + 1,568,000円 ≒ 57,400,000円
\end{array}
$$

4 立 退 料

用対連基準を準用して、対象不動産の実態に即して立退きに伴い賃借人が被るであろう損失（通常生ずる損失補償額）を査定する。

(1) 借家人補償

前述の借家権価格で査定したのでここでは割愛する。

(2) 工作物補償

用対連基準等による損失補償では、内装設備は、建物の補償等と一体で考慮すべき部分があり、建物同様に耐用年数が長くなるので、補償額が過大とならないように現在価値で補償すべき扱いとなる。

査定にあたっては、立退き後代替店舗に移転して新規出店するために必要な費用であり、移転先において賃借人が負担する新規出店する際の内装工事等の補償を考慮することが相当である。業種業態によっては費用が大きく正確な見積り等を提出する必要性が出てくることもある。

(3) 動産移転料補償

居住用不動産、営業用不動産などの容積や重量に基づきトラック所要台数を算出し、1台当りの単価を乗じて査定する。

(4) 移転雑費補償

移転先選定費用、法令上の手続費用、就業不能補償、移転通知費、移転旅

220　第3章　不動産の種類と鑑定評価の方法

費を査定する。

(5) 営業補償

a　営業休止補償
営業休止に関する補償としてあげられるのは以下のとおり。

(a)　固定的経費の補償

公租公課や電気ガス代、従業員のための福利厚生費等を査定する。

(b)　従業員に対する休業補償

従業員に対する休業補償は、以下の計算式により計算される。

> 従業員に対する休業補償額＝従業員の平均賃金×補償率×休業期間

(c)　収益減の補償

収益減（所得減）の補償は、以下の計算式により計算される。

> 収益減（所得減）の補償＝認定収益額×休業期間
> 認定収益額＝本来の営業目的に関連した売上げ－本来の営業目的に
> 　　　　　　関連した費用

　営業休止の期間については、想定される移転作業の内容を考慮して決められるが、公共用地の取得に伴う損失補償の実務では、一般に0.5カ月とするものが大半である。

(d)　得意先喪失の補償

得意先を喪失することに関する補償は、以下の計算式により計算される。

> 得意先喪失補償額＝年間売上高÷12×売上減少率(注)×限界利益率
> 限界利益率＝（利益＋固定費）÷売上高＝（売上高－変動費）÷売上高

（注）　売上減少率は、1 カ月を単位としており、月平均売上げを使用する。

（e）　商品・仕掛品等の減損の補償

商品、仕掛品等の減損の補償とは、①商品、仕掛品等を移転することに伴い生ずる減損、②長期休業に伴い生ずる減損をいう。

営業休止期間は基本的には短期間であり、移転が前提となることから、①の減損が考えられる。

（f）　移転広告費等の補償

移転広告費とは、閉店時と開店時の広告費用を意味し、閉店時は、閉店広告費と移転通知費、開店時は、開店広告費と開店祝費があげられる。

広告費は、不特定の顧客に対して行う広告であり、移転通知費は、特定の得意先や仕入先に対して行う通知費をいう。

補償の実務では、恣意的になりやすいため、一般的・標準的な費用を超えるものは補償の対象とされていない。また、移転に際して営業許可が必要な場合は、営業許可申請に係る費用、商業登記の移転が必要な場合、当該申請に係る費用などもあげられる。

b　営業廃止補償

営業を継続することが不可能と認められるときに行われる、営業を廃止して転業することを前提とした補償である。

c　仮営業の補償

仮営業所を設置して営業を継続することが必要かつ相当であると認められる場合の営業を継続する補償である。建物明渡しを前提とする場合、実質的にはこのような補償は少ないと考えられる。

d　営業規模縮小補償

従来の営業規模を縮小するしかないと認められる場合における補償である。公共事業では、土地の一部の取得または使用により残地を合理的な移転先と認定したことにより、従来の営業規模を縮小するしかないと認められる

222　第 3 章　不動産の種類と鑑定評価の方法

場合の補償であり、建物明渡しを前提とする場合、営業規模縮小補償は少な
いと考えられる。

| コラム | 世界の不動産鑑定士〈中国〉 |

　中国の土地制度は「社会主義公有制」であり、国家所有である都市部の土地は、改革開放政策の一環として1979年に「土地使用権」（日本の「地上権」に相当）が制度化され、有償で取引されるようになった。そのため土地使用権の価値を評価する必要が生じ、国家資格として「土地評価師」が誕生した。

　鑑定評価については、当時中国の役人等が日本の大学や大手鑑定機関に留学して勉強していた。したがって、日本の鑑定評価方法に似ている。ただし、土地の使用権の期間が住宅の場合は70年ということであり、収益価格は有期還元で求めることになっている。

　現在は、上記の土地使用権を評価する「土地評価師」、土地建物を評価する「房地産評価師」、その他の資産を評価する「資産評価師」の資格があるが、土地評価師は2021年に房地産評価師に統合された。現在、房地産評価師は約7.2万人、資産評価師は約4.3万人の資格者がいる。

　中国においては、最近では鑑定評価に積極的にAIが取り入れられており、住宅が主に共同住宅（マンション）ということもあり、売買事例のデータ化が進んでいる。

　中国には日本のような固定資産税制度がなく、地方政府はその収入源を土地使用権の売却収入に頼っている状況にあり、国家としては収入安定化のために、将来固定資産税制度を導入すべく、現在上海や重慶で試験的に検討が進められており、AIを活用した大量評価方法の研究が民間の鑑定機関を中心に進んでいる。その影響もあり、一般の鑑定評価においてもAI化が進み、簡易化・迅速化とともに鑑定報酬料も低廉化傾向にあるようである。

第4章

鑑定評価が
必要とされるケース

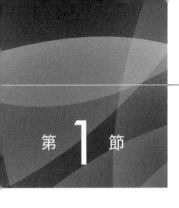

第1節　公的な不動産評価制度

　土地価格の指標である公的土地評価には、4つの評価機関による4つの評価制度がある。国土交通省による地価公示、都道府県による都道府県地価調

図表4－1　公的土地評価制度の比較

区分	地価公示 （国土交通省）	都道府県地価調査 （都道府県）
評価機関	国土交通省 土地鑑定委員会	都道府県知事
目的	適正な地価の形成	土地取引の規制
求めるべき価格	正常な価格 （地価公示法2条1項）	標準価格 （国土利用計画法施行令9条1項）
価格（調査）時点	毎年1月1日	毎年7月1日
宅地の評価方法	標準地について2人以上の<u>不動産鑑定士の鑑定評価</u>を求め、国土交通省に設置された土地鑑定委員会がその結果を審査し、必要な調整を行って、正常な価格を判定し公示。	基準地について1人以上の<u>不動産鑑定士の鑑定評価</u>を求め、都道府県知事がその結果を審査し、必要な調整を行って、標準価格を判定。

（出典）　公益社団法人東京都不動産鑑定士協会「令和5年東京都地価調査のあらまし」。

査、国税庁による相続税評価、市町村による固定資産税評価[1]である（図表4－1参照）。

　これらの公的土地評価の鑑定評価員はいずれも不動産鑑定士であり、各評価機関から受託し、鑑定評価を行うものである。そして、これらの4つの公的土地評価によって求められた土地価格は、同じ場所であっても価格が異なることから、どのような状況でどの価格を参考にすべきか、その違いがわかりづらいという側面もある。

　本節においては、4つの土地価格の違いをふまえた公的土地評価の使い方

相続税評価 （国税庁）	固定資産税評価 （市町村）
国税局長	市町村長
相続税・贈与税課税	固定資産税課税
時価 （相続税法22条）	適正な時価 （地方税法341条5号）
毎年1月1日	基準年度の前年の1月1日 　（3年に1度評価替え） ※地価動向により価額を（下落）修正 　することができる（毎年）。
公示価格、鑑定評価額、精通者意見価格、売買実例価額等を基に、公示価格ベースの仲値を評定し、これを基として路線価等を評定。	鑑定評価等を基として標準宅地の適正な時価を求め、これに基づき各筆の評価額を算定。
地価公示価格水準の8割を目途（内部通達） ※平成4年に7割→8割に変更	地価公示価格の7割を目途 地方税法388条1項委任立法（大臣告示の評価基準） ※平成6年度評価替えから導入

第1節　公的な不動産評価制度　227

を解説する。

1　地価公示

　地価公示は、国土交通省土地鑑定委員会が地価公示法に基づき、毎年1回、1月1日時点[2]の標準地の「正常な価格」（地価公示法（以下、本節において「法」という）2条1項）を求めるものである。

　「正常な価格」とは、「土地について、自由な取引が行われるとした場合におけるその取引において通常成立すると認められる価格」（法2条2項）と規定されている。不動産鑑定評価基準（以下「鑑定評価基準」という）においては、「正常価格」は、「市場性を有する不動産について、現実の社会経済情勢の下で合理的と考えられる条件を満たす市場で形成されるであろう市場価値を表示する適正な価格」と定義されている。この意味は、売主側にも買主側にもかたよらず、双方の思惑を排除した独立した中立公正な立場で判定した客観的な価格を表したもの、という意味である。

　また、標準地の価格を求めるにあたっては、現実には標準地上に建物が存する場合や、標準地に関して借地権その他当該土地の使用収益を制限する権利が存する場合であっても、それらの建物や権利がないものとして（更地として）価格が判定される。（法2条2項）。なぜなら、標準地上に建築された現状の建物を前提に評価を行うとすると、建物の築年の違いや構造、階層、用途の違い等、その土地本来の属性と関係しない特徴が土地価格に反映されることになってしまうからである。したがって、その土地の本来の価値を示すため、土地上に存する建物および権利関係の態様にかかわらず、その土地の効用が最高度に発揮できる使用方法（最有効使用）を前提として、評価を

1　固定資産税の課税客体は土地、家屋等であり、正しくは固定資産評価というが、相続税評価と対比されることが多いため、一般的に固定資産税評価といわれる。
2　令和6年地価公示では、令和6年1月1日午前0時以降に発生した能登半島における地震による影響は反映されていない。

228　第4章　鑑定評価が必要とされるケース

行う。

　令和6年地価公示は、全国167の分科会に所属する2,259人の鑑定評価員（不動産鑑定士）が全国2万6,000地点について選定および確認を行い、分科会等における議論を経て鑑定評価を行った価格に基づいて、国土交通省土地鑑定委員会がその価格を判定している。地価公示は、各標準地について2人の不動産鑑定士が鑑定評価を行う。

　地価公示制度の目的は、次のとおりとされている。
　　①　一般の土地の取引価格に対して指標を与えること
　　②　不動産鑑定の規準となること
　　③　公共事業用地の取得価格算定の規準となること
　　④　土地の相続評価および固定資産税評価についての基準となること
　　⑤　国土利用計画法による土地の価格審査の規準となること
　　⑥　適正な地価の形成に寄与すること

　不動産鑑定士が標準地の鑑定評価を行う際は、標準地についての鑑定評価の基準に定められた鑑定評価手法により求められる価格を勘案して行うものとされている（法4条）。これらの手法の内容は、標準地の鑑定評価の基準に関する省令（昭和44年建設省令第56号）に定められており、具体的には次のとおりである。

　取引事例比較法は、多数の取引事例を収集して適切な事例の選択を行い、これらに係る取引価格に必要に応じて事情補正および時点修正を行い、かつ、地域要因の比較および個別的要因の比較を行って求められた価格を比較考量し、対象不動産の試算価格を求める手法である。これにより求められた試算価格を「比準価格」という。

　収益還元法は、対象不動産が将来生み出すであろうと期待される純収益の現在価値の総和を求めることにより、対象不動産の試算価格を求める手法である。これにより求められた試算価格を「収益価格」という。

　なお、地価公示では、標準地に最有効使用の建物を想定し、その想定された不動産から得られる総収益から総費用を控除して全体の不動産の純収益を

第1節　公的な不動産評価制度　229

試算し、さらに、当該不動産のうち建物に帰属する純収益を控除して土地に帰属する純収益を求め、当該土地に帰属する純収益を還元利回りで還元して試算価格を求める方式（土地残余法）を採用している。

　開発法は、更地を一体利用することが合理的と認められるときに、価格時点において、当該更地に最有効使用の建物が建築・販売されることを想定し、販売総額から通常の建物建築費相当額および発注者が直接負担すべき通常の付帯費用を控除して求める手法である。これにより求められた試算価格を「開発法による価格」という。

　原価法は、価格時点における対象不動産の再調達原価を求め、この再調達原価について減価修正を行って対象不動産の試算価格を求める手法である。これにより求められた試算価格を「積算価格」という。

　公示価格については、土地取引の実勢価格と乖離しているとか、収益性が十分考慮されていない、と指摘されることがある。公示価格は、相続税評価や固定資産税評価とも密接に関連しており、土地取引の指標を与える意味合いのものである。よって、売主および買主の思惑や個別事情が盛り込まれている土地取引の実勢価格や、建物、特に都心のオフィスビル等の収益性が高い建物との一体価格をベースとした収益価格から乖離するのは、その制度趣旨からするとやむをえないものである。土地は個別性が非常に強く、同じものがないことから、その取引には個別の事情、思惑があり、そのうえで取引価格が形成されている。よって、公的土地評価制度の基本である地価公示においては、公示価格は主観性、恣意性を排除した客観的な価格として求められるべきである。

　なお、地価公示は毎年3月中旬頃に発表され、国土交通省のホームページでも地価公示結果の概要、制度の概要、実施状況、地域別概況等がカラーグラフのみやすい資料等で公開されている。また、不動産鑑定士による地価公示の不動産鑑定評価書も公開されている。

2 都道府県地価調査

国土交通省が行う地価公示のほかに、都道府県知事が国土利用計画法施行令9条に基づき、毎年7月1日時点における標準価格を判定する都道府県地価調査がある。

地価調査の目的は、次のとおりとされている。

① 土地取引の規制を適正かつ円滑に実施すること

② 地方公共団体等による買収価格の算定の規準となること

③ 適正な地価の形成を図ること

都道府県地価調査は、国土交通省が行う地価公示とあわせて一般の土地取引価格の指標となるものである。

地価公示と異なるのは以下の点である。

① 不動産の価格の判定の基準日である価格時点が、地価公示は1月1日、地価調査は7月1日であること

② 地価公示の評価を行う不動産鑑定士は1地点当り2人であるが、地価調査は1人で行うこと

また、地価公示の標準地と地価調査の基準地を兼ねている地点、すなわち1月1日と7月1日の半年に1度、価格を求める共通地点（代表標準地）も設定されている。地価公示と地価調査は、調査時期および調査地点に関して相互に補完的な関係にあるが、時期と地点が異なり、さらに後述の国税庁が行う相続税評価や固定資産税評価とも調査地点が異なることから、たとえば図表4－2のような関係となり、これらの地点を単純に比較することはできない。

令和5年度地価調査は、全国の2万1,381地点の基準地価格の評価を行っている。

第1節　公的な不動産評価制度　231

図表4－2　各公的評価の最高価格地

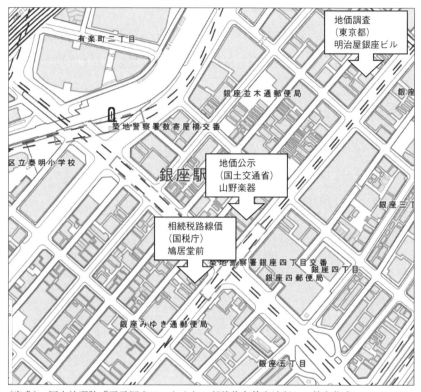

（出典）　国土地理院「電子国土Web」より一部建物名等を追記して筆者作成。

3　相続税評価

　国税庁は、相続税や贈与税に係る土地の評価額の基準となる路線価および評価倍率を公開している。これを相続税路線価等といい、求めるべき価格は「時価」（相続税法22条）とされており、毎年1月1日を評価時点として同年7月初めに発表している。

　納税者が土地の時価を把握することは容易ではないため、相続税等の申告の便宜および課税の公平を図る観点から、国税庁が全国の民有地についてそ

の前面道路（建築基準法上の道路）に路線価を付設している。相続税、贈与税における土地価格は、路線価が定められている地域にある土地は路線価方式により土地価格を評価され、その他の地域にある土地は倍率方式により評価される。この路線価は地価公示価格等をもとにした価格の8割程度をメドに定められている。相続税路線価における鑑定地の評価も、地価公示および地価調査と同様に全国の不動産鑑定士が行っている。

一般に「時価」というと、実際に市場で取引される価格である実勢価格や市場価格としてイメージされ、市況に応じて変動する価格としてとらえられがちである。たしかに、不動産鑑定士が相続税路線価の評定のもととなる鑑定評価額や精通者意見価格を試算する際には、売買実例価額等や地価の変動を考慮する。しかし、ここでいう「時価」は実勢価格そのものとは異なる。よって、相続税路線価における土地価格が土地取引の実勢価格と乖離している状況がみられることはあり、特に価格水準の高い都心部の商業地や住宅地において実勢価格より相続税路線価が低廉であるケースは多い。

また、地価公示の標準地や地価調査の基準地は、具体的な評価対象地が現実の土地そのものに対して設定されており、ポイント数が限られている。これに対して、相続税路線価評価の鑑定地は想定画地として設定されており、これに基づきほぼすべての道路に路線価が付設されていることから、網羅的に土地価格が示されており、土地価格の指標として使い勝手がよい。このことから、相続税路線価は、相続税評価の場合だけでなく、一般の土地取引の参考とされることが多い。

相続税路線価は国税庁のホームページで公開されており、全国の土地の路線価を地図上で確認することができる。

4　固定資産税評価

固定資産評価額は、総務大臣が定めた固定資産評価基準（地方税法403条1項）に基づき評価された固定資産の価格である。土地については、求める

第1節　公的な不動産評価制度　233

べき価格は「適正な時価」（地方税法341条5号）とされている。宅地・農地等地目別に売買実例価額等を基礎として、評価額を算定し、3年に1度、全件の評価替えを行い、基準年度以外の年度は必要に応じて時点修正が行われる。

固定資産税評価では標準宅地が設定され、その鑑定評価額に基づき、主要な街路およびその他の街路として、道路に固定資産税路線価が付設され、この道路に面する土地の評価額を求めることとなる。宅地については、地価公示価格等の7割程度をメドに評価され、標準宅地の鑑定評価は不動産鑑定士が行っている。

標準宅地の価格および固定資産税路線価は、一般財団法人資産評価システム研究センターのホームページで公開されている。

5 4つの制度の特徴

これまで述べた4つの公的土地評価制度をみると、国土交通省が行う地価公示は土地取引の指標として中心的位置づけにあり、それを補完するのが都道府県による地価調査であり、そのほかに課税目的の評価として相続税評価と固定資産税評価があることがわかる。同じ地点の土地価格をみたときに、同じ場所であるのに価格が異なるのは、それぞれ評価の目的と課税機関が異なるからである。相続税路線価は地価公示価格の8割程度、固定資産税路線価は7割程度とされており、評価を行っているのはいずれも不動産鑑定士であり、各評価は密接に関連している（図表4－3参照）。

一般の土地取引において使い勝手がよいのは相続税路線価であるといわれる。その理由は、ほぼすべての土地の前面道路に路線価が付設されており、これに基づく土地価格がわかりやすいからであるが、そのもとになる土地価格の指標を示すものが地価公示である。

234 第4章 鑑定評価が必要とされるケース

図表 4 − 3　相続税路線価と固定資産税路線価の比較

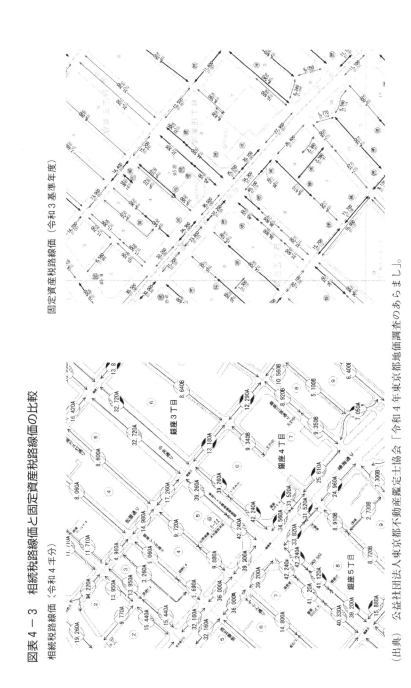

(出典) 公益社団法人東京都不動産鑑定士協会「令和 4 年東京都地価調査のあらまし」。

第 1 節　公的な不動産評価制度　235

6 公共用地の買収に係る評価

　国土交通省が公共事業（道路・公園整備、災害対策等）を実施するための事業用地の取得にあたり、土地所有者に対して補償をするための基準として、「公共用地の取得に伴う損失補償基準」が定められている。

　この場合の土地の補償として算定される土地価格は、正常な取引価格によるものとされており、取引事例価格、公示価格、基準地価格、不動産鑑定評価額などに基づき、補償基準により算定する。また、補償金の内容としては、土地価格のほか、土地上の建物補償、工作物（看板、門、塀）、立木、その他（動産移転料、仮住居補償、借家人補償、営業補償、残地補償）が算定される。

第2節　担保評価

1　担保評価の基礎知識

(1)　担　　保

　担保とは、金融機関の貸出金が不良債権に陥った場合など万一の場合に確実に回収できるよう貸金債権等の保全を担う手段であり、人的担保（保証）と物的担保に区分される。さらに物的担保は、不動産担保、動産担保（商品・器具等）、有価証券担保（株券・手形等）、債権担保（売掛金等）に細区分される。

　不動産担保は物的担保の主要な柱で、土地建物のほかに特別法で不動産とみなされる工場財団等の各種財団がある。これらの不動産担保の取得方法としては、抵当権や根抵当権が多く用いられる。

(2)　担保評価

　不動産の担保評価とは、債権保全のために設定した担保の目的となる不動産の評価をいう。

　債権の存続期間中に担保不動産は、経済情勢の変動や債務者の倒産といったリスクにさらされ、担保不動産の価格は常に変動している（図表4-4参照）。

　しかし、金融機関における実務上、担保価格は債権の存続期間中いつでもその債権を保全可能な価格であり、担保評価は担保不動産について債権の与信期間を通じて債権額を保全することができる価格を求めることである、と

図表 4 − 4　不動産価格の変動と担保査定

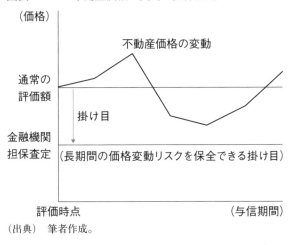

(出典)　筆者作成。

考えられている。

(3)　不動産鑑定評価と金融機関の担保評価

通常の不動産鑑定評価で求める価格は、価格時点にのみ妥当性を有する価格であり、与信期間中の長期間にわたって妥当性をもちうる価格を評価することは不可能である。このような長期間の価格変動リスクについては、各金融機関のルールとしての担保掛け目等によって保全されるべきである（図表4 − 5参照）。

2　担保適格性

担保不動産は、他の債券担保と比べて管理が困難で、権利関係も複雑化する可能性がある等、容易に換価処分できない場合も多い。また、不動産を担保とする貸出金の原資の多くは預金であり、預金者保護のためにも、保守的に評価されることが要請される（保守主義の原則）。さらに、担保不動産は以下の3つの担保適格性の基準を満たさなければならない。

図表4－5　不動産鑑定士が行う担保不動産の評価と、金融機関の担保評価との相違

	不動産鑑定士による 不動産の鑑定評価	金融機関の担保評価
評価時点	価格時点における価格	与信期間全期間に対応
評価方法	不動産鑑定士が、鑑定評価基準に準拠し正常価格を求める。	金融機関等が独自に簡易査定し、掛け目を乗じて担保価値を求める。簡易査定のかわりに、不動産鑑定士の鑑定評価が用いられることもある。
評価の性格	あらゆる不動産について、その経済価値を評価の対象とする。	担保適格性を検討し、不動産の物的価値のみならず、債務者の人的な面から考慮した価格についても評価の対象とする。

（出典）　筆者作成。

(1) 安 全 性

担保不動産は物として、あるいは所有権等の権利に関し、また維持管理面からみても安全なものでなければならない。法律上の制限に抵触したり、管理上の問題があったりするなど、換価処分を困難にするような事情のない安全な不動産であること。これは3つの基準のなかでも最も重要である。

(2) 市 場 性

担保不動産は、いつでも換価処分が容易にできる可能性（流動性）をもったものでなければならない。無道路地など、市場性を有しない不動産は担保不適格である。(1)の安全性に問題があるものは市場性にも劣るといえる。

(3) 確 実 性

担保不動産は、将来にわたって価格や収益が確実なものでなければならない。賃料は高いが特殊な仕様で収益の安定性が見込めない不動産等、確実性

第2節　担保評価　239

の低い不動産は担保不適格である。

3　評価の基本的事項

(1)　評価の基本的事項に関する留意点

担保不動産の評価に特有な問題として、金融機関と債務者との関係が良好でない場合等に、資料（賃貸借契約書や固定資産税関係資料等）の入手ができない、現地調査を十分に行えない等の問題が生じる。このような場合、独自に資料を入手する必要があるが、各種資料の入手ができない場合は、正しい評価ができない場合もあるので、資料収集の可能性にも留意が必要である。

(2)　対象不動産の確定

評価の対象となる土地・建物等、所有権および所有権以外の権利を確定する必要がある。

担保不動産の評価における対象不動産の確定は、原則として抵当権の効力の及ぶ範囲と一致する必要があるため、対象不動産に設定した抵当権の効力がどの部分にまで及ぶかの判定が必要である。

(3)　条　　件

担保不動産の評価においては、安易に条件を付すことは許されず、原則として現況を所与として評価を行う必要がある（現況評価の原則）。これは、付した条件によって評価額に増減が生じ、関係当事者または第三者の利益を害するおそれがあるためである。

なお、条件を付すことが認められている例を一部記載する。

　　① 土地・建物の所有者は異なるが、共同担保に供されているため、同一所有者に属するものとして評価を行う場合。

② 不動産所有者（債務者）の協力が得られず、土壌汚染等の十分な調査ができないが、担保権者が土壌汚染等が存する場合における取扱いについての指針を有し、その判断に資するための調査が実施される場合。調査範囲等の条件を設定し、価格形成要因から除外することができる。

(4) 価格時点

担保評価を行う場合の実地調査は、現況評価の観点から、可能な限り価格時点に近い日に行うべきである。やむをえず将来時点とする場合にはおおむね7日以内とする。

(5) 価格の種類

担保不動産の鑑定評価の場合、求める価格は正常価格である。

4 金融検査

バブル期の不良債権を処理し日本の金融機関の国内外の信用を回復させるために適用してきた金融庁の金融検査マニュアルは、金融サービスの多様化に伴い、検査・監督手法も定期的に見直す必要が生じ、令和元年に廃止となった。

その後当局は、各金融機関の実態の正確な把握を通じて、どのようなかたちで金融仲介機能の発揮に取り組んでいるか等を理解したうえで金融仲介に伴い発生するリスクを特定・評価し、健全性上の優先課題について対話を行うという方針に転換した。ただし、金融検査マニュアルの廃止は、金融検査マニュアルに基づいて定着している実務について否定するものではなく、現在でも自己査定により資産査定が行われている。

担保評価においては、自己査定での不動産担保の取扱いを理解し、処分可能見込額としての価格を求めるよう留意する必要がある。

第2節 担保評価 241

(1) 自己査定

自己査定とは、金融機関が自ら行う貸出債権等の資産査定である。

債権の査定にあたっては、原則として信用格付けを行い、信用格付けに基づき債務者区分を行ったうえで債権の資金使途等の内容を個別に検討し、担保や保証等の状況を勘案のうえ、債権回収の危険性または価値の棄損の可能性の度合いに応じて分類を行う。

(2) 債務者区分

債務者区分は信用格付けに基づき、債務者の返済能力を検討して区分されるもので、貸出債権を①正常先、②要注意先（このうち、特に注意を要する先を③要管理先として区別している）、④破綻懸念先、⑤実質破綻先、⑥破綻先に分けて管理している。

(3) 債権等の分類

債権等の分類は、金融機関の自己査定において、回収の危険性等に応じて債権等の資産を、以下の4つに分類することである。

①　Ⅰ分類：以下のⅡ・Ⅲ・Ⅳに分類されない債権。非分類。

②　Ⅱ分類：回収に注意を要する債権

③　Ⅲ分類：回収に重大な懸念のある債権

④　Ⅳ分類：回収不能な債権

(4) 担保による調整

担保による保全措置が講じられているものについて、優良担保の処分見込額により保全されているものについては非分類（Ⅰ分類）とし、一般担保の処分可能見込額により保全されているものについては、Ⅱ分類とする。

①　優良担保：預金・国債等の信用度の高い担保。

②　一般担保：優良担保以外で客観的な処分可能性のある担保をいい、

不動産担保や工場財団担保はこれに当たる。

(5) 担保評価額

客観的・合理的な評価方法で算出した評価額（時価）をいう。

担保不動産の評価額が一定金額以上の場合は、不動産鑑定士による鑑定評価を実施することが望ましいとされている。また、賃貸ビル等の評価にあたっては、原価法や取引事例比較法に加え、収益還元法による評価を行うことが望ましい。

(6) 処分可能見込額

(5)の担保評価額をふまえ、当該担保不動産の処分により回収が確実と見込まれる額をいう。処分可能見込額の算出にあたっては、その掛け目が合理的であるかを検証する必要があるとされ、不動産の処分可能見込額については、担保評価額に70％を乗じて得られた金額以下である場合は、妥当なものと判断してさしつかえないとされている。

なお、直近の不動産鑑定士による鑑定評価額または裁判所による最低売却価格がある場合には、担保評価額の精度が十分に高いものとして当該価格を処分可能見込額と取り扱ってさしつかえない。

5　評価方法

(1) 一般的な担保評価

一般的な担保評価は、対象となる不動産の市場価格を求め、担保としての処分性を考慮して評価額を決定するが、評価を行う者によって、恣意的にならないよう一定の手順と評価の基準を定めておく必要がある。

(2) 原価法を参考とした複合不動産の簡易な価格査定

不動産鑑定士が行う担保不動産の不動産鑑定評価は金融機関が融資を行う場合等の重要な参考資料であり、求めるべき価格は正常価格である。評価方法は類型により異なるので、詳しくは第3章を参照されたい。なお、担保評価を行う場合は、保守主義の原則にのっとり評価を進めることを忘れてはならない。

金融機関は不動産鑑定士が算出した鑑定評価額により担保評価額を求めることができる。また不動産の価格査定システムを導入すれば、一定事項を入力するだけで担保評価額が自動的に算出される。しかし、不動産担保評価に携わる者は、価格の検証やチェックを行うためにも、価格の算出過程や仕組みを理解すべきである。

ここでは、不動産鑑定評価における原価法を参考とした簡易な査定方法を紹介する。

a 土地価格

取引事例比較法により土地価格を求める。適切な事例を3件程度収集し対象不動産との比較を行い、それぞれ算出した価格の平均値を土地価格とする。事例を収集することが困難な場合は、公表されていて入手も容易な地価公示地等の価格を事例として使用する。

① 事例選択：対象不動産と同様の用途地域で、面積や前面道路幅員等、似たような事例を採用する。

② 時点修正：近隣で類似の地価公示地等の直近1年の変動率をもとに月単位で時点修正を行う。

③ 地域格差：対象不動産と採用事例の前面路線価の比率を、地域要因の格差として適用する。

④ 個別格差：角地（増価）や不整形（減価）等の、対象不動産そのものの特性を反映する。

⑤ 総額計算：対象地の面積を乗じて対象地の総額を求める。

（計算例）

　地価公示地を例に、土地の価格を査定する。

　　公示地の価格：550,000円／㎡（令和5年1月1日の価格）

　　公示地の1年間の価格変動率：＋3.0％

　　査定の価格時点：令和5年7月1日（公示地の価格時点から6カ月）

　　対象地の個別格差：不整形▲5％（100％－5％＝95％）

　　対象地の面積：200㎡

　※対象地は想定であり、実際とは異なる。

　図表4－6は相続税路線価図である。道路上の矢印間に付された数字が路

図表4－6　位置図と相続税路線価

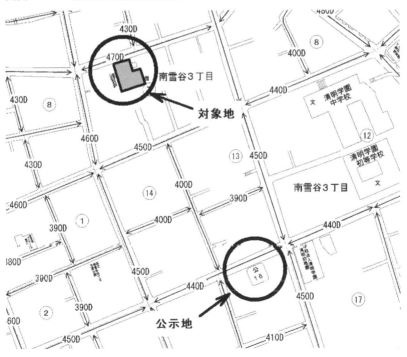

線価（千円単位）であり、アルファベットは借地権割合を示す。対象地の価格を簡易に査定すると以下のとおりである。

（公示地価格）　　　　（時点修正）

$$550,000円／㎡ \times \left(100\% + \left(3.0\% \times \frac{6\,カ月}{12\,カ月}\right)\right)$$

（地域格差）　（個別格差）（面積）

$$\times \frac{470,000円／㎡}{440,000円／㎡} \times 95\% \times 200㎡$$

$$=113,299,375円 \fallingdotseq 113,000,000円　[土地価格]$$

（価格査定では金額の上位4桁目を四捨五入して表示する場合が多い）

---

b　建物価格

再調達原価に減価修正を施し、建物価格を求める。

① 再調達原価：建物の種類と構造により、基準単価を定めておく。再調達原価も変動するので、1年に1回程度見直すべきである。

② 構成部分による割合：再調達原価を躯体・仕上げ・設備に振り分ける。参考までに建物再調達原価の構成割合表を図表4－7に掲載す

図表4－7　構成割合
（単位：％）

	住宅施設			商業施設		
	躯体	仕上げ	設備	躯体	仕上げ	設備
鉄骨造 鉄筋コンクリート造	40〜45	35〜40	20〜25	35〜40	30〜35	30
軽量鉄骨造	40〜45	40〜45	15〜20	35〜40	30〜35	30
木造	40〜45	40〜50	10〜20	40	40〜45	15〜20

（出典）　地価公示評価基準より筆者作成。

246　第4章　鑑定評価が必要とされるケース

図表4－8　経済的総耐用年数

（単位：年）

	躯体	仕上げ	設備
鉄骨造 鉄筋コンクリート造	45～60	25～30	15
軽量鉄骨造	25～45	15～25	15
木造	25～35	15～20	15

（出典）　地価公示評価基準より筆者作成。

　　る。

③　減価修正：耐用年数に基づく方法により減価修正を行う。価格時点
　　の残存耐用年数は、経済的総耐用年数から建物新築からの経過年数を
　　控除して求める。参考までに経済的総耐用年数表を図表4－8に掲載
　　する。残存価値については、価値ゼロとする場合と、10％を残価率と
　　する方法や残存耐用年数を使用価値として3年程度残す方法がある。

④　市場性：耐用年数が経過した建物等で、取引慣行により市場価値ゼ
　　ロと判断されるものはゼロ評価とする。

（計算例）

　以下の軽量鉄骨造の共同住宅を想定し、その建物価格を査定する。

　　構造：軽量鉄骨造2階建て

　　延床面積：200㎡

　　経過年数：新築後10年経過

　　再調達原価：250,000円／㎡（単価）

　　構成割合：躯体40％、仕上げ40％、設備20％

　　経済的耐用年数：躯体35年、仕上げ20年、設備15年（残存価値な
　　し）

　上記想定では以下のように査定される。

　　建物再調達原価（総額）：250,000円×200㎡＝50,000,000円

第2節　担保評価　247

$$\text{躯体：}50{,}000{,}000\text{円}\times 40\%\times\frac{(35\text{年}-10\text{年})}{35\text{年}}\fallingdotseq 14{,}285{,}714\text{円}$$

$$\text{仕上げ：}50{,}000{,}000\text{円}\times 40\%\times\frac{(20\text{年}-10\text{年})}{20\text{年}}=10{,}000{,}000\text{円}$$

$$\text{設備：}50{,}000{,}000\text{円}\times 20\%\times\frac{(15\text{年}-10\text{年})}{15\text{年}}\fallingdotseq 3{,}333{,}333\text{円}$$

$$\underline{\text{躯体＋仕上げ＋設備}\quad\fallingdotseq\quad 27{,}600{,}000\text{円［建物価格］}}$$

c　付帯費用

　土地建物の再調達原価合計に、15～25％の付帯費用率を乗じ、さらに建物の残価率（建物価格÷建物再調達原価）を乗じて付帯費用を求める。付帯費用は主に事業者の開発リスクや事業利益等を加算するものであり、一般的な戸建住宅については付帯費用を計上しなくてよい。

（計算例）

　上記土地建物を例に付帯費用を算出する。

　　再調達原価合計：土地113,000,000円＋建物50,000,000円

　　　　　　　　　　＝163,000,000円

　　付帯費用率：20％

　　残価率：27,600,000円÷50,000,000円＝55.2％

　　<u>再調達原価合計×付帯費用率×残価率≒18,000,000円［付帯費用］</u>

d　査定価格

　上記で求めた、土地価格、建物価格、付帯費用を合計し、査定価格を算出する。

　　<u>土地価格＋建物価格＋付帯費用≒159,000,000円［査定価格］</u>

なお、実際の不動産鑑定評価では収益性等も考慮し、市場性増減価を検討する必要がある。

(3) 区分所有マンションの担保評価

区分所有マンションの評価は原則として、類似マンションの取引事例比較法により査定する。

売出事例は、入手は容易だが成約価格ではないので、値引きを考慮し5～10％程度の減額補正が必要な場合もある。

比較は専有面積単価により、駅距離や環境、所在階数等により比較するが、専有面積が壁芯面積か、内法面積（登記面積）かに留意する。

なお、賃貸に供している場合は、収益還元法を適用すべきである。

(4) 収益還元法

賃貸ビルやホテル等の収益用不動産については、収益還元法を適用すべきである。

収益用不動産に積算価格のみ適用して評価を行っても市場性を反映できているとはいえず、市場価値と乖離する可能性がある。

具体的な評価の手法については、第1章第5節を参照されたい。

(5) 手法間の比較検証

不動産鑑定評価においては、3手法（原価法・取引事例比較法・収益還元法）を用いてそれぞれ価格を求め、そのうち信頼性の高い価格を重視して価格を決定する。これらの3手法で求められた価格は、理論的には一致するとされており、可能な限り複数の手法を用いるべきとされている。

実際に3手法の価格が一致することはほとんどないが、これは価格相互間での検証の意味がある。たとえば、理論的には一致すべき3価格のうち収益還元法の価格が極端に高いとすれば、賃料が異常に高い虚偽の資料提出の可能性がある等、リスクの高い不審な案件を見抜く手がかりとなる。担保評価

第2節 担保評価 249

においても、複数手法の適用は有効である。

(6) 不良債権の担保評価

不良債権とは、返済不能等によりその経済価値が著しく低下した貸出債権を指す。金融機関は貸出債権を、本節4(2)の債務者区分で管理しており、このうち③要管理先以下に相当する債権の残高を不良債権として公表している。

a 不良債権担保評価の留意事項

不良債権は、市場で早期・確実に回収できる額を見積もる必要があり、早期売却を前提として評価を行う必要がある。

さらに資料の入手や現地調査が困難であったり、権利関係が複雑化し紛争が生じたりしている場合もある等、評価に際しては通常の不動産評価より留意すべき点が多い。

b 不良債権担保不動産の評価方法

不良債権担保不動産の評価にあたっては、早期売却が前提であり、その買主は自己使用を目的とする需要者ではなく、転売や運用により収益獲得を目的とする投資家等が想定されるため、収益還元法を適用して評価を行う。

ただし、収益獲得目的には適さない一般住宅等については、取引事例比較法や原価法を適用すべきであり、購入者の転売利益等も考慮してその分減価を行う必要がある。

c 減価修正

不良債権担保不動産は、上記 a のように早期売却前提であり、紛争が生じている等のリスクもある。また不明事項については、最悪の状態を想定する必要がある。評価額はこれらのリスクを反映し、一般的な担保評価額から20～40％の減価修正を行って決定する。

6 ノンリコースローンにおける評価

⑴ ノンリコースローン（非訴求型融資）とは

　ノンリコースローンとは、アメリカで発展した資金調達手法で、貸手側が返済原資を融資対象の資産以外に求めない手法であり、日本では責任財産限定特約付金銭消費貸借と称されている。ノンリコースローンは責任範囲を限定できるので、万一返済できなくなっても、債務者の他の事業や資産に影響が及ばないというメリットがあるが、融資条件が不利になるというデメリットもある。

⑵ ノンリコースローンの担保評価

　日本においても、J-REIT等の不動産投資信託、不動産証券化の拡大に伴い、ノンリコースローンの利用が増加した。

　ノンリコースローンは、担保不動産から生じるキャッシュフローのみを返済原資とするため不動産の収益力が重要である。したがって、対象となる不動産の担保評価は、DCF法を中心とした収益還元法の適用が基本である。

　なお、ノンリコースローンに係る担保評価は、担保不動産の価値を正確に把握する必要があるため、不動産鑑定士による鑑定評価を利用することがほぼ通例となっている。

第3節 財団評価

1 財団抵当の基礎知識

(1) 財　団

　財団とは、特定の目的をもって結合された財産の集合体である。権利の主体として法人格を付与された財団（財団法人）と、権利の客体として抵当権の目的とするための財団（財団抵当）等がある。以下では財団抵当制度による財団について説明する。

(2) 財団抵当制度

　財団抵当制度による財団は、工場や観光施設等に属する土地建物、工作物、機械器具、車両等の物的設備だけでなく、そのための地上権、賃借権、鉱業権等の各種財産をもって組成される。抵当権の目的とするためその所有権の保存登記や監督官庁の認可を受けることによって設立された財団は、1つの不動産または物として扱われ、財団を組成する財産の異動にかかわらず同一性を維持する。
　経営者側としては、不動産だけでなく、事業に係る資産を担保の対象とすることができるため担保価値が増加するというメリットがある。また、金融機関側としては、分散している不動産以外の財産も1つの担保物件として管理できるというメリットがある。

2　財団の分類

財団には、大きく分けて不動産財団と物財団がある。

(1)　不動産財団

財団登記されたものを1つの不動産とみなすものである。法務局備付けの登記簿に登記される。

不動産財団には、工場財団、鉱業財団、漁業財団、港湾運送事業財団、道路交通事業財団、観光施設財団がある。

(2)　物 財 団

財団登録されたものを1つの物とみなすもので、国土交通省備付けの鉄道抵当原簿等に登録する。物財団には、鉄道財団、軌道財団、運河財団がある。

3　工場財団の評価

ここでは、財団評価のうち代表的な工場財団の評価について説明する。

(1)　工場抵当と工場財団抵当

財団組成していない工場に抵当権を設定した場合、その工場に設置された機械等にも原則として抵当権が及ぶと工場抵当法で定められている。つまり設置された機械等は、工場財団を組成しなくても抵当権の効力が及んでいるが、工場財団の場合は、ダム使用権等の権利も組成対象にできるので、組成の範囲を広くすることができ、抵当権の及ぶ範囲も広くすることができる。

なお、工場抵当による機械設備等への抵当権設定を第三者に対抗するには、その目録を作成し登記することが必要である。

第3節　財団評価　253

(2) 未登記建物等の抵当権の及ぶ範囲

財団抵当の抵当権の及ぶ範囲は、財団目録に記載された土地建物・構築物・機械器具・車両等であるが、目録記載の土地上の未登記建物や、目録未記載の機械器具等が存在している場合がある。

未登記建物や目録未記載の建物は、抵当権が設定されていない以上は評価対象とはならない。また、抵当権設定時と未登記建物建設時の関係次第では法定地上権成立の可能性もあるので、保守的な観点からは敷地利用権相当部分も評価対象外とすべきである。

目録未記載の機械器具等については、それが工場に設置された機械器具であれば工場抵当法により抵当権の効力が及ぶ。ただし、対象となっている抵当権以外に設定されている抵当権があれば、順位により第三者対抗要件を失うこともある。

また、機械器具の更新等が行われても、目録の更新が行われていない場合もあるので、注意が必要である。

(3) 評価手法

工場財団は、組成された財団が一体として稼働し収益獲得するものなので、本来は収益還元法を適用することが妥当であるが、工場財団の収益や費用を把握・分析することは困難である。また、取引事例比較法も、適切な取引事例を実際に収集することはむずかしい。そのため、実務上は原価法を中心に評価を行うことになる。

工場財団評価の原価法では、土地建物については通常の工場の評価と同様、自用の建物およびその敷地として評価し、これに機械器具等、不動産以外の価格を加算する方法により価格を求める。

なお、原価法のみ適用する場合でも、他の2手法の考え方（市場性・収益性）を反映して評価を行うべきである。

a 再調達原価

　動産等は、実務上固定資産台帳の取得金額を基礎として、所要の調整を行って査定することが多いと考えられるが、その場合は当該取得金額の内容（従前機器撤去費用の補正等）および含まれる動産の範囲、中古取得の有無、圧縮記帳の有無、取得日が異なる同一資産の計上がある等、台帳の内容を依頼者への聴取等により確認し、目録と照合して内容を把握すべきである。

b 減価修正

　耐用年数は、実務上は税務等で採用される耐用年数を基礎として、所要の調整を行って査定することが想定されるが、重要な資産については実際に使用可能な年数についての確認が必要になる。

　減価修正については、機械設備は必ずしも経年どおりに劣化せず、適切に整備等を行っていれば想定耐用年数を経過しても十分に性能を維持している場合もあるので、整備状況を適切に把握する必要がある。また、このような物理的劣化のほか、性能仕様上や環境負荷等の法律上発生する機能的陳腐化、生産能力に対するオーバーコスト等の経済的劣化についても留意すべきである。

　また、未稼働や低稼働である場合は、工場担当者に聴取を行い、製品の需給動向や、今後の機械需要の見通しも考慮し減価修正に織り込む必要がある。

c 付帯費用

　動産等の購入・設置に必要な許認可手続・資金調達・設置工事・試運転等に係るコストと期間についても考慮する。

d その他（中古資産としての再調達の可能性）

　クレーンや旋盤機械等は、高額でさまざまな業種に使用できるため中古の取引市場が存在しており、中古販売価格との比較検討が可能である。このような動産の場合は、中古販売価格との比較検討を通じて、「中古資産」としての再調達も検討する必要がある。中古市場での販売価格は、中古建機等の販売業者への聴取や価格査定の外部委託を行うことで把握することができ

る。

e　工場財団の価格

　上記により求めた再調達原価に減価修正を行い、付帯費用を加算して動産等の価格を求め、動産等の価格を不動産価格に加算して工場財団の価格を算出する。

第4節 倒産手続における不動産評価

1 倒産法とは

(1) 倒産とは

倒産法とは、経済的な破綻状況に至った企業または個人について、その財産の清算または再建と債権者への配当を定める法律の総称である。倒産という言葉自体は、法律用語ではなく、主に企業が経済的に破綻した場合に使われる事実状態を表す用語である。倒産とは、明確な定義はないが、おおむね、個人や法人などの経済主体が経済的に破綻して弁済期にある債務を一般的に弁済できなくなり、経済活動をそのまま続けることが不可能になること、あるいはそのようなおそれが生じることをいう。

a 倒産の分類と近年の傾向

倒産企業にはいろいろな要素があり、分類としては、業種別、主因別、態様別、規模別、業歴別、地域別等がある。

業種別としては、サービス業、建設業、製造業などがあり、主因別としては、不況型倒産（販売不振、業界不振、輸出不振、売掛金回収難、不良債権の累積）、放漫経営、経営者の病気・死亡など、態様別としては、清算型と再建型、規模別としては、負債規模と資本金規模、業歴別としては、100年以上の老舗企業、30年以上、10年未満の新興企業など、地域別としては、関東、近畿、東北などがある。

倒産件数および負債額の推移は、帝国データバンクが公表している「全国企業倒産集計2023年上半期報」によれば、図表4－9のとおりで、倒産件数

図表4－9　倒産件数および負債額の推移　　　　　　（単位：件、百万円）

年	半期	倒産件数	前年同期比	負債総額	前年同期比
令和元年	上半期	3,998	－0.8%	750,760	－17.6%
	下半期	4,356	＋8.0%	662,825	－7.2%
令和2年	上半期	3,943	－1.4%	631,679	－15.9%
	下半期	3,866	－11.2%	549,377	－17.1%
令和3年	上半期	3,083	－21.8%	628,076	－0.6%
	下半期	2,932	－24.2%	535,233	－2.6%
令和4年	上半期	3,045	－1.2%	1,763,083	＋180.7%
	下半期	3,331	＋13.6%	609,297	＋13.8%
令和5年	上半期	4,006	＋31.6%	906,584	－48.6%
	第1期	1,920	＋28.3%	294,829	－10.3%
	第2期	2,086	＋34.8%	611,755	－57.4%

（出典）　帝国データバンク「全国企業倒産集計2023年上半期報」

は令和4年上半期から増加傾向にある（負債総額の単位は百万円）。

　これまでもみられた後継者難倒産のほか、コロナ禍では飲食業を中心に経済活動の停滞による倒産が多くみられたが、直近の傾向としては、人手不足倒産、物価高（インフレ）倒産、ゼロゼロ融資後倒産が増加して、全体的にも急増している。ゼロゼロ融資（実質無利子・無担保融資）は、コロナ禍における倒産抑制のための政策として、当初3年、利払いを免除し、元本の返済も最長5年先送りできる制度で、令和2年5月に民間金融機関が取扱いを始めた。元本の返済開始を利払いの免除期間と同じ3年に設定した企業が多かったため、令和5年7月から令和6年4月に集中している。

　コロナ禍の特例で令和2年4月に猶予期間を最長3年に延長した健康保険や厚生年金など社会保険料の納付猶予の期限も切れ、未納分の支払いも始まったため、今後は倒産件数がさらに増加することが予測されている。

b 倒産関連の法律

　日本において倒産について規定した法律としては、破産法、民事再生法、会社更生法、会社法（第2編第9章第2節「特別清算」）、金融機関等の更生手続の特例等に関する法律、特定債務等の調整の促進のための特定調停に関する法律などがある。国際倒産に関しては、外国倒産処理手続の承認援助に関する法律がある。また、裁判外紛争解決手続の利用の促進に関する法律と産業競争力強化法は、事業再生ADRの根拠法となっている。

　倒産法のうち主要な法律は図表4－10のとおりである。民事再生法は、和議法にかわって制定された。民事再生法および会社更生法については、破産法の施行に伴って大幅な改正がされている。また、会社更生法については、会社法の施行に伴っても大幅な改正がされている。なお、民事再生法および会社更生法の最新の改正法令公布日は、令和5年6月14日である。

　また、立法の目的は図表4－11のとおりである。

　法的倒産手続には、日本の場合、上記法律に連動して、破産・会社更生・民事再生などがある。倒産手続は、債権者から申し立てられる場合と債務者（倒産者）自身が申し立てる場合のほか、特殊なケースとして監督当局の申立てによって開始することもある。

　処理手続には、清算型・再建型の区別と法的・私的の区別とがある（図表4－12参照）。

図表4－10　倒産法

法律名	施行日
民事再生法（平成11年12月22日法律第225号）	平成12年4月1日
会社更生法（平成14年12月13日法律第154号）	平成15年4月1日
破産法（平成16年6月2日法律第75号）	平成17年1月1日
会社法（平成17年7月26日法律第86号）	平成18年5月1日

（出典）　筆者作成。

図表 4 −11　立法目的

法律名	立法目的
民事再生法	経済的に窮境にある債務者について、その債権者の多数の同意を得、かつ、裁判所の認可を受けた再生計画を定めること等により、当該債務者とその債権者との間の民事上の権利関係を適切に調整し、もって当該債務者の事業または経済生活の再生を図る
会社更生法	窮境にある株式会社について、更生計画の策定およびその遂行に関する手続を定めること等により、債権者、株主その他の利害関係人の利害を適切に調整し、もって当該株式会社の事業の維持更生を図る
破産法	支払不能または債務超過にある債務者の財産等の清算に関する手続を定めること等により、債権者その他の利害関係人の利害および債務者と債権者との間の権利関係を適切に調整し、もって債務者の財産等の適正かつ公平な清算を図るとともに、債務者について経済生活の再生の機会の確保を図る

（出典）　筆者作成。

図表 4 −12　処理手続

倒産手続	法的手続	再建型	民事再生（民事再生法）
			会社更生（会社更生法）
		清算型	破産（破産法）
			特別清算（会社法）
	私的整理（任意整理、内整理）		

（出典）　筆者作成。

　近年において倒産手続を行った企業は、図表 4 −13、 4 −14のとおりである。

　過去における有名企業の民事再生法適用としては、平成22年の日本振興銀行株式会社、平成23年の株式会社安愚楽牧場、平成27年のスカイマーク株式会社、平成29年の学校法人森友学園などがある。

　過去における有名企業の会社更生法適用としては、平成22年の株式会社日

260　第 4 章　鑑定評価が必要とされるケース

図表 4 −13　民事再生法の適用

令和 3 年	アンフィニ株式会社（太陽光発電所事業や太陽光発電システムの製造販売）、 9 月30日申請、負債総額は約86億円。後日、破産手続に移行
令和 4 年	マレリホールディングス株式会社（自動車部品メーカー）、 6 月24日申請、負債総額は約 1 兆1,856億円（製造業では過去最大の負債額）
令和 5 年	株式会社JOLED（有機ELディスプレイメーカー）、 3 月27日申請、負債総額は約337億円

（出典）　筆者作成。

図表 4 −14　会社更生法の適用

令和 2 年	株式会社ヤマニシ（東北最大規模の造船会社）、 1 月31日申請、負債総額は約123億円
令和 3 年	株式会社F-Power（新電力大手の電気事業者）、 3 月24日申請、負債総額は約243億円
令和 4 年	イセ食品株式会社および関連会社のイセ株式会社（鶏卵販売の最大手）、 3 月11日申請、負債総額は 2 社合計で約453億円

（出典）　筆者作成。

本航空、株式会社武富士、株式会社ウィルコム、平成24年のエルピーダメモリ株式会社、平成30年の日本海洋掘削株式会社などがある。

　どの時点で倒産と評価するかについて、明確な基準はないが、一般的には、以下のような状況になった場合に企業の「倒産」と表現されている。

① 　 6 カ月以内に 2 回目の手形不渡りを出し、銀行取引停止処分を受けたとき

② 　裁判所に以下の法的整理手続の申立てをしたとき

○ 　会社更生法に基づく会社更生手続

○ 　民事再生法に基づく再生手続

○ 　破産手続

第 4 節　倒産手続における不動産評価　261

○　特別清算

　③　任意整理（私的整理、内整理）を開始したとき

　任意整理とは、法的倒産手続によらず、債権者との話合いにより債務整理を図る方法である。裁判所の管理・監督による法的手続以外の倒産処理方法である私的整理が、現実の倒産事件の大部分を占めている。負債が資産を上回り、かつ事業停止もしくは清算手続が確認できた場合はこれに該当する。なお、「廃業」は、資産超過で金融機関や取引先、従業員に金銭的な迷惑をかけずに事業を停止する場合をいう。

　倒産に関連する法律の新設あるいは改正の整備は、平成バブルが崩壊して、「失われた30年」といわれるように長引く景気低迷の状況下において、倒産事件が増大し、金融危機などの社会情勢を背景にして行われてきた。私的整理についても、政府が設置した「私的整理に関するガイドライン研究会」によって、「私的整理に関するガイドライン」が作成され、平成13年に策定・公表された。

(2)　鑑定評価における価格概念

　鑑定評価基準には、価格の概念が定められており、正常価格、限定価格、特定価格、特殊価格がある。不動産の鑑定評価によって求める価格は、基本的には正常価格であるが、鑑定評価の依頼目的に対応した条件により、正常価格以外の価格を求める場合がある。また、評価目的に応じ、特定価格として求めなければならない場合がある。本項での価格概念に該当するのは、正常価格と特定価格である。

　正常価格とは、市場性を有する不動産について、現実の社会経済情勢のもとで合理的と考えられる条件を満たす市場で形成されるであろう市場価値を表示する適正な価格をいう。この場合において、現実の社会経済情勢のもとで合理的と考えられる条件を満たす市場とは、以下の条件を満たす市場をいう。

　①　市場参加者が自由意思に基づいて市場に参加し、参入、退出が自由

であること。

ⓐ　売り急ぎ、買い進み等をもたらす特別な動機のないこと。

ⓑ　対象不動産および対象不動産が属する市場について取引を成立させるために必要となる通常の知識や情報を得ていること。

ⓒ　取引を成立させるために通常必要と認められる労力、費用を費やしていること。

ⓓ　対象不動産の最有効使用を前提とした価値判断を行うこと。

ⓔ　買主が通常の資金調達能力を有していること。

②　取引形態が、市場参加者が制約されたり、売り急ぎ、買い進み等を誘引したりするような特別なものではないこと。

③　対象不動産が相当の期間、市場に公開されていること。

特定価格とは、市場性を有する不動産について、法令等による社会的要請を背景とする鑑定評価目的のもとで、正常価格の前提となる諸条件を満たさないことにより、正常価格と同一の市場概念のもとにおいて形成されるであろう市場価値と乖離することとなる場合における不動産の経済価値を適正に表示する価格をいう。

①民事再生法に基づく鑑定評価目的のもとで、早期売却を前提とした価格を求める場合や、②会社更生法または民事再生法に基づく鑑定評価目的のもとで、事業の継続を前提とした価格を求める場合がこれに該当する。

①の場合は、民事再生法に基づく鑑定評価目的のもとで、財産を処分するものとしての価格を求めるものであり、対象不動産の種類、性格、所在地域の実情に応じ、早期の処分可能性を考慮した適正な処分価格として求める必要がある。

鑑定評価に際しては、通常の市場公開期間より短い期間で売却されることを前提とするものであるため、早期売却による減価が生じないと判断される特段の事情がない限り特定価格として求めなければならない。

②の場合は、現状の事業が継続されるものとして当該事業の拘束下にあることを前提とする価格を求めるものである。

第4節　倒産手続における不動産評価　263

鑑定評価に際しては、上記鑑定評価目的のもとで、対象不動産の利用現況を所与とすることにより、前提とする使用が対象不動産の最有効使用と異なることとなる場合には、特定価格として求めなければならない。

　倒産手続において、不動産の鑑定評価が要請される場面としては、①財産評定に関連する場合、②更生担保権の評価に関連する場合（会社更生法のみ）、③担保権消滅許可に関連する場合、④否認権行使に関連する場合、⑤営業譲渡に関連する場合、⑥その他不動産の処分に関連する場合等が想定できる。

　本節では、以下、会社更生法と民事再生法について取り扱う。なお、会社更生法はその対象が株式会社のみであるが、民事再生法は債務者が対象であり、個人も含まれる。

2　会社更生法と不動産評価

　会社更生法に基づく鑑定評価では、法手続の各段階における財産評定を不動産の時価としている場合には正常価格を求め、早期処分を前提とした場合および事業継続を前提とした場合には特定価格を求めることとなる（図表4－15参照）。

　正常価格を求めるに際しては、鑑定評価基準に従い、原則として、原価法による積算価格、取引事例比較法による比準価格、収益還元法による収益価格を求め、これらの価格を関連づけることにより求めることとなる。不動産の処分可能性の観点からは、費用性よりも市場性、収益性の観点が重要であり、比準価格や収益価格については特に慎重な検討が要請される。

　処分価額を求める場合の特定価格は、原則として、早期売却市場を前提とした上記3手法による価格を調整することとなる。この場合は、まず、一般の不動産取引市場を前提とした正常価格を求め、この価格から早期売却市場において成立するであろう市場性減価修正を行うことにより求める。

図表 4 −15　適用場面と価格の種類

適用場面	価格の種類
①　更生手続開始時における財産評定に係る時価を求める	正常価格
②　更生計画案についての参考資料の提出のための評価	特定価格
③　財務諸表における財産の評定	正常価格
④　更生担保権の目的である財産の価格の評価	正常価格
⑤　被申立担保権者からの価額決定の請求を行うための評価	特定価格
⑥　被申立担保権者からの価額決定の請求があった場合における裁判所の選任による評価人としての評価	特定価格
⑦　担保権消滅許可申立てのための評価	特定価格
⑧　否認権に係る鑑定評価	特定価格
⑨　営業譲渡に係る鑑定評価	特定価格

（出典）　筆者作成。

3　民事再生法と不動産評価

　民事再生法に基づく鑑定評価では、特定価格を求めることとなる。ただし、例外的に、役員に対する損害賠償に基づく鑑定評価の場合には、損害賠償の法理を反映した財産の評価が要請されるため、正常価格を求めるべきであると考えられる。

　特定価格として求める価格は、図表 4 −16の⑦のみが「事業の継続を前提とした場合」の価格となるが、その他は「早期処分を前提とした場合」の価格になる。

第 4 節　倒産手続における不動産評価　265

図表 4 −16　適用場面と価格の種類 2

適用場面	価格の種類
①　再生債務者等の再生手続開始時の財産価額の評定	特定価格
②　特別の先取特権、質権、抵当権または商法もしくは会社法の規定による留置権に認められた別除権の担保権消滅許可に係る財産の価額	特定価格
③　担保権者が上記価額について異議があるときにおける価額決定の請求におけるもの	特定価格
④　上記請求があった場合における裁判所による評価人の選任による財産の評価	特定価格
⑤　価額決定の請求についての決定に対する、再生債務者等および担保権者の即時抗告によるもの	特定価格
⑥　否認権に係る鑑定評価	特定価格
⑦　営業譲渡に係る鑑定評価	特定価格

（出典）　筆者作成。

第5節 競売・公売の評価

1 競売・公売とは

(1) 競売の定義および手続

　不動産競売（広義）には、債権の実現を目的とする不動産競売（狭義）と換価自体を目的とする形式的競売がある。

　不動産競売（狭義）は、民事執行法に定める強制執行としての不動産の競売（強制競売）および担保権の実行としての不動産の競売（担保不動産競売）をいい、いずれも国家が執行権力によって、債権者のために、その債権の実現を図る制度である。

　形式的競売には、共有物の分割等の換価のための競売や留置権に基づく競売がある。

　担保不動産競売における不動産競売の手続は図表4－17のとおりである。

　特別売却とは、入札または競り売りの方法以外の特別な売却方法であり、期間入札により売却を実施しても、適法な買受けの申出がなかった場合にのみ行う売却方法である。

　引渡命令とは、買受人が代金納付をすませた後、建物から簡易な手続（通常の裁判と比較して）で占有者を退去させる命令である。代金を納付した買受人またはその一般承継人から、引渡命令の申立てがなされると、執行裁判所は、発令要件を備えていると認めた場合、競売不動産を引き渡すべき旨の決定をする。占有者が自発的に退去しない場合は、引渡命令に基づいて退去させるための強制執行が必要で、その場合には、退去執行のため別途費用が

図表4−17 不動産競売の手続

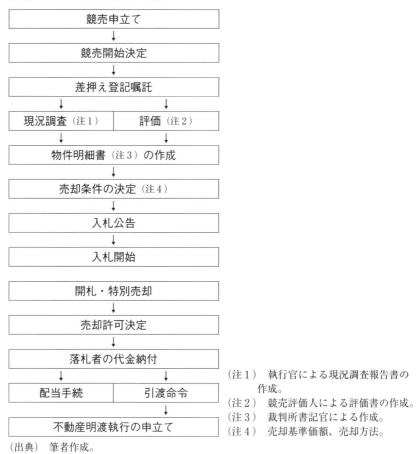

(注1) 執行官による現況調査報告書の作成。
(注2) 競売評価人による評価書の作成。
(注3) 裁判所書記官による作成。
(注4) 売却基準価額、売却方法。

(出典) 筆者作成。

かかる。

　強制執行手続は、勝訴判決を得たり、相手方との間で裁判上の和解が成立したにもかかわらず、相手方がお金を支払ってくれなかったり、明渡しをしてくれなかったりする場合に、債務名義を得た人（債権者）の申立てに基づいて、相手方（債務者）に対する請求権を、国家の執行機関が強制的に実現する手続である。

268　第4章　鑑定評価が必要とされるケース

なお、図表 4 – 17の（注 1 ）（注 2 ）（注 3 ）については 2 で、（注 4 ）については 4 で記載する。

　近年、不適法な入札が増えているため、令和 2 年 4 月 1 日以降に売却実施処分がされた不動産競売事件では、入札時に入札書ごとに次の各書面を提出する必要がある。

　　①　暴力団員等に該当しない旨の陳述書
　　②　住民票（入札人が個人の場合）または資格証明書（入札人が法人の場合）
　　③　宅地建物取引業の免許証の写し（入札人が宅地建物取引業者の場合）

(2)　公売の定義および手続

　公売とは、滞納者が税金を納付しない場合、差し押さえた財産を入札等の方法により売却して金銭に換え、滞納税（国税、都道府県税など）に充てる手続である。正式には「滞納処分」と呼ばれ、国や自治体が行う行政処分の 1 つである。

　公売は、農地など一定の資格が必要となる場合を除き、原則として誰でも参加できるが、①滞納者、②国税庁、国税局、税務署の職員などの関係官公庁の者、③公売への参加を制限されている者には参加資格はない。

　公売される財産の種類は、土地・建物等の不動産のほか、絵画・宝石・時計等の動産、自動車、ゴルフ会員権等も含まれている。

　公売の方法には、「入札」と「競り売り」の 2 つがある。入札は、入札を行った参加者のうち、最高価額の入札者に売却する方法である。期日入札と期間入札があり、期日入札は特定の公売日に公売会場で提出された入札書をその日に開札する方法で、期間入札は定められた期間内に、直接または郵送等で提出された入札書を別の日に開札する方法である。競り売りは、買受希望者が順次高価な買受申込みを行い、最高価額の買受申込者に売却する方法である。

第 5 節　競売・公売の評価　269

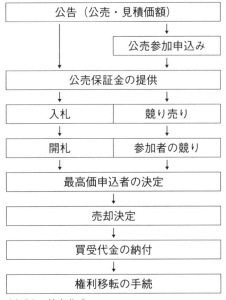

図表4-18 公売の手続

(出典) 筆者作成。

　公売の手続はおおむね図表4-18のとおりである（行政庁により多少異なることがある）。

　行政庁のホームページや掲示板において、公売財産の内容、公売の日時・場所・見積価額（最低売却価額）等が公告される。インターネットオークションサイトにおける競り売りに参加する場合には、事前に公売参加申込みを行う必要がある。公売に参加するためには、原則として定められた公売保証金の提供が必要となる。また、不動産の入札や買受申込みを行うためには、事前に「暴力団員等に該当しない旨の陳述書」を提出する必要がある。

　見積価額以上での最高価額の買受申込者を最高価申込者として決定し、最高価申込者に対し売却することを決定する。買受代金は納付期限までに一括納付する必要がある。行政庁が買受人に対して動産の引渡しや不動産等の所有権移転の登記を行う。

公売は、滞納税を強制的に回収することを目的として行われるもので、主に税を滞納している人の財産が対象となる。したがって、税金を滞りなく納付していれば公売の対象となる可能性はないが、滞納が長期化すると公売の対象になりやすいので注意を要する。

2　競売3点セット

競売3点セットとは、「現況調査報告書」「評価書」「物件明細書」をいう。

「現況調査報告書」とは、執行官が、執行裁判所の現況調査命令によって、不動産の形状、占有状況、占有者の権原等を調査し、執行裁判所に提出する書類である。現況調査報告書には、土地の現況地目、建物の種類・構造・用途など不動産の調査時点における現況のほか、不動産を占有している者の氏名やその者が占有する権原を有しているかどうか等が記載され、不動産の写真などが添付されている。

また、「評価書」とは、評価人が、執行裁判所の評価命令によって、不動産の価格形成上の事情を適切に考慮し、執行裁判所に提出する書類である。評価書は、通常、不動産鑑定士が独立した専門家の立場で作成を行う。評価書には、競売物件の周辺環境や都市計画法や建築基準法など不動産に関する規制内容のほか、不動産の種類ごとに定められた評価方法に基づいた評価額が記載されている。付属資料として、住宅地図などの所在図、公図、地積測量図、建物図面等が添付されている。

「物件明細書」とは、民事執行法62条、民事執行規則31条により、買受人が引き受けることとなる権利関係など、競売物件に関する一定の情報を記載して備え置くこととされている書類である。この書類には、当該不動産を買い受けた際に、買受人がそのまま引き継がなければならない賃借権などの権利があるか否か、土地あるいは建物だけを買い受けた際に建物のために法定地上権が成立するかどうか、その他の参考とすべき注意事項が記載されている。なお、物件明細書は、裁判所書記官が記録上表れている事実等およびそ

第5節　競売・公売の評価　271

れに基づく認識を記載したものにすぎず、当事者の権利関係を確定するものでも、権利関係に関する裁判を拘束するものでもない。したがって、新たな事実の発生・発覚等によって権利関係が変化することもあり、また、物件の状態が変化することもありうるものである。

　よって、入札を検討する案件については、これらの書類のみで入札意思や入札額を決定するのではなく、自ら現地等に赴き、必要に応じて外観上から可能な範囲で調査・照合確認などを行う必要がある。所有者への直接聴取はできず、また、原則として、敷地および建物内への立ち入りもできない。

　これらの3点セットは、いずれも競売物件の買受けのための判断要素として重要な書類なので、物件が所在する管轄の地方裁判所で1冊のファイルとなって閲覧できるように備え付けられている。また、不動産競売物件情報サイト（BIT：Broadcast Information of Tri-set system、平成14年8月から運用開始）では、個人の特定やプライバシーの侵害につながる事項を除き、これらの内容をインターネットで公開し、ダウンロードもできるようにしている。

3　競売評価基準

⑴　作成経緯

　平成15年に全国競売評価ネットワークが結成され、「競売評価の主要論点」が公表された。その後、この趣旨を発展させ、競売評価全般について、全国レベルでの評価の標準化を図ることを目的として、平成22年4月に「競売不動産評価基準」が取りまとめられ、平成24年4月には「競売評価書標準書式」が示された。当該基準は、競売評価の基本的な部分についての考え方や評価手順を示すことを目的としたものである。個々具体的な評価を行うにあたっては、地裁各庁の実情等に応じて細則的な部分について工夫した評価手法を採用したり、事案に応じた例外的な評価を行ったりすることが必要であ

る。

なお、東京地方裁判所民事第21部では、東京地裁評価人候補者により、平成14年1月に「競売不動産評価マニュアル」の初版が刊行され、改訂が行われている。

また、平成13年に改訂公表された「大阪地方裁判所における競売不動産評価運用基準」については、平成25年7月に全面改訂版が完成し、同年10月に大阪地方裁判所管内の全域で運用されている。「競売評価書標準書式」も平成25年9月から新書式となっている。

(2) 構成と特性

競売不動産評価基準の構成は、総論（第1節）、土地の評価（第2節）、建物の評価（第3節）、区分所有建物の評価（第4節）、収益物件の評価（第5節）、工場の評価（第6節）、一括競売における評価（第7節）となっている。

第1節で競売不動産評価の意義などについて述べた後、第2節以降で具体的な評価方法が記載されている。たとえば、第2節では、①公法上の規制、②土地評価上の留意事項、③宅地の評価、④宅地以外の土地の評価、⑤特殊な土地の評価、⑥土地利用権等がある場合の評価となっている。また、第3節では、①建物等の評価、②建物評価上の留意事項、③借家権等がある場合の評価、④その他の建物利用権等がある場合の評価となっている。

不動産競売における評価とは、裁判所によって選任された評価人が、民事執行法による売却に付されることを前提とした目的不動産について適正価格を評価することであり、この適正価格は、一般の売買取引市場において形成される価格とは異なり、競売市場の特殊性を反映した価格である。

一般取引市場においては、不動産の種類にもよるが、通常は最終需要者である個人や法人が想定される。競売市場で想定されている買受人は、最終需要者のみならず、転売や開発を前提として入札に参加する不動産業者等も含まれ、物件によっては、むしろ、これらの不動産プロが中心となって入札さ

第5節　競売・公売の評価　273

れることも多い。よって、売却基準価額は、最終販売価格ではなく、不動産業者等が取得すると想定される価格帯の最低価格と考えるべきである。したがって、評価人が求める価格は、このような不動産競売市場の特殊性を考慮した適正な価格であることに特性がみられる。

　不動産競売市場において標準となる価格（評価額）は「売却基準価額」で、入札者が物件選択や意思決定をする際の目安とする価格である。これは、執行裁判所が、評価書を現況調査報告書、不動産登記事項証明書等とともに審査し、評価の前提となった目的不動産に関する事実関係および権利関係が的確に把握されているか、評価の方法および計算過程が適正であるか等を検討したうえで決定する。通常は、競売市場修正が行われた評価人の評価額が売却基準価額として採用される。

　競売市場修正とは、競売手続に必然的に随伴する減価要因（売主の協力が得られないことが常態であること、買受希望者は内覧制度によるほか物件の内部の確認が直接できないこと、引渡しを受けるためには法定の手続をとらなければならない場合があること等）を売却基準価額に反映させる目的で、一般の不動産市場における売却可能な価格を算出した後（市場性修正を施した後）に行う価格修正のことである。

　「買受可能価額」とは、売却基準価額からその20％に相当する額を控除した価額のことである。買受けの申出の額は、この価額以上でなければならない。

　以前は、「最低売却価額」があったが廃止され、平成17年４月１日からは、現行のように売却基準価額を２割下回る買受可能価額からの入札が可能となった（図表４−19参照）。

　競売不動産の評価額は、売却基準価額を決定するための基礎資料、買受可能価額、買受けの申出時に提供すべき保証額、配当における割付額を計算するための資料として利用されており、債務者・所有者等の財産が不当な安値によって売却されることを防止する役割を果たしている。

図表4−19　各価格の位置づけ

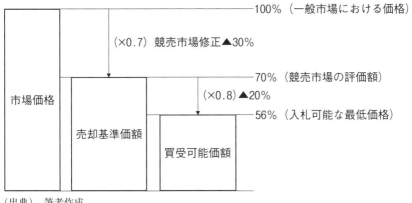

(出典)　筆者作成。

4　競売における不動産評価

(1)　不動産競売における評価の原則

　競売不動産の評価に際しては、鑑定評価による評価とは異なる2つの評価原則がある。

a　現況評価の原則

　競売不動産の評価においては、目的不動産の現況に基づいて評価を行わなければならない。したがって、不動産の所在地番、地目、地積、種類、構造、床面積等について、現況と登記上の表示が異なる場合には、現況に基づいた評価を行うこととなる。なお、登記地目が農地（田・畑）であるのに、現況はこれと異なり宅地あるいは雑種地（駐車場など）となっている場合には、農地法における転用の可否との関連で、原則として、農業委員会に対する照会を行って、その結果を反映した評価を行うことが必要である。

　土地については、収集資料との照合で登記地積と現況地積が多少異なることが予測される場合には、登記地積ではなく評価人の概測による現況面積を採用する。また明らかに異なる場合は、測量の専門家である土地家屋調査士

あるいは測量士による測量の要否について、執行裁判所との協議が必要となる。

建物については、概測が比較的容易であり、登記上の床面積と評価人によって概測した面積が異なるときは、原則として概測した床面積によって、建物評価を行う。特に戸建住宅では、新築時から時の経過により建築確認未申請あるいは未登記増築をしていることがあるので、注意を要する。

権利関係については、現況調査等により確認された内容について、その存否、権利の強弱、引受けの有無等に十分留意する必要がある。疑義が生じた場合には、早期に、評価人、執行官、執行裁判所との協議が必要となる。

既存建物について、最有効使用の観点から建物を取り壊すことが妥当であった場合、鑑定評価であれば、当該建物を取り壊すことを前提とした評価が行われるが、競売評価では、当該建物を所与として評価を行う。

建物内に大量の残置物があった場合、鑑定評価では、条件設定によりこれらについては考慮外とすることも可能であるが、競売評価ではこれらの存在も所与として評価を行う。

すなわち、条件設定は行わず、あるがままの状態を所与として評価を行うのが競売評価である。

b　個別評価の原則

土地1筆と建物1棟で一体の単純な不動産があったとしても、そこに設定されている抵当権等は、それぞれに抵当権者が異なる、順位が異なるなど、複雑になっていることがある。複数の不動産が存在する場合も含め、配当を受ける債権者が物件ごとに異なる場合があるので、競売評価では、土地、建物の構成要素ごとに個別の評価が必要となる。すなわち、土地の個別評価、建物の個別評価、土地建物の一括評価が必要となる。

競売となった不動産が建物付きの土地で土地のみが売却される場合、土地の個別評価は、更地あるいは建付地としての評価とはならず、法定地上権等の敷地利用権の負担のある土地、すなわち底地としての評価となる。一方、建物は、建物のみの評価ではなく、これとともに敷地利用権も一体となった

価格として評価される。

　法定地上権は、①抵当権設定当時にすでに建物が存在していた、②抵当権設定当時、土地と建物の所有者が同じであった、③土地と建物のどちらか一方または双方に抵当権が設定された、④競売の結果、土地と建物の所有者が別々になった、という要件を満たす場合に成立するものである。

　数個の不動産が評価の対象とされている場合に、相互の利用上、経済的見地から当該数個の不動産を一括して同一の買受人に買い受けさせることが相当である場合（民事執行法61条本文、「一括売却」）は、原則としてこれを前提に評価する。

　価格のとらえ方としては、個別価格、一括価格、内訳価格がある。

　数個の不動産が評価対象とされている場合、本来的には、各不動産は法律上個別に処分の対象となり、債権者は各不動産の売却代金から配当を受けて債権を回収することになるから、不動産ごとに個別に評価する。個別価格とは、個別に評価した場合の各不動産の価格をいう。一括価格とは、一括売却を前提として数個の不動産を一体として算出した価格をいう。内訳価格とは、配当等の判断のために一括価格の内訳として算出した不動産ごとの価格をいう。

　複数の不動産について競売が申し立てられた場合に、どの価格を求めるかの判断基準は、これらの不動産についての利用の一体性の有無である。

⑵　評価の方法

　売却基準価額は、直接的に求められるものではない。まず、一般市場における価格を査定する。次に、売れにくい不動産などは、市場性修正も行う。最後に、競売市場の特殊性を考慮した競売市場修正を行って、売却基準価額である評価額を決定する。

a　評価手法

　一般市場における価格を査定するに際しては、鑑定評価基準に記載されている鑑定評価手法を適用することが原則的な方法である。

第5節　競売・公売の評価　277

評価人は、不動産の種類、規模、構造、所在する場所の環境等に応じて、取引事例比較法、収益還元法、原価法その他の評価方法を適切に用いて評価しなければならないとされている（民事執行規則29条の2）。

　これらの評価手法は、価格の三面性（費用性、市場性、収益性）に沿う価格の算定方法である。費用性を反映するのが原価法、市場性を反映するのが取引事例比較法、収益性を反映するのが収益還元法である。

　原価法とは、価格時点における対象不動産の再調達原価を求め、この再調達原価について減価修正を行って対象不動産の価格を求める手法である。この価格を積算価格という。

　取引事例比較法とは、多数の取引事例を収集して適切な事例の選択を行い、これらに係る取引価格に必要に応じて事情補正および時点修正を行い、かつ、地域要因の比較および個別的要因の比較を行って求められた価格を比較考量し、これによって対象不動産の価格を求める手法である。この価格を比準価格という。

　収益還元法とは、対象不動産が将来生み出すであろうと期待される純収益の現価の総和を求めることにより、対象不動産の価格を求める手法である。この価格を収益価格という。収益価格を求める方法には、一期間の純収益を還元利回りによって還元する方法（直接還元法）と連続する複数の期間に発生する純収益および復帰価格を、その発生時期に応じて現在価値に割り引き、それぞれを合計する方法（DCF法）がある。

b　評価手法の競売評価への適用

　買受希望者に対する情報提供や、より適切な評価額の算出という観点からは、個々の物件の個性に的確に応じた評価方法を用いることが望ましいといえる。また、物件によっては、複数の評価方法を適用して価格を算出し、算出された複数の価格を調整して評価額を算出することが求められる場合もある。

　しかし、競売不動産の評価では、さまざまな制約があることから、これらの評価手法を一般の鑑定評価と同様に適用することが困難な場合が多い。ま

た、競売不動産の評価では、適正性確保と同時に手続処理の迅速性も求められており、時間的および費用的制約も大きい。

したがって、評価手法の競売不動産への具体的適用にあたっては、目的不動産の現況や地域の実情等に加えて、迅速性の観点も勘案することとし、事案によっては執行裁判所と協議することも必要となる。

実務上は、これらの手法の厳密な適用は行われていない。

たとえば、土地の価格を求める際には、鑑定評価のように複数の成約取引事例を比較考量して査定しているわけではなく、公表されている地価公示の公示価格や地価調査の基準地価格と競売土地の地域要因比較を行うことで、競売土地の標準価格（個別性を考慮する前の価格）を求め、これに画地条件を中心とする個別的要因を考慮して求めている。鑑定評価のように収益還元法（土地残余法）を適用するわけでもない。公示価格等は、それ自体が取引事例比較法および収益還元法を適用して比準価格と収益価格を関連づけて求められたものであるので、この価格と比準することにより、両手法の考え方が考慮されているという趣旨である。

公示価格との地域要因比較および標準価格との個別的要因比較により、まず競売土地の更地としての価格が求められることとなる。

競売土地上に建物等が存する場合、更地価格のおおむね0～10％を超えない範囲で、建付減価を行うが、建物が堅固建物であるときや土地価格水準と解体撤去費用とのバランスから物件によっては10％を超える場合がある。

c　土地利用権等の評価

更地としての価格に対して、主に所有権以外の権利が付着している場合に、土地利用権等について権利価値の割合分を考慮する必要がある。

「競売不動産評価基準」には当該率に関する記載はないため、「競売不動産評価マニュアル第3版」を参考にすれば、土地利用権等の評価は以下のとおりである。

　　○　借地権の評価は、建付地価格に借地権割合を乗じ、名義書換料相当
　　　　額を控除して求める。賃借権の割合は、相続税路線価の借地権割合の

第5節　競売・公売の評価　279

A（90％）、B（80％）、C（70％）、D（60％）を参考とする。借地権が地上権の場合には、賃借権割合に5〜10％程度加算する。

○　法定地上権が成立する土地の評価は、建付地価格から、法定地上権価格を控除した底地価格として求める。法定地上権価格は、法定地上権割合により、その法定地上権割合は、借地権割合の5〜10％増を標準とする。

○　一時利用の目的であることが明らかな借地権の評価は、建付地価格に10％ないし40％を乗じて求める。土地（底地）の評価は、建付地価格の10％ないし40％を同価格から減価して行う。

○　建物の評価における使用借権の評価は、堅固建物である場合には20％、非堅固建物である場合には10％を標準として使用借権価格を判定し、建物価格に加算する。使用借権の負担付土地（底地）の評価は、敷地上の建物が堅固建物である場合には20％、非堅固建物である場合には10％を標準として、建付地価格から減価を行う。

d　市場性修正

　競売不動産には、市場における需要が弱いことや汎用性が低いこと等により、売却が困難と予想される物件や、通常の方法で求めた評価額では売却までに長期間を要すると予測される物件があり、このような物件については市場性修正を行う。

　市場性修正は、主に物件自体に固有に内在する市場性制約要因である。「競売不動産評価マニュアル第3版」では、以下のような例示がされている。

①　老朽化した建物で空室が多い物件や買受人に対抗できる低賃料の賃借権者（長期賃借権者）がいる物件

②　持分の取得となる場合

③　底地

④　借地権付建物の評価

⑤　個別格差（無道路地、規模過小、再建築不可、極端な不整形地等）の大きい場合

⑥　特殊用途に供された環境や時宜にそぐわない複合不動産の市場性の減退（住宅街の高級料亭、リゾートホテル等）

⑦　土壌汚染または土壌汚染の疑いがある土地

なお、⑤については、前段階において個別的要因に応じた減価が行われているが、物件自体が上記例のような要因により有効需要の著しい減退が見込まれる場合に、さらに市場性の減退を考慮するものであり、個別的要因の減価のみでは把握しきれない減価の余剰分を市場性修正の段階で処理するものである。

買受希望者に通常は購入意欲を生じさせがたい物件としては、これらの例示のほかに、高圧線下地、埋蔵文化財のある土地、地中埋設物のある土地等がある。

また、過去や現在において自殺や他殺があった建物や土地である心理的瑕疵物件が考えられる。心理的瑕疵に関する減価は、商業系よりも居住系建物のほうが大きくなる傾向が強い。また時の経過の程度や事件・事故の社会的認知度の程度等も左右すると考えられる。

e　競売市場修正

競売市場修正は、不動産執行手続において、執行手続であるがゆえの減価要因を売却基準価額に反映させる目的で行われるもので、競売不動産特有の価格形成要因をふまえて、目的不動産を競売市場に提供するための修正である。

競売評価においては、一般の不動産市場とは異なる特殊性、すなわち競売制度に随伴する、次のような競売特有の減価事由を考慮する必要がある。

○　所有者の協力を得られない。

○　物件の引渡しに、経済的・時間的・精神的負担を伴うことがある。

○　瑕疵担保責任（契約不適合責任）を追及することが事実上困難である。

○　競売物件という心理的負担がある。

○　情報提供期間および売却期間が短い。

第5節　競売・公売の評価　281

○ 内覧制度を利用しなければ、内部がみられない。

○ 買受申出時に保証金を提供し、短期間のうちに残代金を納付する必要がある。

具体的な扱いについては、地域の実情、不動産の種類、有効需要等を考慮して、執行裁判所ごとに基準となる一定の修正率を定める。

競売市場修正率は、ほとんどの裁判所で20〜40％の範囲であり、30〜40％の減価率が一般的である。東京など都心部で取引需要が見込まれる場合には20％が採用されているが、競売不動産は、通常、一般市場の価格に比して30％程度は低くなっている。

競売市場は、経済動向や不動産市場における需給動向などに連動して、景気が上向きで一般市場における不動産取引需要が旺盛であれば任意売却が増えるなど、常に変動していると考えられるので、競売に持ち込まれている件数や売却結果（売却率、乖離率など）に基づいた検証を行う必要があることに留意する。

f 小 括

競売不動産市場における入札参加者は、昔は、いわゆる不動産のプロといわれる業者が中心であった。情報公開も裁判所に記録閲覧をするために出向く必要があるなど、情報・参加者ともに限定的であった。

しかし、ネット等による情報公開が進み、個別性が強い物件以外は、一般人も入札参加するようになってきており、人気の高い物件は、数十件単位での入札の末、売却基準価額をはるかに超える価格で落札されることも多々ある。今後も、いろいろな角度からの情報公開を進め、一般人にも開かれた取引市場が形成されることが期待されている。

第6節 販売用不動産（棚卸資産）の評価

　本節および次節については企業会計基準と密接な関連があり、これを理解せずして単に不動産の評価を行っても依頼者のニーズに応えたことにはならず、その鑑定評価額も実用にはならない可能性がある。

　したがって、本節においては「棚卸資産の評価に関する会計基準」（企業会計基準第9号）および「販売用不動産等の強制評価減の要否の判断に関する監査上の取扱い」（監査委員会報告第69号）に基づき販売用不動産の鑑定評価を行うにあたりその指針とすべき事項につき解説する。なお、この会計基準等の詳細についてはそれぞれ該当のホームページなどを参照願いたい。

1　企業会計における不動産評価

　企業が保有する不動産は流動資産・固定資産に分類され、さらにその保有目的により、棚卸資産、賃貸等不動産、固定資産に細分化される。そして、それぞれの資産の評価について会計基準により評価の方法が定められている。これらの保有資産が不動産であれば、これに対応した鑑定評価基準およびこれを具体化した「財務諸表のための価格調査に関する実務指針」により、その評価方法が定められている（図表4-20参照）。

　流動資産のうち、不動産については、販売用不動産のほか、販売に至ってはいないが商品化の過程にある開発事業支出金、未成工事支出金などの経過勘定科目になっていることもある。固定資産については賃貸目的で長期保有している賃貸等不動産、生産・販売・貯蔵などを目的とした工場・営業所・店舗・倉庫などのように連鎖的に使用することでサプライチェーンを構成す

図表4-20　資産種別による会計基準・鑑定評価基準の関係

資産区分	勘定科目		会計基準	鑑定評価基準
流動資産	有価証券（REIT）	⇒	時価の算定に関する会計基準	各論第3章＋実務指針
	棚卸資産	⇒	棚卸資産の評価に関する会計基準	財務諸表のための価格調査に関する実務指針
	販売用不動産			
	開発事業支出金等			
固定資産	賃貸等不動産	⇒	賃貸等不動産の時価等の開示に関する会計基準	
	建物	⇒	固定資産の減損に係る会計基準	
	土地			
	借地権			

（出典）　筆者作成。

る不動産などがある。

　かつてはこれらの不動産は「取得原価主義」により、取得時点の原価により評価されていたが、会計基準の国際的なコンバージェンスにより、評価時点の「時価」により評価することとなった。棚卸資産については平成20年4月より、固定資産については平成17年4月より、賃貸等不動産については平成22年3月より、それぞれ実施されている。

　これに対応して不動産の時価評価を具体的に担う不動産鑑定評価の分野においても平成21年12月に国土交通省から基本的な考え方として「財務諸表のための価格調査の実施に関する基本的考え方」を、手続的な指針として「不動産鑑定士が不動産に関する価格等調査を行う場合の業務の目的と範囲等の確定及び成果報告書の記載事項に関するガイドライン」（以下「価格等調査ガイドライン」という）が発出された。

　これを受けて公益社団法人日本不動産鑑定士協会連合会から「財務諸表のための価格調査に関する実務指針（最終改訂令和3年11月）」が出され、評

284　第4章　鑑定評価が必要とされるケース

価主体である不動産鑑定士は、企業保有の不動産の時価評価を行う場合にはこれに準拠して鑑定評価を行うこととなった。

なお、企業保有の不動産のうち、証券化され上場しているREIT（不動産投資信託）については鑑定評価基準各論第3章および「証券化対象不動産の鑑定評価に関する実務指針」により、評価されることとなっており、これに関しては第8節を参照されたい。

2　販売用不動産（棚卸資産）の評価

会計基準による販売用不動産等とは、販売用不動産および開発事業支出金（未成工事支出金等で処理されているものを含む）をいう（監査委員会報告第69号）。

この定義からすると、不動産業のなかでもデベロッパーといわれる開発事業者や在庫を保有する不動産販売業者などが、主たる法人となろう。これらの事業は規模にもよるが、数年単位の長期間での商品化を要するものもあり、その間に市況や需給の変化により、予定どおりの販売が困難となることもある。この場合、従前のような取得原価で評価をしたバランスシートでは企業の財務状況を正確に反映しているとはいえず、当該企業の利害関係者に予期せぬ損失を与えることにもなりかねない。

そこで、「棚卸資産の評価に関する会計基準」においては、通常の販売目的（販売するための製造目的を含む）で保有する棚卸資産は、取得原価をもって貸借対照表価額とし、期末における正味売却価額が取得原価よりも下落している場合には、当該正味売却価額をもって貸借対照表価額とする。この場合において、取得原価と当該正味売却価額との差額は当期の費用として処理する、とされている。

ここで、正味売却価額とは図表4−21のような概念である。

すなわち、完成物件である販売用不動産は単に売上げとなる販売見込額で評価するのではなく、そこから販売するために経費としてかかる広告宣伝費

図表 4 −21　正味売却価額

（出典）　筆者作成。

や手数料等を控除した正味のキャッシュフローをもって評価することとなる。

　同様に未完成となっている建物や造成地などの開発事業支出金については販売見込額から商品化するために必要な追加投資額および販売経費を控除した正味のキャッシュフローをもって評価をすることとなる。

　そして、それぞれの簿価と求められた正味売却価額とを比較し、前者が下回っていればその簿価を切り下げ、含み損を吐き出すことによりバランスシートの健全化が実現することとなる。これが、いわゆる「低価法」の適用である。

3　販売用不動産の評価による低価法適用のフロー

　販売用不動産に係る低価法はそのすべてについて行うのではなく、図表4−22のとおり、第1段階として重要性の判定、第2段階として販売用不動産の状況、第3段階として簿価切り下げの必要性の有無の判定の各段階を通じて行われる。このうち、第1段階と、第3段階は依頼者である企業が行い、不動産鑑定士は第2段階の販売用不動産の状況に応じた評価を行うこととなる。

　この場合、留意すべきなのは個別不動産の重要性の判定およびその販売計画などの情報提供は各企業において行われ、不動産鑑定士が価格調査として行うのは提供された情報に基づき個別不動産を評価することにある。ただ

図表 4-22　低価法適用のフローチャート

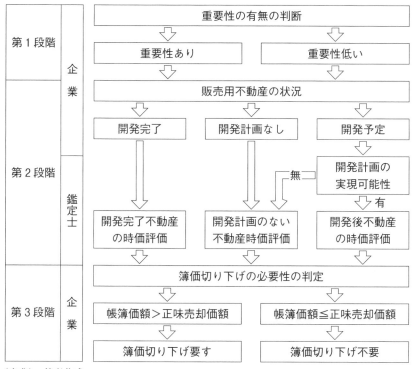

(出典)　筆者作成。

し、開発予定不動産についてはその開発計画が妥当であるかどうかの判断は不動産鑑定士が行い、開発計画に実現性が乏しいと判断される場合には開発計画のない不動産の時価評価として行うことになる。

4　重要性の有無・棚卸資産の状況による評価方法

　第1段階で依頼者である企業の判定の結果、重要性ありと判定された販売用不動産についての時価評価は「原則的時価算定」により評価され、それ以外の販売用不動産については「原則的時価算定」ないしは「みなし時価算

定」を行うことになる。

⑴　原則的時価算定

原則的時価算定とは鑑定評価基準にのっとった評価法で原価法・取引事例比較法・収益還元法・開発法等を対象不動産の特性に応じて適用して鑑定評価を行うものである。特に評価時点現在において商品化に至っていない未成の不動産については開発法が有効と考えられる。また、鑑定評価額の決定に際してはその開発計画の実現性と売却予定額が市場動向に照らして実現性のあるものであるかどうかが十分に吟味される。

販売用不動産の状況に応じて次の点に留意する必要がある。

a　分譲事業目的の不動産

類似性のある分譲事例の収集分析が重要であり、マンション分譲や戸建分譲の場合には近隣地域・同一需給圏内の類似地域における新規分譲事例との比較検討等から分譲計画・開発計画の妥当性を確認し、そのうえで開発法を適用する必要がある。

この場合、評価時点と分譲予定時点とに時間的乖離のある場合には分譲予定価格の下落リスクを開発法における販売予定価格や投下資本収益率に反映させる必要がある。

b　投資家向け販売用不動産

収益価格を重視するのは当然であるが、その価格算定の前提となる募集賃料、賃貸費用等の妥当性を十分に検証することが必要である。

c　開発を行わない不動産・開発計画の実現性の低い不動産

これらの場合には現状を所与とする販売見込額を算定するが、販売できる状態にあるとしても販売が実現しない理由について調査し、その理由によっては減価を要するかどうかの検討を行う必要がある。

⑵　みなし時価算定

原則的時価算定とは異なり、鑑定評価基準にのっとらない算定方法であ

り、鑑定評価基準に定められた評価手法のうち、いくつかを選択的に適用する算定方法である。対象不動産の「経済価値の判定」を行う点では原則的時価算定と機能的には同じであるが、評価の過程が簡便となっており、その成果物も「不動産鑑定評価書」ではなく、「調査報告書」「価格調査書」「意見書」等となる。

　適用局面としてはたとえば小規模な宅地分譲地であれば標準画地について比準価格を査定し、それを基準として各画地については格差率を適用して分譲地全体の価格を算定するなどである。

　また、さらに簡便な方法として「適切に市場価格を反映していると考えられる指標」を用いて算定することも許されており、たとえば公示価格、相続税路線価、固定資産税評価額などを用いて簡便に評価をすることである。この場合の評価は必ずしも不動産鑑定士が行う必要はない。

　以上のように「原則的時価算定」および「みなし時価算定」と鑑定評価業務、価格等調査業務との関係を整理すると図表4－23のとおりで、「原則的

図表4－23　鑑定法・価格等調査ガイドラインとの関係

準拠法等

不動産の鑑定評価に関する法律	鑑定評価等業務	
	鑑定法3条1項（鑑定評価業務）	鑑定法3条2項（隣接・周辺業務）

価格等調査ガイドライン	価格等調査業務		
	鑑定評価基準にのっとった鑑定評価	鑑定評価基準にのっとらない価格等調査	価格等調査以外の調査業務
	経済価値の判定	左記以外	価格等の表示なし
	「鑑定評価書」	「調査報告書」「意見書」等	

財務諸表のための価格調査に関する実務指針	財務諸表のための価格調査	
	〈原則的時価算定〉	〈みなし時価算定〉

（出典）　筆者作成。

第6節　販売用不動産（棚卸資産）の評価　289

時価算定」でも鑑定評価基準にのっとらない価格調査もあり、また、「みなし時価算定」のなかの簡便評価のなかには鑑定評価業務に該当しない場合もあることに留意する必要がある。

第7節 減損会計に係る評価

1 固定資産の減損会計の概略

(1) 定　義

　固定資産の減損とは、資産の収益性の低下により投資額の回収が見込めなくなった状態をいい、減損処理とはこのような場合に一定の条件下で回収可能性を反映させるように帳簿価格を減額する会計処理である。

　対象となる資産は企業の保有する仕入れ・生産・加工・貯蔵・販売等に用いる不動産であり、種別の観点からは宅地に限らず農地・林地・宅地見込地等を含み、類型の観点からは更地・建物およびその敷地・区分所有建物等のほとんどの類型が対象となる。また、リース資産・建設仮勘定のほか借地権などの権利もその対象となる。

　なお、「のれん（営業権）」は減損会計の対象ではあるが、不動産鑑定士による価格調査の対象外である。

(2) 回収可能価額とは

　回収可能価額は資産または資産グループの正味売却価額と使用価値のいずれか高いほうをいい、この回収可能価額が簿価を下回っている場合に減損損失を計上することとなる。

　これには資産の形態や運用の別に応じて次の2つがある。

a　正味売却価額

　正味売却価額とは資産または資産グループの時価から処分費用見込額を控

図表4－24　正味売却価額による減損損失

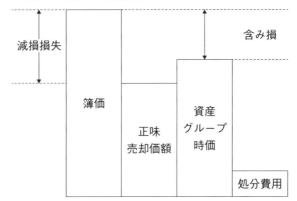

（出典）　筆者作成。

除して算定する。そしてこの正味売却見込額と簿価との差額が減損損失として認識・測定され、当期の特別損失として処理されることとなる（図表4－24参照）。

　ここで、時価とは市場価格を意味し、これが観察できる場合や合理的に見積もることができる場合以外では、その評価を不動産鑑定士が行うこととなる。

　この場合の評価は不動産の種別・類型・運用方法に応じて原価法・取引事例比較法・収益還元法等を併用ないしは選択して算定することになる。

　また、原価法における残存価格を算定する根拠となる耐用年数は税法上のものではなく、税法上の残存年数と著しい相違がない限り、当該資産が今後経済的に使用可能と予測される年数を用いることとなる。

b　使用価値

　もう1つの算定方法は時価評価を使用価値で測る方法である。使用価値は資産または新グループの継続的使用と使用後の処分によって生じると見込まれる将来キャッシュフローの現在価値をいい、DCF法と同様な考え方により算定されるものである（図表4－25参照）。

　この場合に資産運用計画が必要であるが、これは不動産鑑定士が独自に行

図表 4 −25　使用価値による減損損失

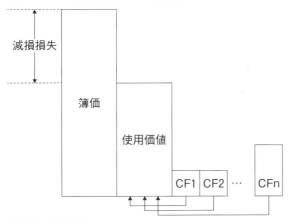

（出典）　筆者作成。

うものではなく、基本的には企業側の取締役会等で公式に意思決定された計画に基づき査定される。

　この場合の将来キャッシュフローの割引率の水準によって使用価値の価額が大きく変動するが、当該企業の資本コスト、市場で観察される類似不動産の平均値に固有リスクを反映させたとみられる合理的な収益率を用いるなどして、その客観性を保持する必要がある。

2　減損会計適用の手順

　減損会計の適用には「固定資産の減損に係る会計基準」により一定の手順が定められており、その手順に従い行うもので、おおむね以下の順序による。

　資産のグルーピング⇒減損の兆候の把握⇒減損損失の認定⇒減損損失の測定⇒減損損失の計上、となる。

(1) 資産のグルーピング

　企業の保有する不動産については賃貸ビルのように単独で運用されるものもあろうが、ほとんどの場合には複数の不動産が有機的に結合して1つのグループを構成し、このグループ全体が機能してキャッシュフローを生み出していることがほとんどであろう。

　そこで、店舗・工場など複数の資産の結合の状態をみて単一独立したキャッシュフローを構成しているものを1つのグループとして取り扱う。この場合にはグループを構成している個々の不動産を別々に評価するものではなく、グループ全体を1つの不動産資産としてそのキャッシュフローを評価の対象とするものである（図表4－26参照）。

　したがって、この場合の時価はキャッシュフローを生み出す使用価値をもって評価するということになる。このように有機的結合のある不動産を一体で評価しないで各不動産を単体で評価して合算しても一体評価を下回ることになろうが、このような評価は運用の実態を反映したものとはいえず、その簿価は企業のバランスシートの価値を正確に表示したものとはいえないため、キャッシュフロー生成の一体性をもって一体の不動産として取り扱うのである。

図表4－26　資産グルーピングのイメージ

（出典）　筆者作成。

(2) 減損の兆候

減損の兆候は、資産または資産グループの収益性が低下したことにより、投資額を回収できない可能性を示す事象が発生していることをいうもので、すべての資産を時価評価する前にまず、簡便な方法を用いて減損の兆候を把握するものである。

減損の兆候の判定は、基本的には企業が、企業内部の情報や企業外部の要因に関する情報などの通常の企業活動において実務的に入手可能な情報に基づいて判定することとされている。たとえば次のような事象が減損の兆候となる。

① 営業活動から生ずる損益またはキャッシュフローが2期連続で継続してマイナスとなっているか、またはマイナスとなる見込みである場合。

② 業態の変更等により使用範囲または方法について回収可能価額を著しく低下させる変化が生じたか、または生ずる見込みである場合。

③ 経営環境（市場環境、技術的環境、法律的環境等）の著しい悪化があり、保有資産の運用計画と乖離が生じ、有効な活用ができない状況に陥った場合。

④ 市場価格の著しい下落（少なくとも50％程度下落した場合が該当）がある場合。このような状況はいきなり生じるものではなく、長期間かけて取得原価との乖離が生じることがある。

上記のうち、市場価格の著しい下落を判定する場合に不動産鑑定士による「原則的時価算定」または「みなし時価算定」を行うこととなる。

(3) 減損損失の認識

資産または資産グループから得られる割引前将来キャッシュフローの総額が帳簿価額を下回る場合には減損損失を認識する。

減損損失を認識するかどうかを判定するために割引前将来キャッシュフ

第7節　減損会計に係る評価　295

ローを見積もる期間は、資産または資産グループ中の主要な資産の経済的残存使用年数と20年のいずれか短いほうとするとされている。20年とするのは予測の限界をふまえたものと考えられる。

⑷　減損損失の測定

減損損失を認識すべきであると判定された資産または資産グループについては帳簿価額を回収可能価額まで減額し、当該減少額を減損損失として当期の損失とする。

回収可能価額とは、次の①または②のいずれか高いほうの金額をいう。

　　①　正味売却価額：資産または資産グループの時価から処分費用見込額を控除して算定される金額

　　②　使用価値：資産または資産グループの継続的使用と使用後の処分によって生ずると見込まれる将来キャッシュフローの現在価値

この測定の段階で①正味売却価額、②使用価値を算定するのに不動産鑑定士が関与することになる。

この場合、①の不動産については原則的時価算定とし、重要性の乏しい不動産については原則的時価算定またはみなし時価算定を行うことになっている。

②については将来キャッシュフローの評価となるが、最終年のキャッシュフローについてはDCF法における復帰価格とほぼ同義であるため、将来時点の評価となる。ただし、これは予測の限界を超える可能性もあるため、その際には現在時点の評価に替えることとなる。

なお、この期間が予測の範囲内にある程度の短期間であれば将来時点を価格時点とすることも可能とされる。

⑸　原則的時価算定

原則的時価算定を行うにあたって、正味売却価額を算定する際の不動産の時価は、公正な評価額であり、通常は市場価格に基づく価額であるとされて

いる。したがって、求める価格の種類は、「正常価格」（市場性を有する不動産について、現実の社会経済情勢のもとで合理的と考えられる条件を満たす市場で形成されるであろう市場価値を表示する適正な価格＝鑑定評価基準による定義）である。この場合には次式が正味売却価格となる。

正味売却価格＝正常価格－処分費用見込額

鑑定評価基準にのっとらない価格調査を行う場合は、成果報告書には価格の種類ではなく、適用した鑑定評価の手法を記載する。

(6)　みなし時価算定

減損会計における正味売却価額を算出する際の不動産の時価をみなし時価算定を行って求めた場合には、成果報告書には、価格の種類ではなく、価格を求める方法を記載する。

3　減損会計のフローと不動産評価

以上の減損会計の過程をフローチャートで表現すると図表4-27のとおりとなる。

この過程において不動産鑑定士が関与するのは減損兆候の把握、減損損失の認識の判定、減損損失の測定、の各段階における不動産またはグルーピングされた不動産の時価評価である。

4　原則的時価算定における留意事項

原則的時価算定においては価格の三面性について十分に検討しなければならないが、実務上、減損対象資産は特定の業務目的に供されている不動産が多いと考えられることから、特に処分可能性の視点から収益性と市場性につ

第7節　減損会計に係る評価　297

図表 4 −27　減損会計適用のフローチャート

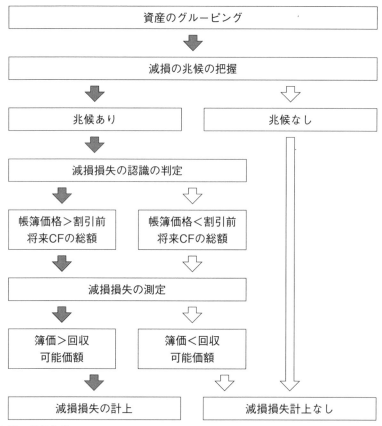

(出典)　筆者作成。

いての十分な検討を必要とする。

　また、ゴルフ場、ホテル等の事業用不動産等は市場性が劣り用途限定もあるので、これら不動産については特に収益性を重視して判断すべきである。

　以下に鑑定評価手法ごとの留意点をあげる。

(1)　原 価 法

　原価法は取得原価に減価修正を行うものであるが、市場性を十分に反映さ

せる必要がある。

①　会社財産を構成する不動産は、特定の業種の目的に供された用途限定のあるものが多く、需要者層が限定される。

②　過去の市況から収益性を著しく超える多額の投資がなされた経緯のあるものがあり、減価修正においては、対象不動産の市場性をふまえ、耐用年数に基づく方法と観察減価法を併用して、適切に積算価格を求める必要がある。

③　複合不動産について最有効使用の視点からの検討が市場性判断の有力な基準となる。

(2)　取引事例比較法

固定資産の減損に係る時価の算定のための価格調査を行う対象不動産は、複合不動産が主体であるので、この手法が有効でないことが多い。また、なかにはホテルやゴルフ場などの収益物件も多いので、これらについては収益還元法を優先すべきである。

(3)　収益還元法

対象不動産が賃貸用のビル・マンション等であればそれ単体でのグループ化ということになるのが通常であり、鑑定評価基準のとおりの収益還元法を適用すればよい。

注意する必要があるのは対象不動産およびグループ化された不動産が賃貸以外の生産・管理・販売を目的とする場合であり、その評価はおおむね図表4 −28のようなイメージとなる。

ᴀ　収益還元法の手法

収益価格を求める手法には直接還元法とDCF法とがあり、この2つの価格を比較検討して収益価格を求めることが望ましいとされているが、予測を行うための十分な資料が収集できない場合や純収益の変動が小さいと判断される場合は、直接還元法のみの適用でも可とされている。

第7節　減損会計に係る評価　299

図表 4 −28　グループ化された事業用不動産の評価イメージ

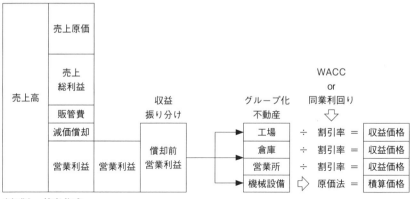

（出典）　筆者作成。

　賃貸ビルのように収益の変動が少ない場合には直接還元法で正確な時価評価となろうが、グループ化された不動産については直接還元法はなじまず、過去実績からみてある程度の将来予測ができる場合にはDCF法が有効な評価手法となろう。

　DCF法の評価式は以下のとおり。

$$PV = \sum_{k=1}^{n} \frac{a_1 \ldots a_k}{(1+r)^k} + \frac{RP}{(1+r)^n}$$

a_k：純収益

r：割引率

RP：復帰価格

$$RP = \frac{a_{n+1}}{R_t}$$

a_{n+1}：復帰翌年以降の標準収益

R_t：最終還元利回り

　この場合、減損の兆候の把握の段階と異なり、運用期間のキャッシュフ

ローや将来の回収見込額RPについては当該事業特有のリスクを織り込んだ適正な割引率をもって割り引くこととなる。

b 純収益の求め方

この場合の総収益はグループ化された不動産全体から生成させるものであり、事業収益に基づく不動産に帰属する純収益は、売上高から売上原価、販売費および一般管理費ならびに正常運転資金の利息相当額その他純収益を求めるために控除することを必要とする額を控除して求める。

次に各不動産に帰属する純収益を割り振る必要があるが、財務諸表、会計帳簿その他の資料に基づき、個別の不動産を対象として、適切に収益を配分する必要がある。この場合、必要に応じ、公認会計士の意見を徴するものとする。

また、対象不動産が工場等の生産設備で構成されていれば機械等に帰属する収益を控除する必要がある。この場合、機械等の価格を収益還元法以外の手法、特に原価法による積算価格を中心に求め、これに帰属する収益を把握して控除することになる。

c 適用割引率

対象不動産が単体の賃貸ビル・マンションであれば、同様の賃貸用不動産の取引に係る事例に基づく取引利回りまたは割引率を参考に危険率等を調整して求める方法で対応可能であるが、グループ化された不動産の場合には事業収益からその元本たる不動産の価格を求めることが必要となり、たとえば以下の方法が用いられる。

(a) 自己資金・借入金組合せ法

この方法は加重平均総資本コスト（WACC：Weighted Average Cost of Capital）と称され、以下の算式で求められる。

$$WACC = D_{rate} \times (1 - \tau) \times \frac{D}{D+E} + E_{rate} \times \frac{E}{D+E}$$

WACC：加重平均総資本コスト

D_{rate}：借入金利率

D：借入金

E_{rate}：自己資本期待収益率

E：自己資本

τ：法人税等

　この場合、自己資本期待収益率はCAPM（Capital Asset Pricing Model）を用いて算出する。

CAPMによる公式……$E_{rate} = R_F + \beta_i(\overline{R}_M - R_F)$

$\overline{R}_M$：市場での平均利回り

R_F：リスクフリーレート（国債等安全資産利回り）

β_i：市場の変動に対する感応度

　これらの数値を組み合わせて割引率を算定するが、求められた純収益が税引き前であるので、割引に用いるWACCもこれにあわせて調整する必要がある。

(b)　同業他社の固定資産利回り

　WACCは依頼企業が上場会社で用いる数値が株式市場で容易に把握できるのであれば適用もできるが、計算過程が複雑にすぎるので、同業他社の営業利益を当該会社の有形固定資産額（帳簿価額）で除することにより得られた数値を考慮して利回りを決定する方法も、簡便ではあるが、有効と考えられている。ただし、この場合減価償却後の営業利益であれば、減価償却額を加算して償却前営業利益に修正するか、あるいは依頼企業側の営業利益を償却後のものに修正するか、いずれかの方法で平仄をあわせる必要がある。

　なお、減損損失の認識の判定段階と減損損失の測定段階においてはキャッシュフローの割引の取扱いについて相違があることに留意する必要がある。

⑷　試算価格の調整

　時価を求める固定資産の減損に係る不動産は、用途の限定がある規模の大きい不動産が多数存在する場合が多いと考えられるので、試算価格の調整段階で次の点について留意する必要がある。

①　対象不動産の属する市場の特性、需給動向、特に対象不動産の競争力の面から需要者層について再吟味する。

②　規模の面から「単価と総額の関連」というよりは、「経営の最適規模」の視点が重要となる場合がある。

③　需要者層が同業者に限定される場合が多いので市場性の面から検討する。

④　ゴルフ場、ホテル等の事業用不動産等、市場性が劣る可能性の大きい用途限定ある不動産については収益価格を重視すべきである。

⑤　最有効使用の観点から構造的な不況業種でかつ転用が困難な工場や、土壌汚染等により経済的に大幅な減価が見込まれる不動産の場合には、特に注意を要する。

5　みなし時価算定における留意事項

　みなし時価算定の手法は減損の兆候の把握の段階と減損損失の認識の判定段階とで若干異なる。

⑴　減損の兆候の把握のための時価算定

　兆候の把握の段階では、公示価格を適正に補修正して規準価格と比較する、路線価を公示価格水準に補正して簿価と比較する、などの簡便な方法により行われるので、必ずしも不動産鑑定士による鑑定評価は必要でないことが多いとみられる。

　また、継続的な純収益からの算定においても期間収益と期間満了後の処分

第7節　減損会計に係る評価　303

についても原則的時価算定の場合と異なり、割引前のキャッシュフローとの比較となり、その最長期間も20年とされている。

(2) 減損損失の認識の判定のための時価算定

「固定資産の減損に係る会計基準」においては「将来時点における正味売却価額を求めることが困難な場合には、現在の正味売却価額を用いることができる」とされているため、実務においては、将来の正味売却価額は現時点の価額で代替して対応することとなる。

また、重要なことは減損損失の認識の判定は、減損の存在が相当程度に確実であるかどうかを確認するために行うものであり、必ずしも厳密に企業が売却等により受け取ることのできる価額である必要はない、とされており、そのため実務上は、減損損失を認識しないという判断が簡便な方法によっても可能であると判断されたため、鑑定評価の手法を適用するには至らないケースも多いとみられる。

(3) 減損損失の測定における時価算定

減損損失の測定についても実務上は現時点の価額で代替することができるとされているため、減損損失の測定においても鑑定評価の手法によらない簡便な方法によることができるとされている。

したがって、鑑定評価の手法の適用が必要とされるのは、路線価等の指標で測ることがむずかしい、製造工場、ゴルフ場、ホテル等の事業用不動産等や大規模画地、個別性の強い収益用不動産等に限定されるであろうと考えられる。

第8節 不動産の流動化・証券化に係る評価

1 流動化・証券化とは

(1) 不動産証券化の概要

　資産の流動化とは、流動性が低い資産を、特定の資産保有を目的とするために設立された主体に移転させ、当該資産が生み出すキャッシュフローを原資に資金調達する手法であり、流動性の低い資産を高い資産へと転換させる仕組みである。そして、証券化とは流動化のなかでも資金調達に関して有価証券の発行を手段とする手法である。

　不動産の証券化は、不動産から生み出される収益を原資として有価証券を発行し、投資家から資金調達する手法である。法的・会計的に独立した投資ビークル（Special Purpose Vehicle。以下「SPV」という）へ不動産を譲渡したうえで、SPVが保有する物件の経済的価値を裏付けとして証券を発行するため、所有者の信用力や業績に影響されず資金を調達することができる。また、投資家としては、実物だと流動性が低く多額の資金と専門的な知見が必要な不動産への投資が、小口化された有価証券への投資となることでリスクを分散しながら不動産から生み出される収益を享受することができるようになる。なお、証券取引所に上場した不動産投資法人をJ-REITといい、誰でも市場で証券を取引することができる。

　SPVは、投資家や金融機関から資金を受け入れ、不動産の取得・保有・処分を行い、得られた収益を投資家等に分配する役割を有するが、実態がないため、実務は後述する各プレーヤーが担当する。SPVは組成に関して適用さ

図表4-29 不動産証券化の全体像

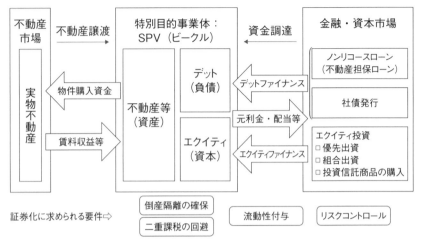

（出典） 国土交通省ウェブサイト（https://www.mlit.go.jp/common/001059020.pdf）。

れる法律によってさまざまな種類に分類される。代表的なものとしては資産の流動化に関する法律に基づく特定目的会社（TMK：Tokutei Mokuteki Kaisha）、投資信託及び投資法人に関する法律に基づく投資法人、会社法に基づく合同会社などがあげられる（図表4-29参照）。

(2) 不動産証券化の仕組み

不動産の証券化は、証券化の対象となる不動産をSPVへ譲渡し、SPVは当該不動産から生み出される収益等を裏付けとして投資家や金融機関等から資金を調達して所有者へ売却代金を支払い、投資家や金融機関等は当該不動産から得られる収益を「配当」や「元利払い」といったかたちで受け取るという構造である。

不動産証券化へ求められる要件として、倒産隔離と二重課税の回避があげられる。

倒産隔離とは、証券化対象不動産の原所有者が倒産した場合にSPVを破綻

から守る仕組みである。破産管財人や債権者が証券化した不動産の譲渡行為の否認や取消しを主張する事態が発生すると、投資家は配当や元本の償還を受けられなくなるなど不測の損害を受けるため、投資家保護の観点から原所有者の倒産リスク遮断は重要である。また、倒産隔離にはSPV自体の倒産防止措置も含まれる。原所有者の倒産リスクを防いだとて、SPV固有の理由で倒産しては結局投資家が保護されない。そのため、議決権所有者に対して倒産申立てを禁ずる誓約書の要求や、不動産経営に通常必要と認められる範囲外の債務負担を避けるなどの措置が必要となる。

不動産証券化における二重課税とは、不動産を運営するSPVが法人税を課され、配当等を受領する投資家も所得税・法人税を支払う状態を指す。不動産の証券化では、投資家利益を最大化させることで不動産の証券化を普及するため、二重課税を回避する方法として、SPVが課税主体とならないようパス・スルー方式とペイ・スルー方式が考案された。

パス・スルー方式とは課税主体とならないSPVを採用する方法で、ペイ・スルー方式はSPVは課税主体であるが投資家への配当金を損金算入することにより課税所得を圧縮する方法である。

⑶　プレーヤー

不動産証券化の市場規模は年々拡大を続け、SPVが所有する不動産等の資産総額は平成27年の約29.9兆円から令和4年の約53.3兆円へと増大している（図表4－30参照）。

不動産証券化は不動産分野と金融分野にまたがる領域であるため、従来よりも関連するプレーヤーは複雑多岐にわたる。以下では代表的なプレーヤーを抜粋して解説する。

- ○　オリジネーター：証券化対象不動産の原所有者。
- ○　投資家：投資対象に応じてデット投資家とエクイティ投資家に分かれる。特に、ノンリコースローンを実行する金融機関のことをレンダーという。

図表4−30　不動産証券化の市場規模

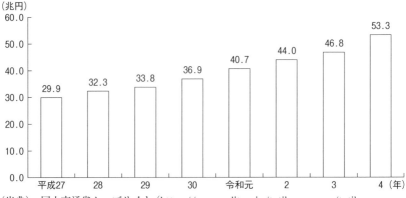

（出典）　国土交通省ウェブサイト（https://www.mlit.go.jp/totikensangyo/totikensangyo_tk5_000209.html）。

- アレンジャー：証券化スキームを構想し、オリジネーターや投資家などと協議しながら全体像を構築する役割であり、証券会社や信託・都市銀行などの金融機関、不動産会社が担当する。
- アンダーライター：証券化商品の発行に際して引受けを行う証券会社。
- 信託受託者：オリジネーターがSPVに譲渡する際は信託受益権化することが多く、主に信託銀行が担当する。
- 格付機関：債権の安全性・確実性を評価し投資家へ提供する機関。
- アセットマネージャー：証券化対象不動産の管理・運営を担当し、意思決定を行う。
- プロパティマネージャー：アセットマネージャーからの委託を受け具体的な管理業務を担当する。
- 不動産鑑定事務所：不動産を調査し、投資価値やリスクを判断する手段として不動産鑑定評価書を発行する。
- 弁護士事務所：証券化スキームの法律面におけるチェックなど法的調査を担当する。

- 監査法人・会計事務所：SPVの監査を担当する。
- 税理士法人：株式会社と比べて税務上の優遇措置がとられているSPVについて要件の充足などをチェックする。

2 デューデリジェンスとは

デューデリジェンスは適正評価手続などとも呼ばれ、投資対象に対する経済価値やリスクなどを洗い出し、意思決定の参考とするレポートである。不動産の証券化にあたっては、SPVから委託を受けたアセットマネージャーが、不動産固有のリスクについて見えざる情報を顕在化させるため各種専門家らに依頼して取得し、必要に応じて公表される。

不動産の証券化におけるデューデリジェンスは主に法的調査、経済的調査、物理的調査に大別される（図表4－31参照）。

法的調査は、スキームのリーガルチェックのほか、個別物件の権利関係や

図表4－31　デューデリジェンス

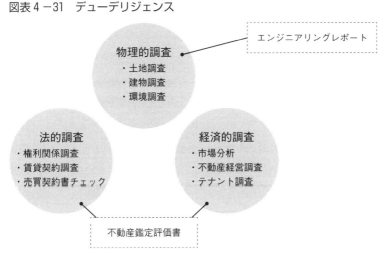

（出典）　大和ハウス工業株式会社ウェブサイト（https://www.daiwahouse.co.jp/tochikatsu/souken/business/column/clm102.html）。

売買・賃貸借契約書等を不動産鑑定士や弁護士が調べる。経済的調査は、不動産鑑定評価書において証券化対象不動産が属する市場を分析し、個別物件のレントロール等収益資料から経営状況を調べ、適正な経済価値を評価する。物理的調査は、不動産鑑定士や建築士が土地・建物の物理的要因やアスベストなどの環境要因を調査する。特に建物については耐震性など建物の現況を把握するものから、長期修繕費の見積りや経済的耐用年数など将来にわたる予測を含むものであり、適正な経済価値を把握するためにも重要な役割を果たしている。

　エンジニアリング・レポートはERとも呼ばれ、建築士など建物の専門家により対象建物に内在する物理的なリスクを評価した物理的調査のレポートである（図表4－32参照）。証券化対象不動産は不動産分野と金融分野の幅

図表4－32　エンジニアリング・レポートの構成

調査報告書		調査項目
□建物状況調査		□立地・建築・設備概要調査 □更新・改修履歴及び更新・改修計画の調査 □構造概要調査、設計基準
		□遵法性
		□緊急を要する修繕更新費用 □短期修繕更新費用 □長期修繕更新費用
		□再調達価格の算定
□建物環境リスク評価	□フェーズⅠ	□アスベスト
		□PCB
		□その他の調査項目
□土壌汚染リスク評価	□フェーズⅠ	□土壌汚染の可能性
□地震リスク評価		□地震による予想最大損失（PML）

（出典）　公益社団法人ロングライフビル推進協会（BELCA）ウェブサイト（https://www.belca.or.jp/er-ippan/er-kousei.htm）。

310　第4章　鑑定評価が必要とされるケース

広い融合のすえ成立しているものであるが、不動産分野はさらに土地・建物に分類され、特に建物は建築に関する専門的な知識および実務的な経験を要するため、一般の投資家にとって自ら調査することには限界がある。

エンジニアリング・レポートは、一般的に建物状況調査、建物環境リスク評価、土壌汚染リスク評価、地震リスク評価で構成され、複数の専門家によって作成される。

建物状況調査は、設計図書や物件管理資料等の書類調査および現地調査により建物の現況や経過年数、安全性、遵法性などを確認し、あわせて施設管理者へヒアリングすることで建物の設計・構造から現実の保守・管理状況を確認する。一般的に遵法性調査、修繕更新費用の査定、再調達価格の算定で構成される。

遵法性調査は建築基準法や消防法などの適合性について手続や届出等の不備がないか、適切に施工されているかなどを調査する。修繕更新費用の査定は、人命や安全にかかわる事項など緊急を要する修繕更新費用、1年以内に修繕・更新が推奨される短期修繕更新費用、長期的な修繕計画に基づいて実施される長期修繕更新費用を査定する。再調達価格の査定は、調査時点において対象となる建物を新たに建築した場合における建築費を査定するものである。

建物環境リスク評価は、現在では使用が制限・禁止されている物質が建物に内在していないかを調べる。特に、アスベストとPCBについては必ず調査が行われ、使用されている場合は処分費用なども見積もることになる。

土壌汚染リスク評価は、証券化対象不動産の土壌環境において汚染物質が存在する可能性について調査を行う。役所調査や航空写真、住宅地図等から情報収集し、現地調査および、施設管理者へヒアリングを行うことで、汚染物資の有無および漏洩リスクについて判断を行う。

地震リスク評価は、地震による対象不動産の経済的な損失をPML（Probable Maximum Loss）によって数字として評価する。PMLとは、建物の経済的耐用年数期間に発生すると予想される地震による最大の物的損失額の再調

第8節　不動産の流動化・証券化に係る評価　311

達価格に対する割合を指す。なお、PMLは評価会社が独自に算定式や評価モデルを構築しているため、同一の建物であっても異なるPMLが算定されることも起こりうる。

3　証券化対象不動産の評価

　鑑定評価基準では、各論第3章を証券化対象不動産の価格に関する鑑定評価とし、証券化対象不動産の評価に1章分のページを割いている。そして、「証券化対象不動産の鑑定評価は、この章の定めるところに従って行わなければならない」と強く要請している。

　鑑定評価基準では、次のいずれかに該当する不動産（信託受益権を含む）を証券化対象不動産と定義づけている。

　　○　資産の流動化に関する法律に規定する資産の流動化ならびに投資信託及び投資法人に関する法律に規定する投資信託に係る不動産取引ならびに同法に規定する投資法人が行う不動産取引

　　○　不動産特定共同事業法に規定する不動産特定共同事業契約に係る不動産取引

　　○　金融商品取引法2条1項5号、9号（もっぱら不動産取引を行うことを目的として設置された株式会社）、14号および16号に規定する有価証券ならびに同条2項1号、3号および5号の規定により有価証券とみなされる権利の債務の履行等を主たる目的として収益または利益を生ずる不動産取引

　証券化対象不動産は流動性の低い不動産を証券化することで高い流動性を確保させるものである。したがって、現物不動産の評価と比べて鑑定評価が影響を及ぼす範囲が広範にわたることから、不動産鑑定士は依頼者のみならず広範な投資家等に重大な影響を及ぼすことを考慮するとともに、不動産鑑定評価制度に対する社会的信頼性の確保等について重要な責任を有していることを認識し、証券化対象不動産の鑑定評価の手順について常に最大限の配

312　第4章　鑑定評価が必要とされるケース

慮を行いつつ、鑑定評価を行わなければならない。そして、関係者が多岐に
わたり利害関係が複雑であることも多いことから、依頼目的および背景と利
害関係者について次の事項を不動産鑑定評価書に記載しなければならない。

○　依頼者が証券化対象不動産の証券化に係る利害関係者（オリジネー
　　ター、アレンジャー、アセットマネージャー、レンダー等）のいずれ
　　であるかの別

○　依頼者と証券化関係者との資本関係または取引関係の有無およびこ
　　れらの関係を有する場合にあっては、その内容

○　その他依頼者と証券化関係者との特別な利害関係を有する場合に
　　あっては、その内容

　証券化対象不動産の鑑定評価にあたっては、不動産鑑定士は、依頼者に対
し当該鑑定評価に際し必要なエンジニアリング・レポートの提出を求め、そ
の内容を分析・判断したうえで、鑑定評価に活用しなければならない。ただ
し、エンジニアリング・レポートの提出がない場合またはその記載された内
容が不十分であると認められる場合には、不動産鑑定士が調査を行うなど鑑
定評価を適切に行うため対応するものである。この場合は、たとえば、すで
に鑑定評価が行われたことがある証券化対象不動産の再評価をする場合や証
券化対象不動産が更地である場合等が考えられる。

　証券化対象不動産の評価方法だが、鑑定評価基準では収益価格を求めるに
あたって、DCF法[3]を適用しなければならないとし、あわせて直接還元法を
適用することにより検証を行うことが適切であると規定している。これは、
一般的にDCF法のほうが説明性に富むからだといわれている。

　過去に同一の不動産鑑定士が鑑定評価を行ったことがある不動産の再評価
であって、定期的に鑑定評価を行う場合を継続評価という。この場合におい
ては、前回評価との整合性を十分に検討することのほか、次の点に留意する

3　DCF（Discounted Cash Flow）法とは、収益価格を求める手法であり、連続する複
　数の期間に発生する純収益および復帰価格を、その発生時期に応じて現在価値に割り引
　き、それぞれを合計する方法。

必要がある。

　継続評価に係る依頼の受託および評価の手順等については、基本的には新規に鑑定評価を依頼される場合と変わることはない。特に、建物の増改築または大規模修繕の有無については、前回評価以降に変化していることがあるので、依頼の受託時において依頼者に建物状況の変化の有無等について確認を行う必要がある。

　継続評価では、対象不動産の取得時とは異なり、価格時点にあわせて作成された新たなエンジニアリング・レポートが入手できないことがあるが、建物の増改築等の建物に係る個別的要因に大きな変更があった場合には、エンジニアリング・レポートを再取得するように依頼者に要請することが望ましい。また、大きな変更がない場合においても、エンジニアリング・レポートの作成後おおむね3年から5年経過しているときには同様の取扱いとする。建物に係る賃貸借契約内容等の確認にあたっては、継続している契約について条件等に変更がないことを依頼者に確認のうえ、前回評価の価格時点以降に変更になった契約についてのみ賃貸借契約書の確認を行うなど、以前提示を受けた資料を活用することにより、賃貸借契約書等の確認の一部を省略することができる。また、実地調査における内覧については、内覧の全部または一部を省略することができる。

　証券化対象不動産の価格調査は、鑑定評価基準において独立した章を設けていることからも鑑定評価基準にのっとって行う必要があるが、継続評価においては、前回評価から現在までの間において価格形成要因に重要な変化がないと認められる場合には、一部の評価手法を省略のうえ、鑑定評価基準にのっとらない価格調査を行うことができる。

4　不動産特定共同事業法

　不動産小口化商品とは、高額な現物不動産を細分化し、1口当りの購入単価を下げ投資家に販売する商品である。小口化商品自体は昭和62年頃から存

在するが、バブル経済崩壊に伴い取扱業者の倒産が相次いだため、投資家保護を目的として不動産特定共同事業法が成立した。

不動産特定共同事業とは、不動産特定共同事業契約に基づき営まれる不動産取引から生じる収益または利益の分配を行う行為と、動産特定共同事業契約の締結の代理または媒介をする行為の2つが事業として定義され、同法に基づく小口化商品を扱う業者を不動産特定共同事業者とし、資本金や宅地建物取引業者免許等の一定の要件を設け、許可制とした。そして、不動産特定共同事業契約として任意組合型契約、匿名組合型契約、賃貸型契約、外国法令に基づく契約等が定められている。

このうち、実務上利用が多い匿名組合型とは、不動産特定共同事業者が匿名組合営業者となり、投資家から匿名組合に出資を集め、現物不動産を取得し運用して得た収益を投資家に分配する方式である。匿名組合型は、複数の投資家がいる場合でも事業者と1対1で匿名契約を締結すること、対象の不動産所有とその関連業務執行権がすべて事業者に帰属すること等が特徴である（図表4－33参照）。

不動産特定共同事業法に基づく小口化商品は、現物不動産を複数の投資家が共同所有する方式であることから、相続対策として利用されるケースが多

図表4－33　不動産特定共同事業法に基づく不動産証券化

（出典）　国土交通省ウェブサイト（https://www.mlit.go.jp/common/001059020.pdf）。

い。

　相続税評価においては相続税路線価を利用するが、流動性の観点から相続税路線価は地価公示地価格水準の8割であるため、相続税対策として不動産が購入されることがある。同法に基づく小口化商品も現物不動産の共有であるため、相続税評価は相続税路線価を利用することになる。小口化商品は都心の商業地など相続税路線価よりも高額に取引されるエリアに立地する不動産であることが多いため、一般的な不動産よりも相続税対策としての性質が強いといえる。

　しかしながら、小口化商品といえども不動産であることから、値下りや流動性の低さなど不動産固有のリスクがあり、さらには不動産特定共同事業者の倒産リスクや相続税評価方法の変更リスクなども想定される。

第9節 土壌汚染の可能性のある土地の評価

　人の生活の基盤となる土地において、環境および人の健康に害を及ぼす物質が存する場合、その土地は忌避され、市場価値を減ずることとなる。

　実務のうえでは、原則として土壌汚染対策法2条1項に規定されている特定有害物質を中心として、各自治体の条例およびダイオキシン類対策特別措置法や水質汚濁防止法等において対象とする有害物質が、各法令等の基準値を超えて存在すれば、価格形成に大きな影響があるものと解している。

　なお、土壌汚染対策法は、土壌汚染の状況を把握し、人の活動に伴う健康に係る被害の防止の観点から規定されており、存在する土壌汚染をなくすことではなく、リスクコントロールによって、人の生活環境において健康に影響を与えないことがポイントとなっている。一方、不動産鑑定評価において考慮すべきは、対象となる不動産の価格形成に影響があるかどうかであって、必ずしも各法律や条例で規制されている物質や事象に限定されず、規制外の物質、程度、心理的嫌悪感（スティグマ）などを含む点には注意を有する。

1　土壌汚染とは

　土壌汚染とは、土地のなかに人の永続的な生活に悪影響を及ぼす物質が一定量以上包含されている状態をいうものである。また、不動産鑑定評価における「土壌汚染」とは、価格形成に大きな影響がある有害物質が地表または地中に存することであり、不動産の価格形成に影響を与える個別的要因の1つとして位置づけられている。人の生活の基盤となる土地において、環境お

よび人の健康に害を及ぼす物質が存する場合、その土地の利用が制限され、土壌汚染に対する措置を講じる費用が生じたり、心理的に忌避されたりするなど、市場価値を減ずることとなる。

不動産鑑定評価においては、日本の土壌汚染対策の基幹ともいえる土地汚染対策法における特定有害物質を中心として、ダイオキシン類対策特別措置法、水質汚濁防止法、都道府県等における条例などに規制される物質の存否およびその基準超過の程度を確認し、それを経済的な価値に置き換えることにより価格形成への影響度を測ることとなる。

(1) 特定有害物質

土壌汚染対策法は、以下の3種に特定有害物質を分類している。

a 第一種特定有害物質（揮発性有機化合物、VOC：Volatile Organic Compounds）

揮発性を有し不燃性であり、油の溶解力が強いという特性をもつ。この特性から、工業製品の洗浄溶剤としての利便性が高く、電子精密機器の洗浄、金属製品製造における前処理、ドライクリーニングの溶剤として広範に利用されてきた経緯がある。代表的な揮発性有機化合物としてはトリクロロエチレン、テトラクロロエチレン、ベンゼン、ジクロロエチレンなどがある。ベンゼンを除く揮発性有機化合物（VOC）は水よりも比重が重いため、地中深くに浸透していき、不透水層である粘土層上に滞留する。地下水の水流により拡散する場合もある。

b 第二種特定有害物質（重金属等）

重金属等は、工業製品の原材料などとして利用される鉱物資源である。代表的な重金属等としては鉛およびその化合物、砒素およびその化合物などがある。土壌粒子に吸着しやすい特性をもつため、地中深くには浸透せず、地表付近に蓄積する。ただし、土壌の保持容量を超過した場合や一部六価クロムなど溶出度の比較的高いものは、地中に浸透する可能性があると考えられる。

c　第三種特定有害物質（農薬等）

　農薬等は、農作物などの病害の防除、害虫駆除のほか、除草等の目的から、農地等に直接的かつ広範に散布される。代表的な農薬等としてはシマジン、チウラムなどがある。農薬は、直接散布により土壌に取り込まれるとともに、雨水・農業用水等により溶出する。

(2)　土壌汚染対策法上の土壌汚染

　土壌汚染対策法は、「土壌の特定有害物質による汚染の状況の把握に関する措置及びその汚染による人の健康に係る被害の防止に関する措置を定めること等により、土壌汚染対策の実施を図り、もつて国民の健康を保護する」（同法1条）とし、その目的から「土壌汚染の状況の把握に関する措置」のための基準と「健康被害の防止に関する措置」の基準の2つの概念を有する。これは、土壌汚染の問題をより実態的な人の健康被害にフォーカスし、土壌汚染の存在のみならず、その摂取経路があってこそ健康被害が生じるとの認識に立って、そのリスクを土壌汚染の存在の有無とその特定有害物質を摂取する機会（摂取経路）の遮断に分けて捕捉しようとするものである（図表4−34参照）。

a　「土壌汚染の状況の把握に関する措置」のための基準

　特定有害物質の土壌における存否に関し①特定有害物質が溶け出した地下水等経由の摂取リスクの観点からの「土壌溶出量基準」と②土壌が舞い上がるなどして、口や鼻などから体内に取り込まれる直接摂取リスクの観点からの「土壌含有量基準」がある。

b　「健康被害の防止に関する措置」のための基準

　特定有害物質の人体への摂取経路の有無に関し①土壌溶出量基準に不適合時は、周辺の土地において地下水の飲用等があるかどうかと②土壌含有量基準に不適合時は、人が立ち入ることができる土地かどうか等がある。

c　土壌汚染の定義

　上記a・bのうち土壌汚染対策法での土壌汚染とは、aの「土壌汚染の状

図表 4 −34　特定有害物質の種類

特定有害物質の種類		〈地下水の摂取などによるリスク〉 土壌溶出量基準	〈直接摂取によるリスク〉 土壌含有量基準
（揮発性有機化合物）第一種特定有害物質	クロロエチレン	検液1Lにつき0.002mg以下であること	
	四塩化炭素	検液1Lにつき0.002mg以下であること	
	1,2-ジクロロエタン	検液1Lにつき0.004mg以下であること	
	1,1-ジクロロエチレン	検液1Lにつき0.1mg以下であること	
	1,2-ジクロロエチレン	検液1Lにつき0.04mg以下であること	
	1,3-ジクロロプロペン	検液1Lにつき0.002mg以下であること	
	ジクロロメタン	検液1Lにつき0.02mg以下であること	
	テトラクロロエチレン	検液1Lにつき0.01mg以下であること	
	1,1,1-トリクロロエタン	検液1Lにつき1mg以下であること	
	1,1,2-トリクロロエタン	検液1Lにつき0.006mg以下であること	
	トリクロロエチレン	検液1Lにつき0.01mg以下であること	
	ベンゼン	検液1Lにつき0.01mg以下であること	
（重金属等）第二種特定有害物質	カドミウム及びその化合物	検液1Lにつきカドミウム0.003mg以下であること	土壌1kgにつきカドミウム45mg以下であること
	六価クロム化合物	検液1Lにつき六価クロム0.05mg以下であること	土壌1kgにつき六価クロム250mg以下であること
	シアン化合物	検液中にシアンが検出されないこと	土壌1kgにつき遊離シアン50mg以下であること

320　第4章　鑑定評価が必要とされるケース

	水銀及びその化合物	検液1Lにつき水銀0.0005mg以下であり、かつ、検液中にアルキル水銀が検出されないこと	土壌1kgにつき水銀15mg以下であること
	セレン及びその化合物	検液1Lにつきセレン0.01mg以下であること	土壌1kgにつきセレン150mg以下であること
	鉛及びその化合物	検液1Lにつき鉛0.01mg以下であること	土壌1kgにつき鉛150mg以下であること
	砒素及びその化合物	検液1Lにつき砒素0.01mg以下であること	土壌1kgにつき砒素150mg以下であること
	ふっ素及びその化合物	検液1Lにつきふっ素0.8mg以下であること	土壌1kgにつきふっ素4,000mg以下であること
	ほう素及びその化合物	検液1Lにつきほう素1mg以下であること	土壌1kgにつきほう素4,000mg以下であること
第三種特定有害物質（農薬等／農薬＋PCB）	シマジン	検液1Lにつき0.003mg以下であること	
	チオベンカルブ	検液1Lにつき0.02mg以下であること	
	チウラム	検液1Lにつき0.006mg以下であること	
	ポリ塩化ビフェニル（PCB）	検液中に検出されないこと	
	有機りん化合物	検液中に検出されないこと	

(注)　令和2年4月2日に土壌汚染対策法施行規則の一部を改正する省令（令和2年環境省令第14号）が公布され、カドミウム及びその化合物、トリクロロエチレンの基準が改正された。この施行は令和3年4月1日。
(出典)　環境省作成パンフレット「土壌汚染対策法のしくみ」23頁。

況の把握に関する措置」のための基準に不適合の土壌の状態をいうものである。

　なお、土壌汚染対策法の特定有害物質に指定されていないダイオキシンなどの土壌汚染物質の規制に係る「ダイオキシン類対策特別措置法」「農用地の土壌の汚染防止等に関する法律」「水質汚濁防止法」「廃棄物の処理及び清掃に関する法律」等が適用される土壌汚染についても鑑定評価においては同様に考慮すべき対象とするものである。

第9節　土壌汚染の可能性のある土地の評価　321

⑶ 土壌汚染の発生原因

特定の地域において自然的要因により砒素や鉛を有する地域も存するが、それ以外に人為的要因による評価上留意すべき具体的な例として、①有害物質を取り扱っている工場等での有害物質使用上の漏洩、②同様の工場等における、有害物質の保管上の漏洩、③有害物質を含む廃棄物埋立地からの漏洩などが考えられる。

環境省による「令和3年度土壌汚染対策法の施行状況及び土壌汚染調査・対策事例等に関する調査結果」によれば、令和3年度に指定された要措置区域等において、基準不適合となった特定有害物質を業種区分別にみると、揮発性有機化合物（VOC）のみによる基準不適合件数は洗濯業を含む「生活関連サービス業、娯楽業」が最も多く、重金属等のみおよび複合汚染による基準不適合件数は金属製品製造業を含む「製造業」が最も多くなっており、当該業種の工場等の跡地には特に注意を有する。

2　汚染の有無と範囲の調査

土壌汚染による価格形成要因への影響を検討するにあたり、まずは土壌汚染の状況を把握する必要がある。

土壌汚染状況調査は、工場・事業場の敷地であった土地のすべての区域を対象として、以下の手順で行われ、その調査結果をふまえ汚染を有する区画につき必要に応じ汚染除去等の対策工事が施される（図表4−35参照）。

⑴ フェーズⅠ

資料等調査は、調査対象となる土地およびその周辺の土地について、過去の利用履歴の確認を資料収集や聞き取り、現地確認によって行う。またこれは、フェーズⅡの試料採取等の対象とすべき特定有害物質の種類の特定および調査対象地の土壌汚染の存在するおそれの区分の分類を行う基礎となるも

図表4 −35　土壌汚染調査のフェーズ

フェーズⅠ	フェーズⅡ	フェーズⅢ
資料等調査	概況調査	汚染除去等対策工事
土壌汚染のおそれの可能性の有無を調査	土壌汚染の有無を調査	土壌汚染の広がりを把握し、汚染除去等計画の作成・実施
地歴調査等	表層土調査等	掘削除去等

(注)　土壌汚染リスク評価においては、フェーズⅡのボーリング調査を詳細調査と称してフェーズⅢとする場合もある。土壌汚染リスク評価における自主調査の調査呼称に対応する内容は、ばらつきがみられ、土壌汚染対策法上の土壌汚染状況調査とも位置づけに差異がある場合があるため、実際の調査においては呼称にかかわらずその内容を確認しなくてはならない。土壌汚染対策法上は、汚染除去等計画の作成のための汚染状態にある土壌の範囲および深さによる広がりを確定する詳細調査は、汚染の除去等の措置に位置づけられている。
(出典)　筆者作成。

のである。調査する公的資料の主なものには、過去から現在までの①土地および建物の登記簿謄本、②地形図・住宅地図、③航空写真、④地質図・柱状図、⑤土壌汚染対策法、水質汚濁防止法、下水道法および各自治体の条例等の指定・届出、環境にかかわる書類等がある。その他、対象地の現地調査および関係者へのヒアリング等を総合的に分析し、土壌汚染の可能性の有無を判断する。資料等調査（地歴調査）の結果、汚染のおそれの可能性がない場合には、原則的に調査終了となる。ただし、資料等調査だけでは精度が劣るため、依頼者の意向にあわせ概況調査を行う場合がある。

(2)　フェーズⅡ

　概況調査は、フェーズⅠで、土壌汚染の可能性があるとされた場合に、実際に現地にて土壌汚染が存在するおそれの区分に応じてサンプリングを行い、土壌汚染の有無を判断するものである。

　なお、土壌汚染が存在するおそれの区分とは、過去から現在における利用状況に基づき土壌汚染の可能性に応じて分類した図表4 −36の区分をいう。

図表 4 −36　土壌汚染が存在するおそれの区分

土壌汚染のおそれの区分	
土壌汚染が存在するおそれがないと認められる土地	従業員の福利厚生目的等で利用している事業目的以外の土地（社員寮、駐車場、体育館等）
土壌汚染が存在するおそれが少ないと認められる土地	事業目的で利用している土地のうち、特定有害物質を扱う施設の敷地以外の土地（従業員が出入りする事務所、作業場、倉庫等）
土壌汚染が存在するおそれが比較的多いと認められる土地	上記以外の土地（有害物質の埋設地、有害物質の使用・貯蔵施設およびその配管連結施設等）

（出典）　筆者作成。

図表 4 −37　調査範囲

土壌汚染のおそれの区分	
土壌汚染が存在するおそれがないと認められる土地	試料採取なし
土壌汚染が存在するおそれが少ないと認められる土地	30m×30mのメッシュにより試料採取
土壌汚染が存在するおそれが比較的多いと認められる土地	10m×10mのメッシュにより試料採取

（出典）　筆者作成。

　フェーズⅠの結果に基づき、土壌汚染のおそれがある有害物質の種類を選定し、土壌汚染のおそれの区分に応じて調査範囲を区画割りする（図表4−37参照）。

　次に有害物質の種類および土壌汚染の存在するおそれの区分に基づいて、サンプリングを行う。サンプリングでは、特定有害物質の特性に着目し第一種特定有害物質（揮発性有機化合物）は土壌ガス調査を行い、ガスの検出があった場合は地表から10mまでボーリングを行い、採取した試料を分析して基準値を超えたら、汚染ありとなる。これに対し、第二種・第三種特定有害物質（重金属類・農薬類・PCB）は、土そのものを採取して分析を行い、基

準値を超えれば、汚染ありと判断される。

(3) フェーズⅢ

概況調査によって汚染の確認された区画について、ボーリング調査を行い、土壌汚染の深度および地下水等の汚染の広がりを調査し作成した汚染除去等計画に従って実施措置を行う。土壌を掘削し入れ替えることで特定有害物質を除去するなどのほか、薬剤や微生物により健康被害の出ない濃度に低減するなどの処置を講じる。

3　対策措置と費用の算定

(1)　対策措置

土壌汚染状況調査の結果、指定基準を超過しているときは、健康被害のおそれの有無に応じて、掘削除去等の対策を行う。

土壌汚染対策には、主に以下のものが存する。

　①　地下水の摂取等によるリスクの観点からの措置

　　ⓐ　地下水の水質の測定（地下水汚染が生じていない土地、地下水汚染が生じている土地）

　　ⓑ　原位置封じ込め

　　ⓒ　遮水工封じ込め

　　ⓓ　地下水汚染の拡大の防止（揚水施設、透過性地下水浄化壁）

　　ⓔ　土壌汚染の除去（基準不適合土壌の掘削による除去、原位置での浄化による除去）

　　ⓕ　遮断工封じ込め

　　ⓖ　不溶化（原位置不溶化、不溶化埋め戻し）

　②　直接摂取によるリスクの観点からの土壌汚染がある場合

　　ⓐ　舗装

第9節　土壌汚染の可能性のある土地の評価　325

図表4-38 土壌汚染に関する調査結果

実施措置が実施された区域等／実施措置の種類			要措置区域実施措置実施件数		形質変更時要届出区域実施措置実施件数		実施措置実施件数	
			R3	累計	R3	累計	R3	累計
地下水の摂取等によるリスク	地下水の水質の測定		9	(245)	26	(301)	35	(546)
	原位置封じ込め		0	(12)	0	(10)	0	(22)
	遮水工封じ込め		0	(5)	0	(9)	0	(14)
	地下水汚染の拡大の防止		0	(25)	3	(24)	3	(49)
	遮断工封じ込め		0	(1)	0	(2)	0	(3)
	不溶化	原位置不溶化	0	(10)	0	(5)	0	(15)
		不溶化埋め戻し	0	(7)	0	(19)	0	(26)
直接摂取によるリスク	舗装		5	(25)	24	(215)	29	(240)
	立入禁止		0	(22)	22	(93)	22	(115)
	土壌入換え	区域外土壌入換え	0	(5)	3	(49)	3	(54)
		区域内土壌入換え	0	(3)	1	(17)	1	(20)
	盛土		1	(5)	8	(87)	9	(92)
土壌汚染の除去	掘削除去		103	(853)	440	(3,583)	543	(4,436)
	原位置浄化		15	(163)	14	(129)	29	(292)
工事完了・実施措置完了報告書及びそれらに準じた報告書提出件数			121	(1,099)	471	(4,294)	592	(5,393)

(注1) 1つの要措置区域等に対し、複数の実施措置が実施されることがあるため、「工事完了・実施措置完了報告書及びそれらに準じた報告提出件数」は要措置区域等の指定の解除件数と一致しない。

(注2) ( )内の数値は、平成22年度からの累計件数である。

(出典) 環境省水・大気環境局「令和3年度土壌汚染対策法の施行状況及び土壌汚染調査・対策事例等に関する調査結果」52頁。

ⓑ　立入禁止

　　ⓒ　土壌入換え（区域外土壌入換え、区域内土壌入換え）

　　ⓓ　盛土

　　ⓔ　土壌汚染の除去（掘削除去、原位置浄化）

　なお、土壌汚染対策措置における掘削除去は、費用が高額となるため財政的な問題や所有者の経済的負担も大きく、さらに汚染の拡散のリスクをも有する。

　しかしながら、土壌汚染の除去以外の措置を施した土地は、健康被害のおそれはなくとも、利用用途が制限され、封じ込め等の措置をした場合の工作物維持管理も継続的に必要となる。土壌汚染を内包したままの状態の土地は、不動産市場において心理的嫌悪感（スティグマ）等の要因からも売却自体が困難な場合もある。それらの理由から、現実的には掘削除去が最も一般的な土壌汚染対策として広く行われている（図表4－38参照）。

⑵　対策費用

　土壌汚染対策方法における対策費用と工期は、東京都環境局資料によれば、図表4－39のとおりとなっている。

4　土壌汚染の可能性のある土地の評価

⑴　鑑定評価基準等での留意点

　不動産の鑑定評価上の土壌汚染の可能性のある土地の評価については、鑑定評価基準上、価格形成要因として、以下のとおり明示されている。

　　○　一般的要因の相関結合によって規模、構成の内容、機能等にわたる各地域の特性を形成し、その地域に属する不動産の価格の形成に全般的な影響を与える要因（地域要因）として、宅地地域の「騒音、大気の汚染、土壌汚染等の公害の発生の程度」

第9節　土壌汚染の可能性のある土地の評価　327

図表4－39　対策費用と工期

No.	基準不適合		対策方法	対策費用 （対策体積㎥あたり）	工期
	含有量	溶出量			
1	○	—	舗装	数千円以上 （対策面積㎡あたり）	数日以上
2	○	—	盛土	数千円以上 （対策面積㎡あたり）	数日以上
3	○	—	土壌入換え（区域内）	数千円以上	数日～数週間以上
4	○	—	土壌入換え（区域外）	3～5万円以上	数日～数週間以上
5	○	—	立入禁止	数千円以上 （対策面積㎡あたり）	数日以上
6	—	○	地下水の水質の測定	数千円以上 （水質測定1回あたり）	数ヶ月～数年以上
7	—	○	原位置不溶化	3～5万円以上	数日～数週間以上
8	—	○	不溶化埋め戻し	3～5万円以上	数週間～数ヶ月以上
9	—	○	原位置封じ込め	3～5万円以上	数週間～数ヶ月以上
10	—	○	遮水工封じ込め	5～10万円以上	数週間～数ヶ月以上
11	—	○	地下水汚染の拡大防止	1～3万円以上 （対策断面積㎡あたり）	数週間～数ヶ月以上
12	—	○	遮断工封じ込め	10万円以上	数ヶ月～1年以上
13	—	○	土壌ガス吸引	3～5万円以上	数ヶ月～1年以上
14	—	○	地下水揚水	3～5万円以上	数ヶ月～数年以上
15	—	○	生物的分解	1～3万円以上	数ヶ月～数年以上
16	—	○	化学的分解	1～3万円以上	数日～数週間以上
17	○	○	原位置土壌洗浄	3～5万円以上	数週間～数ヶ月以上

328　第4章　鑑定評価が必要とされるケース

| 18 | ○ | ○ | 掘削除去 | 5～10万円以上 | 数日～数週間以上 |

(注1)　舗装と盛土、立入禁止、地下水汚染の拡大防止では、㎡あたりの単価を、地下水
　　　　の水質の測定では、水質測定1回あたりの単価を示している。
(注2)　第二溶出量基準に適合であれば、費用・工期が変わる可能性がある。対策の目標
　　　　を第二溶出量基準の適合とした場合、上表より費用・工期が減となる可能性がある。
(出典)　東京都環境局「中小企業者のための土壌汚染対策ガイドライン(改訂版)」42頁。

　○　不動産に個別性を生じさせ、その価格を個別的に形成する要因(個
　　　別的要因)として、宅地の「土壌汚染の有無およびその状態」

　これらを把握分析し、不動産の効用および相対的希少性ならびに不動産に
対する有効需要の三者に及ぼすその影響を判定することが必要である(図表
4－40参照)。

　また、上記土地の個別的要因「土壌汚染の有無およびその状態」について
は、「不動産鑑定評価基準運用上の留意事項　Ⅱ.1.(2)土壌汚染の有無及びそ
の状態について」にて、次のような観点に留意すべきとされている。

　　土壌汚染が存する場合には、当該汚染の除去、当該汚染の拡散の防止
　その他の措置(以下「汚染の除去等の措置」という。)に要する費用の
　発生や土地利用上の制約により、価格形成に重大な影響を与えることが
　ある。
　　土壌汚染対策法に規定する土壌の特定有害物質による汚染に関して、
　同法に基づく手続に応じて次に掲げる事項に特に留意する必要がある。
　①　対象不動産が、土壌汚染対策法に規定する有害物質使用特定施設に
　　係る工場若しくは事業場の敷地又はこれらの敷地であった履歴を有す
　　る土地を含むか否か。
　　　なお、これらの土地に該当しないものであっても、土壌汚染対策法
　　に規定する土壌の特定有害物質による汚染が存する可能性があること
　　に留意する必要がある。
　②　対象不動産について、土壌汚染対策法の規定による土壌汚染状況調

第9節　土壌汚染の可能性のある土地の評価　329

査を行う義務が発生している土地を含むか否か。

③　対象不動産について、土壌汚染対策法の規定による要措置区域の指定若しくは形質変更時要届出区域の指定がなされている土地を含むか否か（要措置区域の指定がなされている土地を含む場合にあっては、講ずべき汚染の除去等の措置の内容を含む。）、又は過去においてこれらの指定若しくは土壌汚染対策法の一部を改正する法律（平成21年法律第23号）による改正前の土壌汚染対策法の規定による指定区域の指定の解除がなされた履歴がある土地を含むか否か。

これらの留意点においては、必ずしも土壌汚染対策法に規定されるものに限らず、油類やダイオキシン等による汚染も、土地の価格形成に影響を与える要因となりうることに注意が必要である。

また、調査範囲等条件の設定についても、不動産鑑定士の通常の調査の範囲では、対象不動産の価格への影響の程度を判断するための事実の確認が困難な特定の価格形成要因の例示の1つに、土壌汚染の有無およびその状態があげられている。ただし、調査範囲等条件を設定することができるのは、調査範囲等条件を設定しても鑑定評価書の利用者の利益を害するおそれがないと判断される場合に限られる。

なお、「不動産鑑定評価基準運用上の留意事項　Ⅷ.1.(5)対象不動産について土壌汚染が存することが判明している場合等の鑑定評価について」において、土壌汚染が存することが判明している不動産については、原則として汚染の分布状況、汚染の除去等の措置に要する費用等を他の専門家が行った調査結果等を活用して把握し鑑定評価を行うものとされている。ただし、この場合でも条件設定に係る一定の要件（設定する条件が鑑定評価書の利用者の利益を害するおそれがないかどうかの観点に加え、想定上の条件においては特に実現性および合法性の観点から妥当なもの）を満たすときは、依頼者の同意を得て、汚染の除去等の措置がなされるものとする想定上の条件を設定し、または調査範囲等条件を設定して鑑定評価を行うことができる。また、

図表 4 −40　土壌汚染地評価の流れ

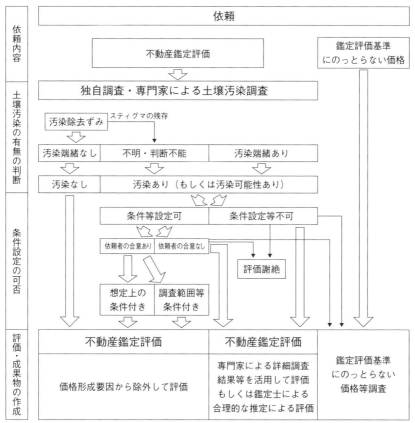

（注）　公益社団法人日本不動産鑑定士協会連合会「研究報告　土壌汚染地の鑑定評価」土壌汚染地評価検討プロセス（フローチャート）より筆者作成。

鑑定士による客観的な推定ができると認められるときは、土壌汚染が存することによる価格形成上の影響の程度を推定して鑑定評価を行うことができる。「鑑定士による客観的な推定」とは資料分析等による合理的な推定であり、鑑定士が土壌汚染の専門家と同等以上の能力をもつ場合のみ可能である。

　なお、汚染の除去等の措置が行われた後でも、心理的嫌悪感（スティグ

マ）等による価格形成への影響を考慮しなければならない場合があることに留意しなければならない。

(2) 土壌汚染地の鑑定評価手法

土壌汚染地の市場価値へのアプローチの手法は、取引事例比較法、収益還元法等が考えられるが、現状においては以下のような原価法的アプローチが慣用的に用いられている。

原価法的アプローチは、土壌汚染されていない土地価格を求めたうえで、その価格をベースとして、浄化費用と心理的嫌悪感（スティグマ）に係る減価および利用阻害減価を控除して、土壌汚染地の価格を求めるものである（図表4-41参照）。

土壌汚染地の価値＝土壌汚染されていない土地の価値－
浄化費用－利用阻害減価－スティグマ

（注）　掘削除去や被覆工事など短期間で行われる工事は、その費用をそのまま控除してもよいが、工事費用等が長期間にわたる場合には割引計算が必要となる場合も考えられる。

---

(3) 日本における土壌汚染

日本において土壌汚染については長らく規制自体が存在せず、自然界に存する汚染のほか、高度成長期の産業の発達とともに、「すでに」土壌汚染が都市部を含めて、工場地等に多く存在している。したがって、土壌汚染はこ

図表4-41　土壌汚染地の価値

土壌汚染されていない土地の価値			
土壌汚染地の価値	浄化費用	利用阻害減価	スティグマ

（出典）　筆者作成。

れから発生させないという防止法ではなく、すでに発生していることを前提
とした対策法となったものと思われる。すでに存する汚染をすべてスクリー
ニングして浄化することは現実的ではなく、工場の廃止等の契機をとらえ汚
染を把握し、健康被害を生じない程度の措置を行い、土壌リスクをコント
ロールしていこうというのが現実的な発想である。したがって、経済的負担
が大きく汚染土壌の持出しによる拡散につながる掘削除去ではなく、法的に
はその特定有害物質に応じた封じ込めや盛土でもかまわないとされている。
しかし、現実的にはまだまだ利用の制限や心理的嫌悪感を取り払って市場価
値を回復しようと掘削除去を行うケースが多く、人々の間にその理念を浸透
させることは、今後の課題の1つといえよう。

| コラム | 世界の不動産鑑定士〈韓国〉 |

　韓国では1972年に「国土利用管理法」が制定され、主に公的土地評価を行う「土地評価士」制が導入され、一方1973年に「鑑定評価に関する法律」が制定され「公認鑑定士」制が導入され、それぞれ別個の国家資格として併存していた。

　その後1989年に「地価公示法及び土地等の評価に関する法律」が制定され、土地評価士、公認鑑定士の2つの資格制から現在の「鑑定評価士」制へと一元化された。

　現在韓国鑑定協会に登録している鑑定評価士は約4,600名（2023年8月現在）である。

　韓国には日本の地価公示法をモデルに制度設計された「標準地・公示地地価制度」があり、毎年1月1日現在の価格を鑑定評価士が調査し、国土交通部が公示地価を公表している。

　公示対象は土地が50万地点と多く、また戸建住宅の価格公示やマンションの価格公示制度もあり、日本の地価公示とは異なる面もある。

　なお、韓国の不動産価格公示制度は課税評価目的な色合いがあり、市場の実勢を反映できていないという指摘がある。韓国では2006年から実際の不動産取引価格の申告制が導入され、すべての不動産売買はその取引価格を韓国当局に申告しなければならないことになり、上記の公示価格と申告された実際の取引価格のデータベースとが比較検討されている。

第5章

不動産評価の新たなトレンド

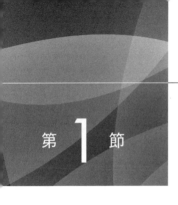

第1節 ESGと不動産評価

1 ESGとは

　本章では不動産評価の新たなトレンドについて各節で紹介したい。本節では、ESGと不動産評価について取り上げる。

　ESGは、平成18年に国連から提唱された責任投資原則（PRI：Principles for Responsible Investment）によって、環境（Environment）、社会（Social）、ガバナンス（Governance）に配慮した責任投資の考え方が提唱されてから広まった。PRIでは責任投資を、環境、社会、ガバナンスの要因（ESG要因）を投資の意思決定やアクティブ・オーナーシップに組み込むための戦略および慣行と定義している。PRIは60カ国以上4,000以上の署名機関が参加し、その資産総額は120兆米ドル以上となっており、責任投資原則として6

図表5-1　PRIの6つの原則と署名機関のコミットメント

> 1．私たちは、投資分析と意思決定のプロセスにESGの課題を組み込みます
> 2．私たちは、活動的な所有者となり所有方針と所有慣行にESGの課題を組み入れます
> 3．私たちは、投資対象の主体に対してESGの課題について適切な開示を求めます
> 4．私たちは、資産運用業界において本原則が受け入れられ実行に移されるように働きかけを行います
> 5．私たちは、本原則を実行する際の効果を高めるために協働します
> 6．私たちは、本原則の実行に関する活動状況や進捗状況に関して報告します

（出典）　Principles for Responsible Investment

つの原則を定め（図表 5 - 1 参照）、投資家の投資の意思決定にESG課題を組み込むことを定めている。特に欧州などを中心に責任投資の考えが広まるなかで、日本では平成27年に年金積立金管理運用独立行政法人（GPIF）がPRIに署名をしてから、国内においてもESG投資への注目が高まった。また、令和 5 年10月に東京で行われたイベント「PRI in Person 2023」においても、公的年金 7 基金がPRIに署名するように調整していることを岸田首相の講演で明らかにしており、ESG投資に対する注目がいっそう高まっている。

「ESG投資」という機関投資家の責任投資の概念が広まり、機関投資家の投資に対する意思決定にも変化がみられ、こういった社会変化や、不動産の投資・リスクに関する考え方の変化がみられるなかで、不動産鑑定評価のあり方にも変化があるものと考えられる。

2　責任不動産投資（RPI）

責任投資原則（PRI）を不動産投資に適用する考え方として「責任不動産投資（RPI：Responsible Property Investing）」がある。RPIは、不動産のライフサイクルにおいて持続可能性を検討するもので、UNEP FI不動産ワーキンググループ（PWG）では、「通常の金融上の目標に加えて、環境・社会・企業統治へ配慮するアプローチであり、最低限の法律上の要請を超えて、不動産環境的・社会的なパフォーマンスを改善するもの」と説明している。また、PWGでは、10カ条のRPI戦略を提唱しており、省エネルギーや、安全衛生など取り組むべき事項をあげている（図表 5 - 2 参照）。これらの特徴をもつ不動産ポートフォリオは、よりよいパフォーマンスをあげるために役立つという点から、より高い社会的責任を果たすものと考えられている。

第 1 節　ESGと不動産評価　337

図表 5 - 2　責任不動産投資戦略の10カ条

1. 省エネルギー（省エネルギーのための設備改良、グリーン発電およびグリーン電力購入、エネルギー効率の高い建物など）
2. 環境保護（節水、固形廃棄物のリサイクル、生息地保護など）
3. 自発的認証制度（グリーン・ビルディング認証、認証を受けた持続可能な木材による仕上げなど）
4. 歩行に適した都市整備（公共交通指向型都市開発、歩行に適したコミュニティ、複合用途開発など）
5. 都市再生と不動産の利用変化への柔軟性（未利用地開発、柔軟に変更可能なインテリア、汚染土壌地の再開発など）
6. 安全衛生（敷地内の保安、自然災害の防止策、救急対応の備えなど）
7. 労働者福祉（構内託児所、広場、室内環境のクオリティー、バリアフリーデザインなど）
8. 企業市民（法規の遵守、持続可能性の開示と報告、社外取締役の任命、国連責任投資原則のような任意規約の採択、ステークホルダーとの関わりなど）
9. 社会的公正性とコミュニティ開発（低所得者向け住宅供給、コミュニティの雇用研修プログラム、公正な労働慣行など）
10. 地域市民としての活動（質の高いデザイン、近隣への影響の極小化、地域に配慮した建設プロセス、コミュニティ福祉、歴史的な場所の保護、不当な影響の排除など）

（出典）　Responsible Property Investing

3　環境（Environment）と不動産鑑定評価

　不動産と環境（Environment）は、エネルギー効率の改善や、グリーン・ビルディングといった環境配慮に関する事項と関係がある。たとえば、建築物のエネルギー効率の向上や、再生可能エネルギーの活用といった取組みが、不動産の環境に対する取組みとしてあげられる。また、環境性能が高い物件に認証を行う環境認証制度（日本ではCASBEEなど）や、不動産ファンド単位でのESGに係るベンチマーク評価を行うGRESBという認証制度がある。令和2年3月には、年金積立金管理運用独立行政法人（GPIF）が

図表5－3　環境（Environment）関連項目が個別不動産価格に与える影響

1) 省エネルギー性の向上
・エネルギー・水利用効率の高い建築及び設備導入
・エネルギー・水利用の効率的運営
2) 再生可能エネルギーの使用等
・オンサイト（現地での発電・使用）
・オフサイト（現地以外での発電・使用）
3) 資源循環
・廃棄物発生の予防
・再生資源の利用促進
4) 有害物質
・土壌汚染、アスベスト、PCB、VOC等
5) 生物多様性と生態系の保全と回復
・緑化の推進
・地域生態系に配慮した植種の選択

（出典）　国土交通省「不動産鑑定評価におけるESG配慮に係る評価に関する検討業務報告
書」。

GRESBの不動産投資家メンバーとして加盟しており、投資・運用プロセス
において、GRESB評価制度を活用することを運用受託機関に求めるなど、
投資のプロセスなどにおいて活用されている。

　環境（Environment）に関する取組みが不動産価格に与える影響は、国土
交通省「不動産鑑定評価におけるESG配慮に係る評価に関する検討業務報告
書（令和3年3月）」（以下「国土交通省報告書」という）に記載の事項が参
考になる。そこには、省エネルギー性の向上、再生可能エネルギーの使用等
については、一般に不動産のランニングコストを下げるとし、ただし、その
設備投資の減価償却費を考慮した場合に総合的にコスト減になるかどうか
は、当初費用増加と耐用年数増加の兼ね合い等によりケースバイケースであ
ることなどが示されている。したがって、個別の事象について総合的に勘案
して評価をしていくことが求められている。また、エネルギー指標について
は定量的に測ることができるため、DCF法の適用等のキャッシュフロー表

第1節　ESGと不動産評価　339

の作成にあたって予測を考慮すべきと考えられている。

　そのほか、国土交通省報告書では、環境に関して、図表5－3の関連項目が個別不動産価格に影響すると考えられるとしている（なお、環境関連については、本章第2節で詳細を記載している）。

4　社会（Social）と不動産鑑定評価

　地域社会のサステナブルな発展を促進するために、不動産の果たす役割が重要となってきており、地域の経済・社会の発展に貢献する不動産が求められてきている。オフィスについては、健康、快適性、安全性等、コロナ禍以降においてビルの性能は以前にも増して不動産の価値に影響を与えている。安全性については、耐震性、水質、セキュリティ、換気性能などが注目され、そのほか、健康性・快適性の面からもウェルビーイングを高めるオフィスづくりなどが注目されている。たとえば、健康性・快適性等に優れた不動産の見える化の指標として、「CASBEEウェルネスオフィス評価認証」の認証制度が存在する。また、公益社団法人日本不動産鑑定士協会連合会では、平成29年に「オフィスビルの性能等評価・表示マニュアル」を策定しているが、市場動向によって、定期的に内容の見直しを行っていくとしており、対象建物に係る市場における競争力や不動産鑑定評価に反映すべき建物の優劣についての評価の方法論も変わっていく可能性がある。

　社会（Social）関連項目が個別不動産に与える影響についても、国土交通省報告書で言及されており参考になる。近年水害、がけ崩れ、地盤沈下などの自然災害が増加しており、不動産鑑定評価においても適切なリスクの把握が求められる。そのために、ハザードマップなどの国や地方公共団体、民間調査会社の保有するデータを最大限利用してリスク判断を行う必要がある。また、レジリエンス（resilience：弾性力・回復力）に優れる不動産は、テナントや投資家にも特に優先して選ばれ競争力を有するといえ、最終的には不動産評価にも反映させる必要があると考えられる。また、住みやすい街づ

340　第5章　不動産評価の新たなトレンド

図表5-4　社会（Social）関連項目が個別不動産価格に与える影響

```
1)　健康、快適性、安全性等ビルの性能
　・健康性・快適性（空間・内装、音、光、熱・空気、リフレッシュ、運動）
　・利便性（アクセス性・移動空間・コミュニケーション、情報通信）
　・安全性（建物耐震性（PML等））有害物質（Eの範疇ともいえる）、水質、
　　セキュリティコロナ対応（換気性など）
2)　災害対応
　・水害、がけ崩れ、地盤（ハザードマップの取扱い、防災における地域連
　　携）
　・BCP対策（計画有無、訓練等）、レジリエンス
　・防災備蓄
3)　地域社会・経済への寄与
　・街づくり、地域貢献、雇用機会の創出（SDGs未来都市、モデル都市）
　・スマートシティへの参画等
　・アフォーダブル住宅
　・Walkability（歩いて楽しい）、Livability（賑わい）
4)　超少子高齢化対応
　　ヘルスケア施設への投資等
```

（出典）　国土交通省「不動産鑑定評価におけるESG配慮に係る評価に関する検討業務報告
　　　　書」。

くりへの関心も強まっており、スマートシティを構築するプロジェクトも進められているが、こういった変化は、不動産鑑定評価を行う際の価格形成要因としての地域要因や個別的要因において考慮しうるものと考えられる。

　そのほか、国土交通省報告書では、社会（Social）に関して、図表5-4の関連項目が個別不動産価格に影響すると考えられるとしている。

　なお、レジリエンスについては、本章第3節で詳細を記載している。

5　ガバナンス（Governance）と不動産鑑定評価

　責任不動産投資（RPI）においては、ガバナンスについて、たとえば、不動産建設や運営にかかわる人員、あるいは不動産開発によって環境の変化が

想定される周辺の住民などのステークホルダーに対して意見を取り入れて意思決定がなされていることが、ガバナンスの観点からは望ましいとしている。また、不動産を利用する人々の健全な暮らしや、その地域の発展、治安維持といった側面にもスポットが当てられており、整備されたガバナンスによって不動産に対する信頼感が高まり、その不動産の資産価値が向上していくのが健全な不動産市場のあり方といえる。

ガバナンス（Governance）関連項目が個別不動産に与える影響についても、国土交通省報告書で言及されている。たとえば、所有物件のガバナンスで、プロパティマネジメント・ファシリティマネジメント体制を充実させることにより、無駄なコスト排除ができ、CO_2削減にも貢献し環境要因（Environment）に貢献することなどがある。また、企業としてできて当たり前の規範ができていなければ、企業としての信用を失い、その保有する不動産においても入居をためらうテナントが出てくるなど、企業のガバナンス上の問題が、不動産価値の減価の要因になりうる。そのほか、外部データ活用等による費用対効率性の検証体制によっては、効果的な投資が実現し、不動産価格の上昇に寄与することがあると考えられる。さらに、予防保全によるライフサイクルマネジメントの実現により、新築、管理運営、取壊しまでのライフサイクルコストを最小化し、かつ耐用年数を伸ばすことになるので、不動産の価値は上がるといったことも考えられる。

そのほか、国土交通省報告書では、ガバナンス（Governance）に関して、

図表5−5　ガバナンス（Governance）関連項目が個別不動産価格に与える影響

①　個別不動産への取り組みの基盤としてのガバナンス
②　個別所有物件のガバナンス
　(1)　利益相反関係の確認
　(2)　外部データによる費用対効率性の検証体制（主にビルメンテナンス）
　(3)　ライフサイクルマネジメント

（出典）　国土交通省「不動産鑑定評価におけるESG配慮に係る評価に関する検討業務報告書」。

図表 5 - 5 の関連項目が個別不動産価格に影響すると考えられるとしている。なお、利益相反等について、本章第 7 節で詳細を記載している。

〈参考文献〉

PRIウェブサイト（https://www.unpri.org/）。

UNEP FI「Responsible Property Investing：What the leaders are doing【日本語版】」（https://www.unepfi.org/fileadmin/documents/responsible_property_investing_jp.pdf）。

国土交通省「不動産鑑定評価におけるESG配慮に係る評価に関する検討業務報告書（令和 3 年 3 月）」（https://www.mlit.go.jp/totikensangyo/content/001404752.pdf）。

国土交通省「ESG投資の普及促進に向けた勉強会（平成30年 3 月）」（https://www.mlit.go.jp/totikensangyo/totikensangyo_tk5_000195.html）。

公益社団法人ロングライフビル推進協会＝公益社団法人日本不動産鑑定士協会連合会「オフィスビル性能等評価・表示マニュアル」（https://www.belca.or.jp/office-manual-mihon.pdf）。

第2節 環境不動産、グリーン・ビルディングの経済性

1 はじめに：不動産と環境

　近年、地球レベルの環境問題の深刻化をはじめ、地政学、エネルギー安全保障を含めた不確実性が拡大している。

　この不確実性の拡大を背景に、持続可能性のある人類社会の実現を目指すESG（環境、社会、ガバナンスを意識した経営）が急速に拡大、進展しており、多くの産業と同様に、不動産業および関連ビジネス分野でもESGに取り組む重要性が増している。

　一方で、情報開示の枠組みや認証制度などさまざまなフレームワークが継続的に登場し続けており、不動産鑑定士にとってもこれらの動向を整理して理解することはむずかしい。また、ESGへの取組みがどのようなロジックで不動産ビジネスに寄与するかが判然とせず、どの程度物件評価へ反映すればよいか確証がもてないのも事実である。

　本節では、ESGのうちE（Environment：環境）に着目して環境に配慮した不動産（グリーン・ビルディング）とその追加的価値（グリーン・プレミアム）について、国内外の事例をもとに解説する。ESGのうちE（環境）に着目したのは、不動産の環境性能が、炭素系化合物の排出量や環境認証制度の整備など他のS（社会）やG（ガバナンス）に比べると評価しやすく、実証研究が先行して蓄積されており、今後のESGの展開および不動産ビジネスへの影響を考えるうえで参考になると考えたためである。

　本節の構成としては、第2項で不動産における環境認証制度（グリーン・ラベル）について整理し、第3項で環境認証を取得した不動産において発生

する追加的な利益について国内外での実証研究を紹介する。なお、ESG全体の概要および経緯については本節では取り上げないため、第1節を参考とされたい。

2　不動産ESGの環境認証制度（グリーン・ラベル）

(1)　環境認証の意義

　不動産市場から排出される温室効果ガスは、経済全体において高いシェアを占めることもあり、比較的早い時期から、環境配慮に向けての取組みがなされてきた。取組みとしては排出量に関する報告制度や取引規制などがあげられるが、資本主義経済である以上、投資家・消費者・生産者による市場メカニズムを活かすのが最も効率的な資源配分をもたらすと考えられる。

　しかし、市場メカニズムが機能するためには、財やサービスについての価格や品質に関して十分な情報が市場に提供されていなければならない。ここで問題だったのが、「環境性能は目に見えない」という点であった。PLやBSの数字に表出せず、現地にいても体感できない。環境によいとは具体的に何を指すのが市場全体で共有される必要がある。このような背景があり、投資家や消費者にとって、どの物件がグリーン・ビルディングで、どの物件がそうでないかをわかりやすく判定できるツール（グリーン・ラベル、グリーン・レイティング）が求められるようになった。

　グリーン・ラベルは、製品やサービスが環境に与える影響を測定し、消費者にその情報を提供することで、環境に優しい選択を促す制度である。グリーン・ラベルは製品が一定の環境性能を満たしていることを明示的に伝える役割を果たすため、消費者が環境に優しい製品を容易に識別して購入できるようになる。消費者の選択がシグナルとなり、企業は環境に配慮した製品の生産を増やし、そうでない製品の生産を減らすインセンティブを得る。市場内で環境性能が可視化されることで企業間で競争が促進され、企業による

第2節　環境不動産、グリーン・ビルディングの経済性　345

環境技術開発につながる。このような一連の市場の自由なメカニズムを通じて、社会全体の環境性能の向上が期待される。また、消費者の環境問題への関心を高める広範な社会教育のきっかけとなることや、企業にとって自身の環境パフォーマンスについて透明性をもった報告が可能となることで、将来的なリスクを避け、投資家や利害関係者に対して信頼を構築することがあげられる。

　グリーン・ラベルは、2000年前後から世界各国で本格的にスタートし、それぞれの市場で分析に耐えうる程度のシェアを確保している。日本においては、GRESB、CASBEE、DBJ Green Building認証、BELSなどがあげられる（各グリーン・ラベルの詳細は後述）。

　GRESBを運営するCSRデザイン環境投資顧問株式会社（令和4年）によると、J-REIT市場の99.3%（時価総額ベース、令和4年10月4日時点）がGRESBに参加している[1]。また、IBECs（一般財団法人住宅・建築SDGs推進センター）が運営するCASBEEの認証数は令和5年時点で2,014件に達している[2]。PRI、GRI、TCFDといった国際的なESGフレームワークが誕生して以降、不動産を投資対象とする投資家および資産運用者が、これらのグリーン・ラベルを活用して、実物不動産やファンドに投資を行うようになった。

(2) 環境認証制度の分類

　現在、世界各国で運用されているグリーン・ラベルについて整理したものが図表5-6である。グリーン・ラベルは、大きく分けて3つの種類（エネルギー効率特化型、総合型、ポートフォリオ評価）に分類される。

　まず、建物のエネルギー効率に特化したグリーン・ラベルがある。代表的

1　CSRデザイン環境投資顧問株式会社「GRESB 2022 年評価結果―日本からの参加状況―」（http://www.csr-design-gia.com/info/pdf/2022_GRESB%20Japan-Results-Announcement-Press-Release_CSRD_1018_final.pdf）。
2　一般財団法人住宅・建築SDGs推進センター「CASBEE建築評価認証物件一覧」（https://www.ibec.or.jp/CASBEE/certified_buld/CASBEE_certified_buld_list.htm）。

図表5-6　グリーン・ラベルの整理

		LEED	ENERGY STAR	BREEAM	EPCs	HQE	Greenstar
開発		U.S. Green Building Council (US)	U.S. Environmental Protection Agency (US)	Building Reserch Establishment (UK)	UK Government (UK)	HQE Association (France)	Green Building Council of Australia (Australia)
運用開始		1998	1992	1990	2006	1996	2003
評価対象		建物	建物	建物	建物	建物	建物
タイプ		総合的	省エネルギー	総合的	省エネルギー	総合的	総合的
グレード		4 ranks	ENERGY STAR ≧75	5 ranks	8 ranks	4 ranks	6 ranks
評価項目	設備性能	Yes	-	Yes	Yes	Yes	Yes
	運営	Yes	Yes	Yes	-	-	Yes
	水消費	Yes	-	Yes	-	Yes	Yes
	材料	Yes	-	Yes	-	Yes	Yes
	室内空間	Yes	-	Yes	-	Yes	Yes
	生物多様性	Yes	-	Yes	-	Yes	Yes
	交通	Yes	-	Yes	-	-	Yes
	廃棄物	Yes	-	Yes	-	Yes	Yes
	汚染	Yes	-	Yes	-	Yes	Yes
	その他	-	-	Management, Performance verification	-	-	Management, Innovation

		NABERS	GRESB	CASBEE	CASBEE for real estate	DBJ Green Building Certificate	BELS
開発		Australian Government (Australia)	GRESB (Netherlands)	MLIT (Japan)	MLIT (Japan)	Development Bank of Japan (Japan)	MLIT (Japan)
運用開始		1990	2009	2004	2012	2011	2014
評価対象		建物	企業	建物	建物	建物	建物
タイプ		省エネルギー	総合的	総合的	総合的	総合的	省エネルギー
グレード		5 ranks	4 quadrants	5 ranks	4 ranks	5 ranks	5 ranks
評価項目	設備性能	-	Yes	Yes	Yes	Yes	Yes
	運営	Yes	Yes	-	Yes	-	-
	水消費	Yes	Yes	Yes	Yes	Yes	-
	材料	-	Yes	Yes	Yes	-	-
	室内空間	Yes	Yes	Yes	Yes	Yes	-
	生物多様性	-	Yes	Yes	Yes	Yes	-
	交通	-	-	Yes	Yes	Yes	-
	廃棄物	Yes	Yes	-	-	Yes	-
	汚染	-	-	Yes	-	-	-
	その他	-	Management, Green label, Tenant &community	Earthquake resistance, Handicapped accessible	Earthquake resistance, Useful life, Disaster risk	Environment risk, Crime prevention, Tenant relation	-

（出典）　各認証制度のウェブサイトをもとに株式会社ザイマックス不動産総合研究所にて作成。

第2節　環境不動産、グリーン・ビルディングの経済性　347

なものとして、アメリカのEnergy Star[3]、イギリスのEPCs[4]、日本のBELS[5]があげられる。

ENERGY STARは、アメリカの環境保護庁（EPA）が1992年に開始した国際的な基準である。家電製品、オフィス機器、照明、家庭用品から、建築物や製造施設まで幅広く対象にしている。エネルギー消費を測定し、同様の施設と比較することができるほか、同カテゴリーのなかで上位25％以内に入ることで認定を受けることができる。ENERGY STARの基準は、技術進歩や市場動向に応じて定期的に見直されており、常に時代の要求を満たすレベルを保っている。

EPCs（Energy Performance Certificates）は、イギリスで運用されている建物のエネルギー効率を評価・表示するための証明書である。EUのエネルギー性能指令（EPBD）に基づいており、建物のエネルギー効率と環境への影響を評価し、建物の所有者や利用者に情報を提供する。AからGまで7段階のレーティングがあり、建物の所有者は売却、賃貸時にEPCを取得する必要がある。2023年以降、Fランク以下の不動産は賃貸が禁止されており、今後も厳格化される見込みである。

BELS（Building-Housing Energy-efficiency Labeling System）は、建築物省エネルギー性能表示制度の略称で、第三者機関（BELS評価機関）が5段階で評価し、省エネルギー性能を表示する日本の制度となっている。建築物のエネルギー消費性能の向上等に関する法律に準じた評価手法を採用しており、ZEBでも注目されるBEI（Building Energy Index、基準建築物と比較した際の一次エネルギー消費量比率）の値により5ランクで評価される。

次に、建物の環境性能を総合的に評価するグリーン・ラベルがある。アメ

3　ENERGY STARウェブサイト（https://www.energystar.gov/sites/default/files/buildings/tools/CommercialRealEstate.pdf）。
4　Energy Saving Trustウェブサイト（https://energysavingtrust.org.uk/advice/guide-to-energy-performance-certificates-epcs/）。
5　一般社団法人住宅性能評価・表示協会ウェブサイト（https://www.hyoukakyoukai.or.jp/bels/bels.html）。

リカのLEED[6]、日本のCASBEE[7]やDBJ Green Building認証[8]などが代表的である。

LEED（Leadership in Energy and Environmental Design）は、1998年から米国グリーン・ビルディング協会（USGBC：U.S. Green Building Council）が開発および運営するグリーン・ラベルである。世界で9万3,612件（2022年）、日本で197件（2021年）と世界中で広く利用されている。グリーン・ビルディングとして環境性能をさまざまな視点から評価するため、エネルギー効率だけでなく、敷地選定、水の利用、立地と交通、材料と建築、室内環境、総合的プロセスなど複数の評価分野（カテゴリー）が設けられている。

CASBEE（建築環境総合性能評価システム）は、日本の国土交通省の支援のもと産官学共同プロジェクトとして開発された、建築物の環境性能を評価し格付けする手法である。用途やライフサイクルに応じて認証制度が整備されているのが特徴で、CASBEE戸建て、CASBEE建築（新築）、CASBEE建築（改修）、CASBEE不動産、CASBEE街区、CASBEE都市などが運用されている。商業用不動産が対象に含まれるCASBEE建築は、①室内環境、②サービスの質、③敷地の屋外環境、④エネルギー、⑤資源・素材、⑥敷地外環境など、持続可能性のさまざまな側面を多面的に評価し、「環境品質」（Q）値と「環境負荷」（L）値の比率であるBuilding Environment Efficiency（BEE）という総合指標を提供している。平成24年には既存建築物の不動産評価へ活用・普及させるため、CASBEE不動産が開発された。CASBEE不動産は、国際的な共通項目を網羅しつつ、LEEDとの読替えが可能な項目設定を行っており、近年認証数が大幅に増加している。

6　U.S. Green Building Councilウェブサイト（https://www.usgbc.org/resources/leed-v4-building-design-and-construction-current-version）。

7　建築環境総合性能評価システムウェブサイト（https://www.ibec.or.jp/CASBEE/english/beeE.htm）。

8　株式会社日本政策投資銀行「DBJ Green Building」（https://www.dbj.jp/en/pdf/service/finance/g_building/gb_presentation.pdf）。

DBJ Green Building認証は、平成23年に株式会社日本政策投資銀行（DBJ）が創設し、一般財団法人日本不動産研究所が認証するグリーン・ラベルである。評価項目は、環境性能、テナント利用者の快適性、危機に対する対応力、多様性・周辺環境への配慮、ステークホルダーとの協働であり、オフィスビル、ロジスティクス、リテール、レジデンスで展開している。

　さらに、個々の建物を評価するのではなく、不動産を所有・運営する企業などのポートフォリオレベルの持続可能性評価ベンチマークであるGRESBがある[9]。GRESBは不動産セクターの会社・ファンド単位での環境・社会・ガバナンス（ESG）配慮を測り、投資先の選定や投資先との対話に用いるためのツールとして欧州の年金基金を中心に2009年に創設された。日本ではJ-REIT（時価総額の99.3％、令和4年時点）、デベロッパー、私募リート、私募ファンドの参加が目立っている。ESGに関する社内体制や方針、ESG情報の開示状況、従業員やテナントへの健康快適性の取組みのほか、CASBEEなど物件レベルのグリーン・ラベルの取得実績も含まれる。

3　グリーン・ビルディングの経済価値に関する研究

(1)　グリーン・プレミアムの実証研究の背景

　ESGへの世界的な関心が高まる一方で、投資である以上、投資家および資産運用者は、受託者責任として財務的な投資パフォーマンスとの関係を理解したいと考えるようになり、ESGに取り組むことによるコストとベネフィットについての実証的な研究が求められるようになった。特に、不動産のESG性能の向上については、前項のようにグリーン・ラベルで測定し可視化することができるため、グリーン・ラベルが不動産のキャッシュフローや価値に与える影響（グリーン・プレミアム）に関する実証研究へのニーズが高まる

9　CSRデザイン環境投資顧問株式会社ウェブサイト（http://www.csr-design-gia.com/gresb/index.html）。

こととなった。

　グリーン・プレミアムは、不動産開発者にグリーン・ビルディングを供給するインセンティブを与えるために重要である。さらに、このグリーン・プレミアムを特定することで、グリーン・ビルディングの政策設計に重要な情報やパラメータを提供することができる。グリーン・ビルディングは、エネルギー消費を節約し、従業員をより健康にすることで生産性を高め、テナントに利益をもたらすことが期待される。つまり、供給者・需要者の双方の利益につながるときにはじめて、グリーン・ビルディングは市場での価値をもつことになる。また、賃料の上昇は取引価格の上昇につながる。デベロッパーや投資家にとっても価格の上昇が見込まれるのであれば、グリーン・ビルディングへの供給・投資は合理的な判断となる。このようなグリーン・ビルディングの正のプレミアムの存在は、不動産市場において、追加的な環境投資を市場メカニズムのなかで誘導できるかどうか、または資源配分は最適化できるかどうかを知るうえで、重要な実験になりうる。

　このようなニーズを受け、多くの国、さまざまなアセットタイプでグリーン・プレミアムについての実証研究が行われてきた。Leskinen et al.（2020）によると、グリーン・プレミアムに関して、Journal of Real Estate Finance and Economicsなどの不動産経済分野における権威あるジャーナルに掲載された査読済実証研究の論文は71論文あり、平成23年頃から増加し、平成26年にピークを迎え、以降も継続して取り組まれている[10]。

　このように、グリーン・プレミアムの実証研究が進んだ背景としては、以下の３つが考えられる。まず、前述のように投資というミクロレベル、社会というマクロレベルのそれぞれで研究ニーズが高まったことがあげられる。次に、グリーン・ラベルと不動産のデータを統合させることで、研究者が分析用データセットを構築するコストが小さくなったことがあげられる。そし

10　Leskinen, N., Vimpari, J., & Junnila, S.（2020）, "A review of the impact of green building certification on the cash flows and values of commercial properties," Sustainability, 12（7）, 2729.

第２節　環境不動産、グリーン・ビルディングの経済性　351

て、不動産の価値を左右する市場要因やさまざまな個別要因を特定・分析することができるヘドニック・アプローチが採用されたことがあげられる。

(2)　グリーン・プレミアムの概念的整理

不動産ESGがもたらすグリーン・プレミアムの構造について概念的に整理する（図表5－7参照）。

Eichholtz et al.（2010）は、グリーン・プレミアムの構造として4つのソースを提示している[11]。1つ目は、省エネ・廃棄物削減による水光熱費の削減である。2つ目は、室内環境の改善によるテナントの生産性向上を通じた賃料負担能力の向上である。3つ目は、社会的責任意識の強い企業から選ばれることによる退去リスクの減少である。4つ目は、経済的寿命の延長による経年減価リスクの減少と修繕コストの抑制である。

このように、不動産のESG性能を高め、グリーン・ラベルを取得することは、純収益の増加、利回り低下を通して、不動産価値の向上につながると整

図表5－7　グリーン・プレミアムの構造

1. 省エネ・廃棄物削減
   ・エネルギーや水の消費効率向上

2. 室内環境の改善
   ・従業員の生産性向上
   ・従業員離職防止、作業効率向上

3. 社会的責任感の高い企業から選ばれる
   ・高付加価値企業を惹きつける

4. 経済的寿命の延長

▶水光熱費削減
▶賃料負担能力向上
▶退去リスク減少
経年減価リスク減少
▶修繕コスト抑制

$$\frac{純利益増加}{利回り低下} = 不動産価値向上$$

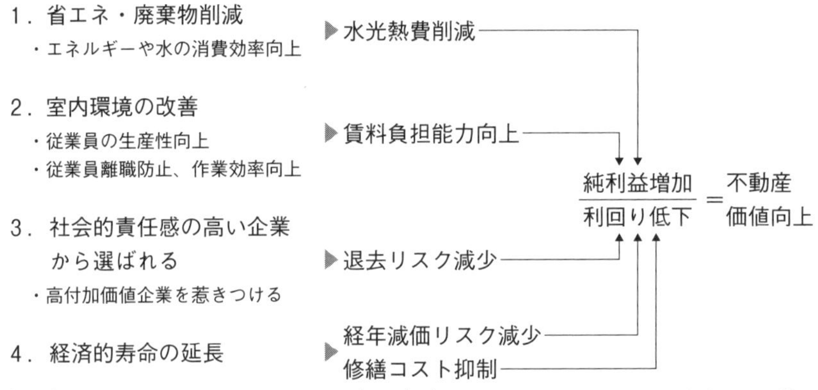

（出典）　Eichholtz, Kok and Quigley（2010）："Doing well by doing good? Green office buildings" をもとに株式会社ザイマックス不動産総合研究所作成。

11　Eichholtz, P., Kok, N., & Quigley, J. M.（2010）, "Doing well by doing good? Green office buildings," American Economic Review, 100 (5), pp. 2492-2509.

理することができる。

(3) グリーン・プレミアムの実証研究事例

Eichholtz et al.（2010）、Fuerst and McAllister（2011）をはじめとして、オフィス市場におけるグリーン化の経済効果を実証的に明らかにした先駆的な研究がいくつか発表されている[12]。以降、多くの国でグリーン・プレミアムの実証研究が進められている。Leskinen et al.（2020）は70以上の査読済論文についてレビューを行い、多くのキャッシュフローパラメータで正のプレミアムが観察されていることを確認した（図表5 − 8参照）。Dalton and Fuerst（2018）は42論文を抽出し、加重平均プレミアムを推定してメタアナリシスを行っている[13]。

以下では、賃料、稼働率、運営コスト、利回り、販売価格、建築費ごとにグリーン・プレミアムに関する実証研究について紹介する。

賃料のプレミアムについての実証研究を整理すると、グリーン認証を受けた物件は、平均6.3％、0〜23％賃料が高いことが示された。先駆的な研究であるEichholtz et al.（2010）は、グリーン・ビルディングはより高い賃料（3％）が得られる可能性があるため、たとえ開発にコストプレミアムが発生したとしても、投資家は開発を促進させると指摘している[14]。Robinson and McAllister（2015）はセグメントの違いに着目し、高価格帯の建物では賃料プレミアムが発生しないのに対し、低・中価格帯の建物には9％プレミアムが発生することを明らかにした[15]。Reichardt（2014）は、賃料プレミ

---

12 Fuerst, F., & McAllister, P. (2011), "Green noise or green value? Measuring the effects of environmental certification on office values," Real Estate Economics, 39 (1), pp. 45-69.

13 Dalton, B., & Fuerst, F. (2018), "The 'green value' proposition in real estate: A meta-analysis," In Routledge handbook of sustainable real estate, Routledge, pp. 177-200.

14 前掲注11。

15 Robinson, S., & McAllister, P. (2015), "Heterogeneous price premiums in sustainable real estate? An investigation of the relation between value and price premiums," Journal of Sustainable Real Estate, 7 (1), pp. 1-20.

第2節 環境不動産、グリーン・ビルディングの経済性 353

図表 5 − 8　プレミアムの実証研究結果

Cash Flow Parameter 指標	Effect 効果	Range 範囲	Mean 平均値	Median 中央値	References 参照論文数
Rental income 賃貸収入	Increased 増加	0.0%~23.0%	6.3%	4.6%	26
Occupancy 稼働率	Increased 増加	0.9~17.0%	6.0%	4.3%	7
Operating costs 運営コスト	Inconclusive 決定的でない	-14.3%~25.8%	-0.4%	-4.9%	5
Yield (risks) 利回り（リスク）	Decreased 減少	0.36%~0.55%point	0.46%point	0.46%point	2
Sales price 売買価格	Increased 増加	0%~43.0%	14.8%	14.1%	21

（出典）　各種実証研究結果をもとに筆者作成。

アムの半分は運営経費の削減、もう半分は従業員の生産性の向上であると報告している[16]。

　オペレーションコストに関する研究は比較的少なく、プラス、マイナスが矛盾した結果が示されている。Reichardt（2014）ではネットリースの建物ではオペレーティングコストが10%低いと示している一方で、Szumilo and Fuerst（2014）はLEEDまたはENERGY STAR認証ビルでオペレーティングコストが11.2%高いと報告している[17,18]。

　稼働率については平均6.0%、1 ～ 17%上昇する。Fuerst and McAllister（2009）は、低パフォーマンスのセグメントにおいて、ENERGY STARビルは高い稼働率を示すことを実証した[19]。

　還元利回りに関係する実証研究は少ないが、整理すると平均0.46%ポイント、0.36~0.55%ポイント程度減少させる。還元利回りは、将来の市場にお

16　Reichardt, A.（2014）, "Operating expenses and the rent premium of energy star and LEED certified buildings in the central and eastern U.S.," The Journal of Real Estate Finance and Economics, 49（3）, 413-433.

17　前掲注16。

18　Szumilo, N., & Fuerst, F.（2014）, "The operating expense puzzle of U.S. green office buildings," Journal of Sustainable Real Estate, 5（1）, 86-110.

19　Fuerst, F., & McAllister, P.（2009）, "An investigation of the effect of eco-labeling on office occupancy rates," Journal of Sustainable Real Estate, 1（1）, 49-64.

けるサステナビリティのポジションへの期待であり、還元利回りが低いことは投資リスクが低く、潜在的な買い手が多く、予想される減価償却費が低い、また、賃料の伸びが高いことを意味する。Eichholtz et al. (2012) は、グリーン不動産の比率が高いREITは、システマティックリスク（ポートフォリオ理論でいうベータ）が低く、エネルギー価格上昇や環境規制の改正に対して影響を受けにくいことを示した[20]。

販売価格については、平均14.8%、0〜43%のプレミアムがある。販売価格プレミアムが賃料と比べて大きいのは、キャッシュフローの改善、認証のブランド価値、リスクの低下の複合的な効果であると考えられる。Chegut et al. (2019) は、価値上昇の主な理由は、営業利益の改善・利回りの低下・建設コストの上昇と考察している[21]。興味深い研究として、Holtermans and Kok (2019) では、長い期間でみるとグリーン認証物件のほうが取引価格は高いが、2009年から2013年の金融危機後の期間だけ取り出すと、販売価格の伸びは非認証物件のほうが高いと報告している[22]。

建設費については、Chegut et al. (2019) がイギリスの2,000棟以上のデータから平均コストプレミアムは6.5%と推定しており、販売価格プレミアムを下回ることから、グリーンへの投資が十分に回収できることを示している[23]。

⑷　日本でのグリーン・プレミアム実証研究

日本の不動産市場においてもグリーン・プレミアムがあることが実証されている。

20　Eichholtz, P., Kok, N., & Yonder, E. (2012), "Portfolio greenness and the financial performance of REITs," Journal of International Money and Finance, 31 (7), 1911-1929.

21　Chegut, A., Eichholtz, P., & Kok, N. (2019), "The price of innovation: An analysis of the marginal cost of green buildings," Journal of Environmental Economics and Management, 98, 102248.

22　Holtermans, R., & Kok, N. (2019), "On the value of environmental certification in the commercial real estate market," Real Estate Economics, 47 (3), 685-722.

23　前掲注21。

スマートウェルネスオフィス研究委員会（2016）は、CASBEE認証物件はそうでない物件に比べ、賃料が＋564円／坪（3.64％相当）高いことを示した[24]。

株式会社ザイマックス不動産総合研究所（2015）は、CASBEE建築、CASBEE不動産、DBJ Green Building認証を対象に分析し、東京23区において、グリーン・ラベルをもつオフィスビルはそうでないビルに比べ、立地や規模、新しさ、設備などの影響を取り除いても新規賃料が＋4.4％高いことを実証した[25]。また、Onishi et al.（2021）はプレミアムの大きさはセグメントによって異なり、中小規模・築古ビルでは＋9.6％、大規模・築浅ビルでは有意な結果が得られなかったと報告している[26]。

一般財団法人日本不動産研究所は、DBJ Green Building認証のデータを用い、グリーン・プレミアムが時間的に変化していく様を示した。賃料プレミアムは平成29年15.4％、平成30年8.5％、平成31年3.4％、令和２年4.7％、令和３年4.6％と推移しており、キャップレートプレミアムは平成31年7.5bps、令和２年11.5bpsで推移している。

国土交通省（2021）は、CASBEE不動産を対象に分析を行い、J-REITオフィスビルにおいて、認証物件はそうでない物件に比べ、キャップレートが2.4％低いことを示した[27]。

24　伊藤雅人ほか「建物の環境性能及び知的生産性への貢献度が不動産賃料に与える影響に関する検討」日本建築学会技術報告集22巻52号1053～1056頁。

25　株式会社ザイマックス不動産総合研究所「環境マネジメントの経済性」（https://soken.xymax.co.jp/2015/07/16/150716_economic_value_of_green_building_management/）。

26　Onishi, J., Deng, Y., & Shimizu, C. (2021), "Green premium in the Tokyo office rent market," Sustainability, 13 (21), 12227.

27　国土交通省「不動産鑑定評価におけるESG配慮に係る評価に関する検討業務報告書」（https://www.mlit.go.jp/totikensangyo/content/001404752.pdf）。

4 まとめ：グリーン・プレミアム研究の課題

　環境配慮型社会に向けて、地球規模での取組みの重要性は、ほぼ多くの国において合意が得られている。そのようななかで、具体的な政策へと接続していこうとしたときには、科学的な根拠に基づきながら、経済成長を阻害しないように、社会経済制度を設計していくことが要求される。とりわけ地球環境問題に対する取組みは、今後においても継続され、長期的に実施されるために、その制度設計は慎重に行う必要があることはいうまでもない[28]。

　環境配慮型社会を実現していこうとしたときには、政府、企業、家計ともに投資が要求される。たとえば、環境配慮型建築物の建設、または既存建物の環境性能の向上には、建物に対する投資が要求される。その結果として、エネルギーの消費の削減を通じて炭素系化合物の排出を低下させ、水の使用量などを減少させることに加えて、アウトプットとしてどのような経済的な価値がもたらされるのかといったことは、市場参加者、とりわけ供給者にとって重要な問題となる。

　深刻な問題は、環境性能、または技術は常に進化していくということである。技術進歩は、価格の低下をもたらす。たとえば、エネルギー効率の高い液晶テレビが登場して久しいが、技術進歩によって、よりエネルギー効率が高い大型のテレビが登場し、旧来型のテレビの価格は大きく低下した。環境認証の基準を変化させなければ、時間の経過とともに、そのプレミアムが消滅するだけでなく、いっそう高い基準に変更していけば、取壊しをして建て直さなければならないようなストックが増加していってしまう。つまり、きわめて環境負荷の高い建設・不動産市場を創造してしまうことになる。

　そうすると、今後において、どのような政策的な対応が重要になるのであろうか。「脱炭素社会の実現に資するための建築物のエネルギー消費性能の向上に関する法律等の一部を改正する法律」が令和4年に公布され、公布後

28　清水千弘＝大西順一郎「不動産市場のグリーン価値～リニューアルを考慮した東京オフィスビルのグリーン・プレミアムの推定～」経済分析206号。

第2節　環境不動産、グリーン・ビルディングの経済性　357

2年以内に販売・賃貸時の省エネ性能表示、公布後3年以内にすべての新築住宅・非住宅で省エネ基準適合が義務づけられた。このような投資は、アウトプットとして何を生み出しているのかを考えたときに、不動産市場にゆがみをもたらし、市場から撤退を命じられるストックを増加させ、建替えの促進や放置される不動産の増加にもつながる可能性もある。または、高所得世帯には恩恵があっても、低所得世帯にとっては、負担の増加だけにつながるような社会を促進してしまうかもしれない[29]。

　そうしたときに、長期的な視野のもとで、持続可能性の高い社会を実現していくために、市場の持続可能性をもふまえて、新しい建設・不動産市場のあり方をデザインしていくことが要請されているものと考える。

---

[29] Fuerst, F., & Shimizu, C. (2016), "Green luxury goods? The economics of eco-labels in the Japanese housing market," Journal of Japanese and International Economy, 39, pp. 108-122.

第3節 不動産レジリエンス（災害と不動産評価）

1 不動産レジリエンスとは

　レジリエンス（resilience）とは、「回復力」「復元力」「弾力」を指す言葉で、一般的に不動産や街づくりの観点では、自然災害による被害を最小化し、災害後の復旧をスムーズにする災害への対応力を示す言葉として使われている。地震、台風、洪水、土砂災害など自然災害が特に多い日本では、都市や建物の災害からの被害を最小化するとともに、災害後の復旧力を高めることが不動産にとって重要なテーマの1つとなっている。災害に対するレジリエンスが高い不動産は、中長期的にみてテナントや投資家にも特に優先して選ばれることになると考えられ、レジリエンスは不動産の価値を左右する重要な要素となる。

　日本において発生する自然災害は多岐にわたるが、そのなかでも地震は広範囲に甚大な被害をもたらし、建物にも直接的なダメージをもたらすなど、対策の緊急性が高いものとしてこれまで位置づけられてきた。甚大な被害をもたらした過去の地震の教訓をふまえ、日本ではこれまで数度にわたって耐震基準の見直しが実施されており、諸外国と比べても高い耐震性の建物が求められている。新規の開発物件において法定以上の耐震性能を獲得することや、耐震補強工事等により既存物件の耐震性能を強化することは、不動産の価値向上につながり、評価にも影響を与える取組みと考えられる。また、歴史的に木造建築の多いわが国においては、地震等の災害に連動して発生する火災被害をいかに防ぐかが、都市政策上の重要な論点として位置づけられてきた。木造住宅が密集する地域の市街地整備・土地区画整理を進め、エリア

全体の防災性能を向上させることは、当該エリア全体の不動産価値の向上につながる取組みである。

　こうした災害対策が進められてきたなか、近年では世界規模での気候変動に伴う災害リスクへの対応についての社会的関心・要請も高まっている状況である。異常気象に伴い、豪雨災害や台風、浸水被害が拡大するなど、中長期的に気候変動リスクが増加し、気候変動に伴う自然災害の多発化、激甚化が想定されるなかで、こうした自然災害へのレジリエンスを高めることは不動産にとって喫緊の課題となっている。本節では、2で自然災害リスクの高まりが不動産の価値にもたらす影響について述べるとともに、4で自然災害リスク、特に気候変動リスクを可視化するための近年の取組みについて紹介したい。

2　自然災害リスクの増加が不動産の収益に与える影響

　自然災害リスクの増加は、不動産の収益構造にさまざまなインパクトをもたらす。自然災害による不動産への直接的な被害に加えて、間接的にもマーケット全体／社会動向の変更に伴い収益にさまざまな影響をもたらすことが想定される。3で後述するTCFD（Task Force on Climate-related Financial Disclosures）など気候変動の分野では、前者を「物理リスク」、後者を「移行リスク」としてリスク分析を行うことが一般的である。

　直接的な影響（物理リスク）の例としては、不動産が自然災害による物理的な被害を受けた場合、被害箇所に関する修繕が必要となることに加えて、被害に伴ってテナントのオペレーションや居住等ができなくなるなどテナントへの一定の影響が出た場合には、賃料収入の低下にまでインパクトをもたらす等が考えられる。

　一方、こうした直接的な影響に加えて、間接的な影響（移行リスク）の例としては、マーケット全体での災害リスクの高まりによる損害保険料の値上

360　第5章　不動産評価の新たなトレンド

りや、防災・減災に伴う規制強化への対応に係るコストの発生、レジリエンスの低い物件がテナント・投資家に嫌気されることにより中長期的に物件の収益性に影響をもたらし、賃料やキャップレートにも影響が出ることなどが考えられる。

　こうした自然災害による各種リスクのうち、特に物理リスクが個別不動産にもたらす影響を把握するためには、ハザードマップや第三者によるERレポートの活用など、国、地方公共団体、民間調査会社の保有するデータを最大限利用してリスク評価を行う必要がある。また、直近では、自然災害に対する個別不動産のレジリエンスを定量化・可視化する日本独自の認証制度として、ResReal（レジリアル）という新たな不動産認証制度が開始しているので、その内容について4で紹介したい。このResRealは、TCFDの考え方をベースにしているが、TCFDは、近年特に社会的関心が高い気候変動対策への開示ガイドラインとして国際的なスタンダードとなっているものである。TCFDについては、国土交通省が不動産分野に特化したガイダンスを策定しており、その内容も含めて3で紹介したい。

3　TCFD提言に基づく会社レベル・ポートフォリオレベルの災害リスクの見える化

　TCFDとは、気候変動がもたらす「リスク」および「機会」の財務的影響を把握し、その影響を開示するためのフレームワークを作成するため、金融安定理事会（FSB）[30]により2015年12月に設立された「気候関連財務情報開示タスクフォース（Task Force on Climate-related Financial Disclosures）」を指す。このようなタスクフォースが設立されたそもそもの背景は、リーマンショックを背景に金融システム全体に対する脆弱性が露呈し、それに伴う規制強化等が行われた当時において、気候変動が次に金融システム全体に影

30　金融システムの安定を担う当局間の協調促進のための活動を行う機関。主要25カ国・地域の中央銀行、金融監督当局、財務省、IMF、世界銀行等の代表が参加。

図表 5 - 9　TCFD提言の推奨開示事項

ガバナンス	戦略	リスクマネジメント	指標と目標
気候関連のリスクと機会に関する、組織のガバナンス	気候関連のリスクと機会が、組織の事業、戦略、財務計画に及ぼす実際・潜在的な影響	組織がどのように気候関連リスクを特定し、評価し、マネジメントするのか	気候関連のリスクと機会を評価し、マネジメントするために使用される測定基準（指標）と目標

（出典）　国土交通省「不動産分野TCFD対応ガイダンス」。

響する非常に大きなリスクとなりうるものと考えられたことがあげられる。気候変動リスクは数十年スパンで徐々に企業活動に影響を及ぼすものであり、そのリスクは従来の金融市場において評価に織り込むことがむずかしいものと考えられた。そうした状況に対応し、企業の気候変動リスクの開示を促すフレームワークをつくることがTCFDの設立目的となった。

　TCFDは平成29年6月に最終報告書を公表し、気候変動関連リスクおよび機会に関する4つの項目について、企業等に開示することを推奨している（図表5-9参照）。

　そのうえで、TCFDの提言に賛同するすべての企業に対し、2℃目標[31]等の気候シナリオを用いて、自社の気候関連リスク・機会を評価し、経営戦略・リスクマネジメントなどへ反映したうえで、その財務上の影響を把握、開示することを求めている。

　TCFDは気候変動対応の開示方針として国際的なスタンダードとなっており、世界全体では金融機関をはじめとする4,824の企業・機関が賛同を示し、日本では1,454の企業・機関が賛同の意を示している[32]。TCFD提言に基づくシナリオ分析による気候変動リスクの定量的・定性的なインパクトの算出は、基本的に会社レベル／ポートフォリオレベルで行われるものではあるが、個別不動産のレジリエンスを分析するうえでも参考になるものであるた

31　平成27年12月にCOP21で合意されたパリ協定において掲げられた、世界の平均気温上昇を産業革命以前と比較し2℃より十分に下方に抑える目標。
32　令和5年9月25日時点、出典：TCFDコンソーシアム（https://tcfd-consortium.jp）。

図表 5 −10　不動産分野における主な気候変動リスクと機会

大分類	中分類	小分類
移行リスク	政策・法規制	炭素税の導入による運用コストの増加
		ZEB／環境建築物規制導入による対応コストの増加
	技術	新技術・設備への切替コストの増加
	評判	顧客からの評判の低下による競争力の低下
		投資家からの評判による競争力の低下
物理リスク	急性	風水害の激甚化による損害の増加
		風水害の激甚化による事業停止リスクの増大
		風水害の激甚化による従業員の健康と安全リスクの増大
	慢性	平均気温の上昇による操業コストの増加
		干ばつや気象パターンの変化による水リスクの増大
機会	製品とサービス	環境認証／低炭素ビル・不動産の需要の増加
		災害に強いビル・不動産の需要の増加
	市場	新規市場への参入による収益の増加
	資源の効率性	自社オフィスの効率的な建物への移転によるランニングコストの減少
	エネルギー源	再エネ・省エネ技術導入によるランニングコストの減少

（出典）　国土交通省「不動産分野TCFD対応ガイダンス」。

め、その枠組みや事例を紹介したい。国土交通省は、不動産分野における主な「移行リスク[33]」「物理リスク[34]」「機会」として、図表 5 −10の内容を掲げている。

　また、移行リスク、物理リスクに対する具体的な対策例として図表 5 −11

33　移行リスクとは、低炭素な社会へ移行していく過程での政策や市場等の変化によって生じるリスク。
34　物理リスクとは、気候変動をめぐる自然災害の激甚化や地球上の生態系や自然環境の変化によって生じるリスク。

の内容を掲げており、個別不動産のリスク分析や対策の検討、評価を行ううえで参考にされたい。

図表5－11　移行リスク、物理リスクに関する対応策の例

〈移行リスクに関する対応策の具体例〉

分類		不動産業界における対応策の具体例
大分類	小分類	
リスク（移行）	・炭素税やZEB／環境建築物規制等の低炭素規制導入による運用・調達コストの増加 ・エネルギー価格高騰やエネルギーミックス変化によるエネルギーコストの増加	・自社不動産における再エネ電力の調達（太陽光発電設備の導入、電力契約の再エネ電力への切り替え、コーポレートPPA、グリーン電力証書の購入） ・インターナルカーボンプライシングの導入 ・自社不動産におけるエネルギー効率基準や再エネ導入目標の設定 ・自社不動産への再エネ・蓄電池の導入 ・コージェネレーションシステムの導入、新技術（スマートグリッドやVPP）の活用 ・BEMS／HEMSの導入 ・建設業者と協力した不動産開発時のエネルギー効率改善（建設時のLED導入、省エネ設備の使用、太陽光発電の活用等）や改修時のエネルギーの効率改善
	・新技術・設備への切替コストの増加	・グリーンリース等を活用したテナントとの省エネの協同 ・グリーンボンド／サステナビリティボンド／サステナビリティリンクローンを活用した資金調達 ・金融機関における環境配慮型投融資の活用
	・顧客や従業員からの評判の低下による競争力の低下	・グリーンビル認証の取得 ・自社の気候変動への取り組みに関する顧客・従業員へのコミュニケーション ・従業員に対する気候変動に関するトレーニングの実施

364　第5章　不動産評価の新たなトレンド

	・投資家からの評判に よる競争力の低下	・自社不動産のGHG削減目標の設定 ・社内の環境マネジメントシステム（EMS） の構築 ・自社の気候変動への取り組みに関する投資家 とのコミュニケーション
	・規制強化による公的 セクターの市場増加	・気候変動に関する規制や市場動向の継続的な モニタリング

〈物理リスクに関する対応策の具体例〉

分類		不動産業界における対応策の具体例
大分類	小分類	
リスク （物理）	・風水害の激甚化によ る建物損害の増加や 事業停止リスクの増 大 ・風水害の激甚化によ る従業員の健康と安 全リスクの増大	・災害が発生した際のBCPマニュアルの準備 ・テナント、行政、警察・消防、建設業者、医 療事業者等と連携した災害対応体制の整備 ・自社不動産における定期的な防災訓練の実施 ・止水対策の実施（防潮板・止水板の設置、土 壌・止水シートの準備、重要室の防水化等） ・重要施設の地上階設置の実施 ・被災状況把握システムの導入 ・ハザードマップ等を活用した自社不動産の自 然災害リスクの把握
	・平均気温の上昇によ る操業コストの増加	・高効率なHAVCシステムの導入 ・断熱性能の高い不動産の開発
	・干ばつや気象パター ンの変化による水リ スクの増大	・自社不動産の立地地域における水ストレスの 把握（水インフラのレジリエンス等） ・自社不動産の水消費効率の改善
	・海面上昇による資産 価値の低下や浸水被 害の増加	・海面上昇対策の実施（防潮板の設置、重要室 の防水化等） ・重要施設の地上階設置の実施
	・環境変化による保険 料の増加	・自社不動産の物理的リスクの継続的な評価と 評価結果に基づくポートフォリオの見直し ・自社不動産における各種災害対策の実施

（出典）　国土交通省「不動産分野TCFD対応ガイダンス」。

4 個別不動産レベルの自然災害リスクを定量化・可視化するための新たな取組み

TCFDは前述のとおり会社レベル／ポートフォリオレベルのリスクを可視化する取組みであったが、個別不動産レベルの自然災害リスクを定量的に評価する試みとして、日本独自の取組みが開始しているので、最後にそちらを紹介したい。

ResReal（レジリアル）認証は、日本の気候風土に即した自然災害リスクの評価指標として令和5年1月に開始したもので、土地と建物の自然災害に対するレジリエンスを総合的に評価して点数化し、5段階で認証する仕組みである。令和5年現在では複数の評価メニューのうち「水害」に関する評価のみが開始しており、令和6年以降、「高潮」「地震・津波」「土砂災害」「噴火」「猛暑」といった評価項目に順次拡張していくことが予定されている（図表5－12参照）。

このResReal認証は、不動産関連企業など7者による「不動産分野におけるレジリエンス検討委員会（以下「D-ismプロジェクト」という）」がもととなって創設されたもの。D-ismプロジェクトは、TCFDの概念に着目し、日本で発生する外水・内水氾濫、地震、高潮、土砂災害といった物理的リスクと機会としての「レジリエンス」を可視化しようとする取組みで、土地だけでなく、建物のハード、ソフトに関する情報も含めスコアリングし、不動産のレジリエンスを評価できるツール作成を目指した取組みとして開始した

図表5－12　ResReal認証の評価メニュー

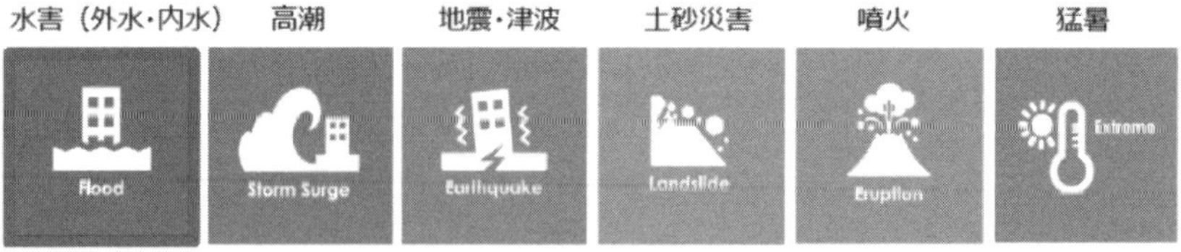

（出典）　一般財団法人日本不動産研究所ウェブサイト。

図表5-13　ResReal認証の評価イメージ

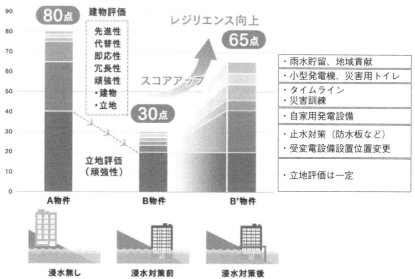

(出典）　一般財団法人日本不動産研究所ウェブサイト。

ものである。

　ResReal認証では、不動産は「頑強性（立地・建物）」「冗長性」「即応性」「代替性」の4要素とともに、雨水貯留槽の設置や地域との連携といった取組みの先進性を考慮して評価される（図表5-13参照）。

　今後、このResReal認証による個別物件レベルの評価がマーケットに定着すれば、災害対策のさらなる促進、不動産ストックの強靱化、国民生活の安全・安心、そしてSDGsの達成、持続的な成長に貢献するものと考えられる。

第4節 社会的インパクト不動産

1 不動産における社会課題解決への取組み

　ESGを推進する世の中の潮流のなかで、カーボンニュートラルを中心とするE（Environment：環境）分野について特に注目が集まるなか、近年ではS（Social：社会課題）分野もよりフォーカスされつつある。日本においては、少子高齢化への対応や自然災害への備え、地域活性化、多様な働き方・暮らし方の実現等、わが国の実情をふまえたさまざまな課題があるなか、不動産の開発や運用を通じてそうした社会課題の解決を目指す取組みが広まっている。不動産は地域社会や人々の働き方・暮らし方などに強いかかわりをもち、それらに大きな影響を与えることから、持続可能な社会の実現にさまざまな観点で貢献することが可能と考えられる。

　一方で、S分野は対象となる範囲が多岐にわたり、E分野のように評価対象や評価手法、それらの情報開示の枠組みが十分に整理されていなかった。こうしたなか、不動産のS分野に対応する投資や情報開示、事業実施を促進すべく、国土交通省は近年、「不動産分野の社会的課題に対応するESG投資促進検討会」（以下、本節において「検討会」という）の開催を通じて、不動産の社会面の取組みに関する評価項目、基本的考え方、社会的インパクトの評価方法等を整理している。本節では、この検討会の取りまとめ内容を中心に、取りまとめの考え方の背景となる「インパクト投資」の考え方等について紹介するほか、実際の開発事例も交えながら社会課題解決の取組みが不動産の評価にどのような影響を与えるのかをみていきたい。

2　インパクト投資とは

　インパクト投資とは、経済的リスク・リターンに加えて社会的および環境的インパクトを同時に生み出すことを意図する投資の考え方（図表5－14参照）であり、SDGsの達成やパリ協定の達成に向け、金融の世界でESG投資の発展形として登場したものである。

　インパクト投資は、社会に対してポジティブなインパクトをもたらす投資を促進することで社会課題の解決につなげていこうとする取組みであり、国際的な潮流のなかで発展してきた経緯をもつ。国際的な流れの例として、ESG投資のイニシアティブであるPRI（責任投資原則）は、2015年にESGをリスク要因として認識することからインパクトを起こすことへの変革をうたい、2020年には署名機関に対して投融資のアウトカム（成果）に関する報告を求めるコンサルテーションペーパー「From Awareness to Impact」を公表している。また、UNEP FI（国連環境計画・金融イニシアティブ）は、SDGs達成に向けた「ポジティブインパクト金融原則」を提唱し、2019年の責任銀行原則（PRB）では、金融機関のポートフォリオ全体におけるインパ

図表5－14　インパクト投資の考え方

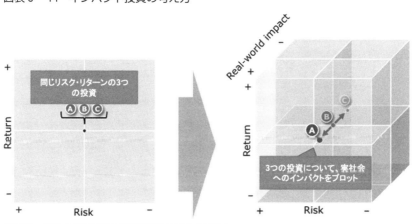

（出典）　PRI「THE SDG INVESTMENT CASE」。

クトの考慮を求めている。こうした流れを受け、日本においても環境省が「インパクトファイナンスの基本的考え方」（令和2年7月）を公表するなど、近年インパクト投資への注目が高まっている。

インパクト投資においては、明確にインパクトを意図する点とインパクトの測定を行うことが求められており、社会に対するインパクトをどういった類型に整理し、どのように測定するかが問題となる。不動産分野では、2018年に、UNEP FIにおいてインパクトレーダーが開発されるとともに、UNEP FI不動産ワーキンググループにおいてインパクトレーダーを内包する「ポジティブインパクト不動産投資フレームワーク」が開発された。インパク

図表5－15　UNEP FIインパクトレーダー

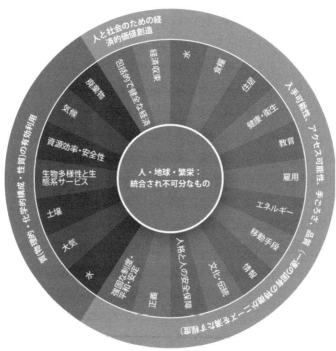

（出典）　UNEP FI「インパクトレーダー　包括的なインパクト分析のためのツール　ポジティブインパクト金融実施ガイド」。

レーダーでは、持続可能な3つの側面にわたる22のインパクト・カテゴリーに整理され、カテゴリーが定義されている（図表5-15参照）。さらにフレームワークにおいては、ネガティブインパクトや各々の計測に活用可能な代表的指標、関連SDGs等が整理されている。国土交通省は、こうしたインパクト投資やその評価に関する国際的なフレームワーク等をふまえ、国内における不動産の社会課題、評価項目を整理しているので、3においてその内容を紹介したい。

3　社会的インパクト不動産とは

社会的インパクト不動産とは、2で紹介したインパクト投資の考え方をふ

図表5-16　不動産分野における社会課題

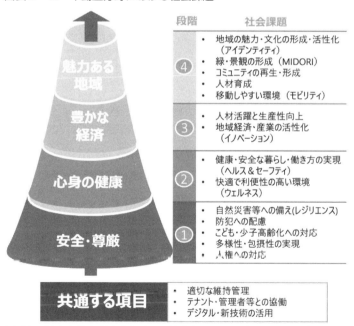

（出典）　国土交通省「不動産分野の社会的課題に対応するESG投資促進検討会　中間とりまとめ」（令和4年3月）。

まえ、社会にポジティブなインパクトをもたらすことを目指した不動産の開発や運用を指す。国土交通省は、不動産分野において社会課題の解決への取組みを促進し、ポジティブなインパクトの創出を図るため、検討会の開催を通じて国内における不動産の社会課題、評価項目を整理している。具体的には、検討会の中間取りまとめ（令和4年3月）において、不動産分野における社会課題を「安全・尊厳」「心身の健康」「豊かな経済」「魅力ある地域」の4分野に整理し、抽出している（図表5－16参照）。

図表5－17　評価分野・評価項目の例

持続可能な社会・ウェルビーイングの実現に向けた段階	社会課題	評価分野	不動産の貢献
④魅力ある地域（地域の魅力や特色が活かされた、将来にわたって活力ある社会）	地域の魅力・文化の形成・活性化	歴史・文化の保護・継承・発展	歴史・文化の保護等に資する施設の整備
	緑・景観の形成（MIDORI）	魅力ある景観の形成	景観に配慮した不動産整備や緑地等の整備
	コミュニティの再生・形成	地域交流の形成・促進	地域交流の場づくり
	人材育成	質の高い教育の提供	教育施設の整備と教育の提供
	移動しやすい環境（モビリティ）	交通利便性の向上	交通関連の施設整備
		歩行・自転車移動等がしやすい環境づくり	自転車や歩行者等関連施設の整備

（出典）　国土交通省「不動産分野の社会的課題に対応するESG投資促進検討会　中間とり

さらに、この4分野それぞれに紐づく評価分野・評価項目として、複数の分野を掲げている。たとえば、「魅力ある地域」に関する評価分野・項目としては、歴史・文化や景観の保全、地域コミュニティの活性化や人材育成、移動しやすい環境の形成があげられている（図表5−17参照）。

　こうした評価分野・評価項目は、不動産関連の各種評価制度（CASBEE、DBJ Green Building認証等）や国際的なフレームワーク（SDGsゴール、UNEP FIインパクトレーダー）、各種ESG評価機関（MSCI・FTSE Russell

アクティビティ（評価項目）
・歴史・文化の保護・継承・発展に資する建物の整備・活用・保全や設備の設置、場の提供
・景観に配慮した外観・敷地デザインの導入（景観ガイドラインに沿った取組等） ・緑化や緑地・親水空間の整備・保全
・公園、広場・コミュニティスペースの整備・提供及び地域コミュニティ活性化を促す取組や社会的な繋がりが希薄な人の居場所づくりの取組の実施（まちづくり組織による管理含む） ・多様な属性の人々が活動・交流するミクストコミュニティの形成に向けた複合施設の整備や取組の実施
・教育施設と教育の提供（高等教育、子ども向け教育、社会人向け教育）
・公共交通機関や周辺施設へのアクセス向上（歩行者用通路拡幅やコミュニティバス等） ・カーシェアリングステーションや燃料供給設備のスペースの提供（電気自動車の充電スタンド等）
・シェアサイクル等設置スペースの提供や駐輪場の整備 ・歩道周辺のアメニティ設置及び管理（案内板、トイレ、木陰、ベンチ等）、道路整備

まとめ」（令和4年3月）。

第4節　社会的インパクト不動産　373

等）の評価内容を参考に、日本における社会課題等を加味して取りまとめたものとされている。この中間取りまとめにおいて、不動産における社会面における評価項目が網羅的にまとめられているため、個別の不動産における社会面の取組みを推進するうえで参照されたい。また、検討会の中間取りまとめに続く「「社会的インパクト不動産」の実践ガイダンス」（令和5年3月）においては、こうした社会的インパクトの創出が不動産の価値向上につながる旨が明記されている。なお、本節4において、不動産開発・運用における社会課題解決への取組事例について紹介するとともに、そのような取組みが賃料の増加や不動産価値の向上へとつながっている事例について紹介したい。

　また、こうした社会面の取組みを不動産鑑定でどのように評価するのか、

図表5−18　関連項目が個別不動産に与える影響

---

1) 健康、快適性、安全性等ビルの性能
   ・健康性・快適性（空間・内装、音、光、熱・空気、リフレッシュ、運動）
   ・利便性（アクセス性・移動空間・コミュニケーション、情報通信）
   ・安全性（建物耐震性（PML等））有害物質（Eの範疇ともいえる）、水質、セキュリティコロナ対応（換気性など）
2) 災害対応
   ・水害、がけ崩れ、地盤（ハザードマップの取扱い、防災における地域連携）
   ・BCP対策（計画有無、訓練等）、レジリエンス
   ・防災備蓄
3) 地域社会・経済への寄与
   ・街づくり、地域貢献、雇用機会の創出（SDGs未来都市、モデル都市）
   ・スマートシティへの参画等
   ・アフォーダブル住宅
   ・Walkability（歩いて楽しい）、Livability（賑わい）
4) 超少子高齢化対応
   ヘルスケア施設への投資等

(出典)　国土交通省「不動産鑑定評価におけるESG配慮に係る評価に関する検討業務報告書」。

国土交通省「不動産鑑定評価におけるESG配慮に係る評価に関する検討業務報告書」において触れられている内容についても紹介したい。同報告書では、Ｓ関連項目が個別不動産に与える影響として、図表５−18のとおり「健康、快適性、安全性等ビルの性能」「災害対応」「地域社会・経済への寄与」「超少子高齢化対応」の４点があげられており、上記の社会的インパクト不動産の文脈で、不動産分野に係る社会課題として整理・抽出されている項目とおおむね合致している。このなかでも、特に1)〜3)の項目は「不動産鑑定を行う際の価格形成要因としての地域要因や個別的要因において考慮しうるもの」として明記されているため、不動産鑑定の実施において留意されたい。

4 物流施設における社会課題解決への先進的な取組みと賃料等への影響

不動産における社会課題への取組みとして、一般的にはオフィスビルや住宅、商業施設等における取組みがイメージされることが多いと思われるが、近年、物流施設において働きやすい環境の整備や地域コミュニティの活性化など、社会課題解決への取組みが発展しているため、ここで紹介したい。

物流施設は、従来BtoBのアセットとして、地域から隔離した施設として運用されることが多く、また、いわゆる3K（きつい、汚い、危険）の代表としてその職場環境もあまりよくないイメージをもたれがちであった。一方で、最新鋭の物流施設では、こうした従来のイメージとかけ離れた先進的な取組みが実施されており、その代表的な事例として、日本GLP株式会社が開発するALFALINKシリーズを紹介したい。

ALFALINKシリーズは、「Open Hub」「Integrated Chain」「Shared Solution」をコンセプトとし、「創造連鎖する物流プラットフォーム」として開発された大規模多機能物流施設であり、令和５年９月現在、神奈川県相模原市と千葉県流山市において図表５−19、５−20の２つの施設が竣工・運

第４節 社会的インパクト不動産 375

用されている。

それぞれ敷地内に複数の建物が存在するなか、地域に開かれたオープンな施設として食堂・カフェテリア等の共用部分が開放され、地域住民の憩いの場となっているほか、地域コミュニティ向けにさまざまなイベント（例：美術品の展覧会、スポーツ教室、夏祭りイベント等）が開催され、2つの施設で年間約2万人程度の参加者を集めている（図表5－21、5－22参照）。

また、安全面では免震機能等のハード面を整えているほか、自治体との防災協定の締結などを通じ、災害時に地域住民の避難場所としても機能するようになっている。

さらに、働きやすさの観点では、日本の物流関連施設で初となるWELL Building Standard（人々の健康とウェルビーイングに焦点をあわせた評価制度。5参照）の取得を行うなど、施設で働く約1万人の従業員にとって健康に配慮した施設を開発している。

加えて、生産性向上の観点では、たとえば最新鋭の物流テクノロジーの導入等を行い、自動化・効率化を推進しているほか、敷地内に物流企業のトラックターミナルを誘致することにより、テナントの輸配送を効率化している（図表5－23、5－24参照）。

このように「安全・尊厳」「心身の健康」「豊かな経済」「魅力ある地域」のそれぞれの領域で社会課題解決に資する取組みを実施しているが、こうした取組みは、地域社会の活性化につながるだけではなく、施設に入居するテナントにとっても具体的なメリットとなっている。たとえば、働きやすい職場環境がそろっており、かつ施設の開放等を通じて地域住民にとって施設が身近なものとなっていることで、人手不足がうたわれる物流業界においてテナントの従業員の確保のしやすさにつながっているほか、生産性の向上・オペレーションの効率化に資する施設となっていることで、テナントにとって収益性の向上につながっている。このようなテナントへの具体的なメリットが施設の競争力の源泉となり、結果として周辺相場より相対的に高い賃料での成約、満床での稼働、ひいては施設の不動産価値の向上へとつながってい

376　第5章　不動産評価の新たなトレンド

図表5-19　GLP ALFALINK相模原

図表5-20　GLP ALFALINK流山

図表5-21　施設内のようす

図表5-22　地域コミュニティ向けの
　　　　　　イベントのようす

図表5-23　テクノロジーの導入

図表5-24　トラックターミナルの誘致

る。

　国土交通省がガイダンス等で明記しているとおり、社会課題の解決に向けた取組みは、不動産の価値向上につながりうるものであり、5では、そうした社会面の取組みに対する評価制度と賃料との関係についても紹介したい。

第4節　社会的インパクト不動産　377

5　社会面に関連する認証制度と賃料への影響

　最後に、社会面の取組みに関連する不動産の認証制度について紹介したい。日本における不動産評価制度においては、たとえばCASBEE不動産評価認証やDBJ Green Building認証、LEED認証といった総合型の認証において、環境面の評価項目に加えて、さまざまな社会面（例：災害への備えや多様性・健康の推進など）の取組みが評価項目として掲げられている。こういった総合型の認証に加えて、社会面の取組みに特化した不動産評価認証も一定数存在する。主なものとして、第3節で紹介したレジリエンスに関する認証であるResReal（レジリアル）認証や、施設で働く人の健康とウェルビーイングに関するCASBEEウェルネスオフィス評価認証（対象不動産はオフィスに特化）、WELL Building Standardといった認証があげられる。

　こうした認証を取得することができる質の高い物件については、先ほどの物流施設での例のように、テナントからの需要が高く、競争力が高まることで賃料も相対的に高くなることが考えられるが、社会面に特化した認証についても一部そうした研究がされているので紹介したい。たとえば、「建物のウェルネス性が不動産賃料に与える影響に関する研究」（久保、林、樋山）においては、令和2年11月時点でCASBEE（建築、不動産）の認証を受けた東京・横浜・大阪・名古屋に立地する253件のオフィスビルについて、ウェルネスオフィスに基づく評価結果と賃料の相関を分析するとスコア1点当り234.2円／坪の賃料上昇に相当するとの研究がなされている。また、株式会社ザイマックス不動産総合研究所「ウェルネスオフィスの経済的価値の分析」においても、CASBEEウェルネスオフィスを取得した物件はそうでない物件に比べ、6.4%賃料が高いといった結果が示されている。物件における社会面の取組みが賃料、ひいては不動産の価値に影響を与える例として参照されたい。

第5節 コロナ禍による変化と不動産評価

1 コロナ禍による変化

　令和2年にコロナ禍が本格化し、不動産市場は激変に見舞われた。外出自粛と営業自粛は、都心商業施設の賃料収入を低下させた一方で、Eコマースをさらに浸透させ、物流施設では過去最大の新規供給量を記録するようになった。年間訪日3,000万人を突破していたインバウンド需要は文字どおり消滅し、ホテルの売上げは激減した。企業の毎日出社という慣行は崩れ、テレワークが浸透し、賃貸借契約によらない新しい利用形態であるフレキシブルオフィスが登場した。

　コロナ禍が収束しないなか、令和4年にはウクライナ危機が発生し、物価上昇・金利上昇・円安を引き起こした。エネルギーや鋼材、食料の価格はこれまでみたことがないような上昇曲線を描き、デフレに慣れきった消費者と企業に「物価は上がるものである」というマインドチェンジを促した。物価上昇は金融緩和政策の転換観測をくすぶらせ、不動産投資の優位性であった分厚いイールドギャップの縮小が懸念されるようになった。

　そして、日本特有（もしくは世界的に先行）の社会課題である人手不足問題があらゆる場面で顕在化するようになった。特にオフィス以外の現場で働く職業（ノンデスクワーカー）の人手不足は深刻であり、建設・管理・清掃コストが実は時間的に不変ではないことを気づかせた。

　ほかにも、世界的な潮流となったESG（環境、社会、ガバナンスを重視した投資や経営のスタイル）により、内外投資家からの不動産サステナビリティ情報開示の圧力が強まっている。これまでコストと認識されてきたESG

の取組みと適切な開示が、追加的な不動産価値を生むこともわかってきた。

　これら近年の社会・経済の変動は、これまで「当たり前」とされてきた不動産市場の常識や学んできた「前提条件」が未来永劫不変ではなく「ひっくり返る可能性がある」ものであることを示している。不動産鑑定士には、この転換を不動産鑑定業務、そしてDCFへどのように反映させていくか、新しい課題が突きつけられている。

　本節では、アセットタイプ別に、近年の社会・経済的変動が不動産価値に与える影響について考えるためのポイントについて整理する。アセットタイプ別としたのは、市場規模や適正立地、収益構造・ビジネスモデル、リスク、積み重ねた歴史が異なり、1つの社会変化であっても受ける影響がアセットタイプによって異なるためである。なお、取り上げるアセットタイプは商業用不動産（オフィス、商業施設、物流施設、ホテル）としている。商業用不動産は、1件の規模が大きく、事例も少なく、個別性が強いため、不動産鑑定業務の役割が大きい。また、社会・経済の変動とマーケットの影響を受けやすいことも対象とした理由である。居住用不動産は事例が多く、商業用不動産に比べ個別性が大きくないため本節の対象外としている。本節の最後で今後の不動産鑑定を行ううえでの留意点について整理する。

2　オフィス

　オフィスビルは、不動産鑑定士にとってベーシックで最も触れる機会の多いアセットタイプである。

　その理由は、事務所利用を目的とした企業が借り手であり、賃料収入が比較的安定していること、高度経済成長期以降、さまざまな危機もありながらもビジネスノウハウ、法規制、トラックレコードが蓄積され、業界内に共有されてきたことであり、これらはそのままオフィス不動産ビジネスの長所でもあった。

　しかし、近年、この「企業のオフィス利用をもとにした安定収入」「長い

歴史の積み重ね」という強みを揺るがす「働き方の変化」「空きビル問題」という環境変化が起きている。

(1) 働き方の変化

2010年代後半以降、オフィスを利用するオフィスワーカーの働き方改革、人的資本経営の普及、コロナ禍発生などの企業を取り巻く環境変化から、より急速に働く場所の多様化が進んできている。

たとえば2010年代中頃には、政府が働き方改革を大きく推進し、その目玉であるテレワークが注目され始め、外出時に自社オフィスに戻らずに働けるシェア型サテライトオフィスが活用されるようになった。また、平成30年にはコミュニティ機能を重視したコワーキングオフィスであるWeWorkが日本に進出し話題となった（コミュニティ型コワーキングオフィス）。

令和２年初頭にはコロナ禍が発生し、感染症対策の観点からも必要性が高まり、特に、それまでは育児や介護など特定の事由を抱える一部の従業員を主な対象としてきた在宅勤務を、緊急措置として全体的に認める企業が急増した。

テレワーク実施率は令和２年に急増し、その後３年間も６割を下回ることなく推移している。テレワークの時間割合も同様に増加し平均32.1%（週1.5日程度、令和２年調査）となっている[35]。

ここで注目すべきは、日本の多くの企業は完全テレワークではなく、出社とテレワークを使い分ける「ハイブリッドワーク」を採用することとなったことである。

コロナ禍収束後についても、企業が想定する出社率は平均68.3%（週５日のうち３日程度出社し、残りはテレワーク）であり、多くの企業は引き続き「ハイブリッドワーク」を採用する意向である。

今後のオフィスレイアウトについて「フレキシブルな座席の割合を高めた

---

[35] 株式会社ザイマックス不動産総合研究所「オフィスワーカーの働く場所の変遷」（https://soken.xymax.co.jp/2023/03/15/2303-change_in_working_place/）。

い」と回答した割合は、縮小したい企業で58.8％、拡張したい企業で39.4％と、いずれも面積を変えない企業（22.5％）より高い。

働く場所の立地に関して、縮小したい企業は「本社機能は都心に置き、郊外に働く場所を分散させる（在宅勤務を含む）」（57.8％）というハイブリッド志向が強い一方、拡張したい企業は「働く場所を都心部に集約させる」（28.4％）意向が高めであった。

コロナ禍において企業の出社率が抑制された結果、従来の在籍人数に基づいて整備されたオフィスではスペースが余り、面積効率が低い状態が生じている。

在籍1人当りオフィス面積は3.9坪である一方で、出社1人当りオフィス面積は4.9坪と大きな差がみられる[36]。

企業が必要なオフィス面積を想定する際は、オフィスを利用する人数が流動的になったことを受け、「在籍人数」および「出社率」という「人」関連の指標を考慮する必要がある。

企業は、さまざまな業務内容にあわせて従業員が自由に働く場所を選んで働くABW（Activity Based Working）やハイブリッドワークの導入促進により、ワークプレイス戦略を多様化させている。具体的には、①出社率を低くすることでオフィス面積を縮小する、②人員増や出社率増によりオフィス面積を拡張する、③多様なスペースの導入によりメインオフィスを再設計する、④ハイブリッドワークの推進により働く場所を拡充する、のいずれかのシナリオがとられると推察される。

このような働き方とオフィスの使い方の変化を受け、急成長をしてきたのが、フレキシブルオフィス市場である。

フレキシブルオフィスとは、一般的なオフィスの賃貸借契約によらず、利用契約・定期建物賃貸借契約などさまざまな契約形態で、事業者が主に法人

---

[36] 株式会社ザイマックス不動産総合研究所「コロナ禍で変わるオフィス面積の捉え方（2022 年）」（https://soken.xymax.co.jp/2023/03/14/2303-new_approach_to_office_space_2022/）。

および個人事業主に提供するワークプレイスサービスであり、シェアオフィスやコワーキングオフィスなど各種サービスの総称である。

東京23区内のフレキシブルオフィスは年々増加し、令和5年には1,260拠点、総面積は約23.9万坪であり、オフィスストック（1,311万坪）の約1.8%を占めている。フレキシブルオフィスサービスを展開する事業者数は116社を数えている[37]。

東京23区内にあるフレキシブルオフィスのうち、総拠点数の66.3%、総面積の84.1%が都心5区に集中しているが、近年は、特に拠点数、面積ともに周辺18区の割合が増加している。

市場拡大の背景としては、オフィスの専用部以外にも、オフィスの共用部や駅、宿泊施設、商業施設、金融機関などさまざまな場所にフレキシブルオフィスが浸透していることや、拠点タイプが多様化していることが考えられる。

(2) 空きビル問題

数々の経済イベントによりオフィス市況は上下するものの、オフィスビル事業の安定性は他のアセットタイプに比べ際立っていた。

しかし、少子高齢化、コロナ禍、建物の築古化の進展は、これまでの安定の前提となる事業環境を静かにかつ確実に変貌させている。オフィスはオフィスのままであり続けられるのかが揺らいでいる[38]。

産業構造の転換や都心部への産業集積・人口流入・女性の社会進出などを背景にオフィスワーカーは増加し、オフィスビルの需要が高まった。

バブル期には大量の中小規模のオフィスビルが供給された。それ以後にも大手デベロッパーや機関投資家などによる大型のオフィスビルが次々と建て

37　株式会社ザイマックス不動産総合研究所「フレキシブルオフィス市場調査」(https://soken.xymax.co.jp/2023/02/07/2302-flexible_office_survey_2023/)。

38　株式会社ザイマックス不動産総合研究所「オフィスの未来」(https://soken.xymax.co.jp/2023/05/08/2305-the_future_of_office_buildings/)。

られ、オフィスストックは拡大の一途をたどってきた。

オフィスマーケットは、空室率と賃料は上昇と下落を繰り返しつつも、継続的な新規供給は需要拡大により消化されてきた。

コロナ禍は働く場所と働き方を見直すきっかけとなり、テレワークが一気に広まり、企業がメインオフィスの役割・価値を再考する機会となっている。コロナ禍で空室率が上昇し、企業によるオフィスビルの選別が進んでいる。

生産年齢人口の減少に伴いオフィスワーカーの人数は増えず、企業のオフィスの使い方も変化する。AIなどの進化でオフィスワークが減少する可能性があり、今後、オフィス需要の大きな拡大は期待できない。

オフィスマーケットは空室が一定量ある状況が常態化し、さらなる企業のビルの選別が進む。企業から選ばれるビルとそうでないビルの差が鮮明になってくるだろう。

築古ビルのなかには空室が長期化するビルが出てくるようになり、周辺環境の悪化につながる「空きビル問題」が現実化する可能性がある。いまから20年後にはオフィスビルの築古化がいっそう進み、オフィスストック総量が減少する時代となる。

いままでなんとかなったオフィスビル事業は、これからはなんとかならない時代になり、ビルオーナーは将来を真剣に考える必要がある。

オフィスの未来に発生する「空きビル問題」は、ビルが新しい建物や他の用途の建物に変わり、良質なストックを形成する都市に生まれ変わるチャンスになる。

3　商業施設

商業施設は、施設を中心とした一定範囲（商圏）内の消費者が、施設内の商品やサービスに対して支払った金銭が売上げとなる。商業施設の収益と価値は消費者の価値観や行動、社会情勢に大きく影響を受ける。

コロナ禍を経験した商業施設は、社会情勢、消費者価値観と行動の変化の影響を受け、スピード感をもった進化が求められている。本項では、ポストコロナ時代における商業施設の優勝劣敗を分かつ5つのトレンドについて解説する[39]。

(1)　より消費者に近いところへ

　テレワークの普及、巣ごもり消費の増加など消費者行動が大きく変化した。商業施設・店舗が重視する立地が住宅地にシフトし、より消費者に近づいていく傾向がみられている。

　テイクアウト、デリバリー、ドライブスルー特化型など、消費者に近い立地への出店が競合優位性を確保するための鍵になっている。また、キッチンカー、移動販売車、出張サービスなど事業者が消費者へと出向き、顧客接点を増やす取組みも活発化する。

　自動車での交通アクセスが悪く、駐車場が少ない駅前・駅近に立地する中規模商業施設は、業態の再検討が必要となる。

(2)　進化するリアル店舗の使い方・使われ方

　リアル店舗は、最終購入の場から商品とブランドを体験するための場としての役割が強まる。

　小売とエンターテインメントを融合させ、娯楽を提供する形態（リテールテイメント）や、リアル店舗で商品を実際に確認してからEコマースで購入する消費者のスタイル（ショールーミング）に対応した店舗が登場している。これらは、顧客ロイヤリティの醸成だけでなく、在庫や売場面積の削減が期待できる。

　商業施設は、ショッピングだけでなく、くつろぎ・つながり・健康増進・学習体験を提供するライフスタイル提供型へと進化が求められる。消費者と

39　株式会社ザイマックス不動産総合研究所「ポストコロナ時代の商業施設を考える」（https://soken.xymax.co.jp/2021/12/22/2112-future_retail2/）。

第5節　コロナ禍による変化と不動産評価　385

の接点、滞在時間の増加が期待できる。

　一方で、新しい形態のリアル店舗の売上げは、Eコマース経由が多くを占め、施設運営者による捕捉がむずかしい。消化仕入れや最低保証付歩合といった従来の賃料設定は適さない。形態にあわせた新しい契約形態および賃料設定の開発が不動産事業者には求められる。

(3)　ショッピングプロセスのデジタル化

　従来のショッピングは実店舗での購入が主流であったが、インターネットの普及によりデジタル化が進行している。この変革には「スマートストア化」「SNSの活用」「Eコマースの進展」「5Gの普及」といったキーワードがあげられる。

　ショッピングのDXは、オムニチャネルやOMOといったビジネスモデルを取り入れることで進められてきた。しかし、DXの実現には多くの課題があり、特にIT人材の不足があげられる。

　スマートストア化では、AI技術やスマートショッピングカートを用いて顧客体験を向上させる試みが進められている。

　SNSの活用では、従来の広告とは異なる新しい販促方法や、消費者とのコミュニケーションが試行されている。

　Eコマースの進展としては、BOPISやライブコマースなど新しい購入形態が注目され、これらはオンラインとオフラインの融合としてとらえられる。

　5Gの普及により、エンターテインメント体験もデジタル化が進むことが期待され、バーチャル上でのフェス開催や、MICE施設の立地や規模に変化がみられるようになる。

　これらの動きから、ショッピングの未来はデジタルとリアルの統合が進むことが予測される。事業者は、この変化をとらえて適切に対応することが求められる。

386　第5章　不動産評価の新たなトレンド

⑷　実感できるサステナビリティ

　近年、サステナビリティは商業施設の主要な課題となっている。特に、コロナ禍で消費者のSDGs認知度が上昇し、環境や人権問題を背景にした商品への選好が強まっている。

　特に、日本のアパレル業界ではサステナブルな取組みへのシフトが必要とされ、3R（Reuse、Reduce、Recycle）の活用やフェアトレード、ファッションアイテムレンタルなどが注目される。

　また、気候変動対策として、多くの企業がTCFDやSBT、RE100などの脱炭素経営を推進しており、これが今後の商業施設のスタンダードとなる可能性がある。

　日本初のゼロウェイスト食品スーパーのような先進的事例も登場し、商業施設のサステナビリティへの取組みがこれからの大きな課題となる。

⑸　柔軟なビジネスモデルへの転換

　商業施設は常に進化し、社会の変化や消費者の行動・価値観の変動に対応しながら、柔軟にビジネスモデルを転換していく必要がある。

　コロナ禍を経て、不採算店舗の整理や統合が進むなか、商業施設の空間利用の多様化が求められる。従来の商業利用だけなく、フレキシブルオフィスの導入や物件の特性を考慮した最適な利用法を模索する必要がある。特に、駅前・駅近の総合スーパーを核店舗とした商業施設は競争力が低下している。オフィスや住宅、エンターテインメント施設などを取り込み、柔軟な複合用途化の検討が進む。

　ネットスーパーや宅配サービスの普及に伴い、商業施設と物流施設の融合が進行している。一部の事業者は、商業施設内に物流の機能を取り入れて、配送の効率化や顧客サービスの向上を目指している。

　少子高齢化が進むなか、アクティブシニア層の消費インパクトは増加しており、彼らのニーズに応じた施設やサービスの提供が求められる。一方、ミ

第5節　コロナ禍による変化と不動産評価　387

レニアル世代やＺ世代の消費行動や価値観の変化にも注目が必要であり、エシカル消費などのトレンドに対応した施設やサービスの提供が期待される。

4　物流施設

物流施設は、コロナ禍で多大な影響が及んだ不動産市場において存在感を高めている。

電子商取引の急激な拡大に伴う賃貸需要増加、社会動向の変化をとらえた大手企業の物流拠点整備、先進物流施設への借換え需要などが追い風となっている。

しかし、不動産業界はこれまでも好調期の裏側でリスクがふくらむ過程をさまざまな場面で繰り返してきた。本項では、「好調を続ける物流不動産が抱えるリスク」について指摘する。

(1)　新規供給の増加

物流不動産市場は、需要拡大にあわせた新規供給の増加が続いている。令和５年の新規供給は90万坪と過去最大であり、令和４年供給量を26％上回った。

令和５年単年では需要が供給を下回り、空室率は令和５年度第４四半期で4.3％まで上昇したが、需要も全体でみれば過去最大であり、需給バランスが崩れるわけではなく健全な水準との見方もある。

今後、供給が増えるのは神奈川臨海、圏央道が中心であり、次いで東京・神奈川内陸も多めの供給が予定されている。これらのエリアでは、特徴のない汎用的な物流施設はリーシングで苦戦が予想される。

(2)　競争の激化

高水準の新規供給が継続し、物流施設ごとの競争も徐々に激しさを増している。

テナントのニーズも高度化しており、物流不動産事業者には、単に保管や搬出入のスペースだけでなく、商品や事業を超えた拠点の統廃合といった企業不動産戦略にかかわるような提案、省人化・DXなど最新の物流ビジネスに対する理解、省エネや従業員の就労環境改善、周辺地域社会といったSDGsに関する取組みなど、企業の事業戦略への貢献が求められるようになっている。

さらに、テナントに選ばれるための差別化戦略も求められるようになっている。危険物倉庫併設、重貨物対応などの高機能・特殊用途物流施設はまだまだ希少であり、特に、冷凍冷蔵倉庫は、コロナ禍をきっかけに拡大した冷凍冷蔵食品市場の需要を受け、高い賃料水準が期待される。また、立地についても、従来の交通利便性だけでなく、必要な倉庫内作業員を確保できるだけの後背地人口を備えていることが差別化ポイントとなる。

ほかにも、きめ細やかな物流ニーズに対応するための比較的小規模のラストワンマイル型物流施設は、オフィスや住宅では競争力の乏しい都心部立地の活用としても期待できる。

(3)　建設費の高騰

コロナ禍以降、物流施設の建築費が高騰している。

資源高による鋼材価格の上昇と建設業の人手不足を受け、倉庫の建設費指数は平成23年の86から令和5年には128と50％上昇した。

オフィスや住宅に比べ地価が低い立地が多い物流施設は、建設費上昇が投資額の上振れにつながりやすく、特に土地価格が相対的に低いエリアでは開発プロジェクトの採算があわなくなるおそれがある。

また、建築資材の納期延長や建設作業員確保の困難さから、着工の遅れや工期の延長につながり、賃料発生までの期間が伸びることで、IRRが悪化するおそれもある。

⑷ 物流2024年問題

　働き方改革基本法により、令和6（2024）年4月以降、トラックドライバーの残業時間の上限は年960時間以内に規制（ほかにも拘束時間や休憩時間に関する規定もあり）されることとなった。これにより1日で運べる輸送距離が縮小することになり、日本全国の物流が停滞するおそれがある（物流の2024年問題）。株式会社NX総合研究所は2030年時点の輸送能力は34.1％不足すると試算している。

　物流の2024年問題の解決がむずかしい背景として、物流業界の3つの構造問題（長年の商慣習、業務の非効率さ、厳しい顧客要求）があげられる。物流業界では、商慣習上、荷物運送の依頼主である荷主が物流事業者に対して優位な立場にあり、物流業界の多重下請け構造もあって、荷待ち時間の長さ、トラックドライバーによる荷役作業が常態化している。また、物流波動（繁閑差）が大きいうえ、手作業や紙伝票が多く、高速道路の時速80km速度制限もあって、業務が非効率になりやすい。そして、荷主からの厳しいリードタイム設定や消費者の再配達依頼など顧客から物流事業者への要求が厳しい。これらの構造問題は物流事業者だけでは解決がむずかしく、製造工場や農家、食品スーパーなどの荷主を巻き込む必要がある。

　国では、荷主向け・物流事業者向けガイドラインの公表や、荷主含め企業において物流管理統括者を選任することや定期報告書の提出を求める立法措置を進めている。物流不動産事業者にとっては、荷待・荷役時間の把握や予約受付システムの導入、パレットの標準化、荷役作業の安全対策、出荷時間の事前提供、機械化・デジタル化による倉庫内業務の効率化、労働環境の改善など、テナントである荷主および物流事業者の取組みを支えることで「選ばれる物流不動産」へと進化するチャンスであり、もし対応できなければ他物流不動産との競争に敗れるリスクを抱えることになる。

5　ホ　テ　ル

　ホテルは、コロナ禍による悪影響が最も大きかったセクターである。令和
2年以降、特に遠方への移動を伴うホテル等の宿泊者数は、コロナ禍に伴う
移動制限を受け大きく落ち込んだ。ホテル事業は大きな打撃を受け、多くの
施設が休業や閉鎖に追い込まれた。

　その後、感染収束と拡大を繰り返しつつも、行動制限の解除や消費者の外
出意欲の高さ、各種観光事業支援、円安による海外旅行から国内旅行へのシ
フトなどにより、令和5年には令和元年水準を上回るところまで宿泊者は回
復している。

　しかし、需要が蒸発するほどのショックを受けてもなお、ホテル業界は本
当にコロナ禍前の状態に戻ることができたのであろうか。

　本項では、コロナ禍後の旅行需要回復に覆い隠された、ホテルセクターに
起きている2つの「不可逆な変化」に着目し整理する。

(1)　旅行形態は団体旅行から個人旅行へ

　旅行需要が回復するなか、以前より地方の観光地等でみられた「パック・
団体旅行」に伴う宿泊需要が減少する一方で、代理店等を経由しない「個人
旅行」の需要が若年層を中心に増加している。

　需要がシフトした背景には、感染リスクが比較的低いことのほか、個人旅
行のほうがリードタイムが短いことがある。旅行直前まで感染状況を確認す
ることが旅行者の新しい常識となったこと、ネット予約の利便性の向上によ
り予約やキャンセルが容易になったことがあげられる。

　個人旅行への需要シフトは、以下の3つの点でホテルオペレーションへの
負荷増加をもたらす。

　まず、リードタイムの短期化による、スタッフおよびリネンの確保であ
る。これまで大規模ホテルや旅館が囲い込んできたパック・団体旅行はリー
ドタイムが長いため、ホテル従業員のシフト管理や人員補充、リネンと食材

第5節　コロナ禍による変化と不動産評価　391

の調達は比較的容易であった。しかし、キャンセルが多く、リードタイムが短い個人旅行が中心となると、計画的・継続的・安定的な人員確保やリネンサプライ調達の難易度は上昇し、欠員と欠品なく運営するためのコストは増加することになる。

次に、チェックイン・チェックアウトに必要な時間の増加である。団体旅行の場合、代表者のみのチェックイン・チェックアウトであるため、フロントの作業時間が短時間で終了する。それに対し、個人旅行はグループごとにつどチェックイン・チェックアウトを行うため、フロントの作業時間が長くなる。フロントの混雑は旅行者の不満に直結しやすく、インバウンドの回復もありフロントには多言語対応も求められる。質・量の両面でフロントスタッフの人件費は増加することになる。

そして、客室清掃オペレーションの負荷増加である。個人旅行は団体旅行に比べチェックイン・チェックアウト時間が突如変更になりやすい。また、チェックアウトなのか連泊なのか、団体であればある程度のまとまりがあったのが、個人旅行では部屋ごとに細かい把握が必要になる。清掃開始時間と清掃仕様はまちまちで流動的になり、チェックインの時間までに客室を仕上げなければいけない清掃スタッフへの肉体的、精神的負荷は強まり離職が増える。宿泊人数が同じでも清掃に係る人件費やオペレーションの難易度はより増大するようになっている。

これまでパック・団体旅行等に依存してきたビジネスホテルや大型ホテルなどでは、個人旅行がけん引する足元の需要回復に対し、清掃やフロント人材の確保が間に合わず、稼働率（OCC）を引き上げることがむずかしい事態に陥っている。ADR（平均客室単価）の上昇に比べ、RevPARの回復がついてこないホテルが出てくると考えられる。

個人旅行へのシフトは、新興国における所得上昇と嗜好の多様化、SNSを通じた旅行情報の充実、国際的なネット予約サービスの浸透により、世界的なトレンドになっている。訪日外国人は、初来日の団体での銀座爆買いではなく、SNSで見つけた地方の名所や食文化、ディープな体験を求める個人リ

ピーターによる旅が中心になる。個人旅行への形態変化への対応の巧拙は、今後の外国人観光客の本格回復とさらなる増加に向けても、ホテル事業の優勝劣敗を左右することになる。

(2) 事業優位性は販売力から納品力へ

コロナ禍により旅行需要が消滅したとき、多くのホテルがリストラを行った。スタッフの採用を控え、リネンや洗剤といった資材調達を抑え、デジタル化・機械化といった追加投資を中止した。この間、コロナ禍の裏で進行していた、人口減少を背景とした人手不足、ウクライナ戦争によるエネルギー価格の高騰への対策には、目をつぶらざるをえなかった。

そして、いざコロナ禍が明けて国内とインバウンドの旅行需要が回復をみせ、ホテル事業者が売上げを取り戻そうとしたとき、一度離れた優秀なフロントやスキルフルな清掃スタッフは容易に戻ってこなかった。ホテルでの複雑なオペレーションをこなせる人材は別産業でも活躍できるからである。物資を時間どおりにバックヤードに運搬してくれたトラックドライバーも返ってこなかった。Eコマースの成長を受けた運送業界は引く手あまただからである。清潔なシーツやタオル、ユニフォームを届けてくれていたリネン工場には仕事を断られることとなった。リネン工場の設備は老朽化が進み、設備更新や増強ができず生産能力が落ちていたからである。

ホテルセクターがコロナ禍により失ったのは、旅行需要だけではなく、宿泊サービスの「納品力」であった。

国をまたいだインターネット予約サービスの充実、XやInstagramなどSNSの浸透により、販売チャネルが広がって、中小ホテルでも広範囲から集客が容易になり、事業規模による販売力の差は縮まった。一方で、フロントや清掃、リネンといった宿泊サービスの納品力には大きな差が生じた。ハイクラスホテルであってもそのブランドに見合ったサービスの納品力がなければ、顧客の期待に応えられず、口コミサイトでの悪評につながる。

コロナ禍にあっても、人事制度の改定、客室清掃のBPR（ビジネスプロセ

ス・リエンジニアリング）、予約システムへの変更、リネン調達元の確保、KPIの設計など納品力の強化に取り組んできたホテルと、傍観者になり嵐が通り過ぎるのを待っていただけのホテルでは、競争力と収益力に大きな違いが出ている。

コロナ後の不動産鑑定士は、ホテルを評価する際に、販売力やブランドだけではなく「ルームメイク」や「リネンサプライ」の安定調達も考慮する必要がある。現地調査では、チェックイン／アウト時のフロントのオペレーションの円滑さ、客室清掃の品質や清掃スタッフの充実度合い、リネンの清潔さと納品頻度などを見逃さないようにしたい。

6　ま　と　め

本節では、コロナ禍をはじめとした近年の社会・経済の変動による不動産業界および鑑定業務への影響についてアセットタイプ別に整理した。

オフィスセクターでは、オフィスワーカーの働き方が変化して新しい利用形態が浸透するとともに、都心部でも空きビル問題が顕在化する。商業施設セクターでは、従来の立地や店舗のあり方にこだわらない柔軟なビジネスモデルへの転換が求められる。物流施設セクターでは、施設間の競争の激化が予想され、利用者である荷主や物流事業者への訴求が重要になる。ホテルセクターでは、販売力やブランドより納品力の優劣が重要になる。

これらは、これまで「当たり前」とされてきた不動産市場の常識や学んできた「前提条件」が未来永劫不変ではなく「ひっくり返る可能性がある」ものであることを示している。

不動産鑑定士が、この転換を不動産鑑定業務へ反映させていくためのポイントの1つとしては、不動産業界の「外」へ視野を広げることがあげられる。

具体的には、これまでチェックされてこなかったような不動産業界以外の統計や指標が参考になるだろう。消費者物価指数（生鮮食料を除いたコア指

数とエネルギーまで除いたコアコア指数）、日米金利差、オフィスワーカー
１人当りの床面積、不動産の築年別ストックの推移、消費者向け電子商取引
市場規模、トラックドライバーの残業時間、旅行者の団体割合やOTA（On-
line Travel Agent）割合、企業向けサービス価格指数の建物サービス、人
手不足を理由とした倒産件数などである。

　これらの時間的な推移を観察したうえで、これまでのDCFを再点検して
いくことが重要である。特に、水光熱費や管理費、修繕費について今後も一
定（固定）としている場合は注意が必要であろう。

　また、現地調査の際には、立地や建物の状況、利用者だけでなく、その不
動産で「働く人」に注目すべきである。不動産業は産業単体でみれば資本集
約産業である一方で、視野を広げれば安定稼働と資産価値維持を成り立たせ
るために日々膨大な労働力を吸い上げる労働集約産業の側面ももつ。働く人
に無理を強いていないか、バックヤードは整然としているか、休憩スペース
は十分な広さがあり清潔か、生き生きと元気に前向きに働いているかは、資
産価値を評価するうえでの重要な材料となってくるだろう。

　不動産鑑定評価基準には、「不動産鑑定士は、不動産の鑑定評価の社会的
公共的意義を理解し、その責務を自覚し、的確かつ誠実な鑑定評価活動の実
践をもって、社会一般の信頼と期待に報いなければならない」とある。不動
産鑑定士の仕事が社会と密接に結びついたものである以上、社会変化の動向
に関心をもち、業務へ反映していこうとする不断の試みが求められる。

第6節 建築の変化と不動産評価

現在、建設業界ではさまざまな変化が起こっている。ZEBの出現やBIMの普及、数々の大規模木造建築の竣工、既存建築ストックの活用などがあるが、今回はそのなかでも、「ZEB」と「BIM」について解説する。

1 ZEB

(1) ZEBの背景

1970年代以降、オイルショックを契機に制定された「エネルギーの使用の合理化に関する法律」（通称：省エネ法）の施行と、この法律の度重なる基準の強化によって、エネルギー資源の保護を重視した建築の取組みが続けられてきた。その後、平成21年に「ZEBの実現と展開に関する研究会」が発足し、日本における建築物のゼロ・エネルギー化に向けての取組みが始まった。さらに、平成23年の東日本大震災を契機に日本のエネルギー構造の根本的な見直しが求められた結果、その基盤となるZEBの早期実現が迫られることとなった。

(2) ZEBとは

ZEB（net Zero Energy Building）とは、快適な室内環境を維持しながら、負荷抑制・自然エネルギー利用・設備システムの高効率化等により、建物で消費する年間の一次エネルギーの収支をゼロにすることを目指した建物である。またZEBには、一次エネルギー消費量の削減率によって4段階の定義が

あり（図表5-25参照）、ZEB Ready（ゼブレディ）・ZEB Oriented（ゼブオリエンテッド）に関しては、太陽光発電などの再生可能エネルギー設備を導入せず、エネルギー使用量の削減のみでZEBランクを取得することが可能である。

図表5-25　ZEBの定義

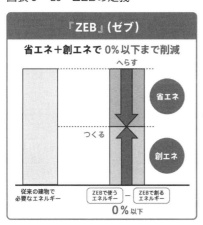
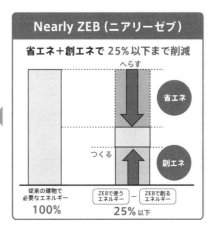
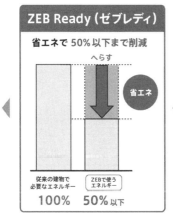
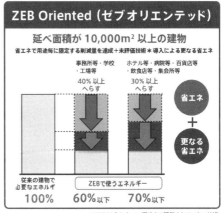

（出典）　環境省ZEB PORTAL「ZEBの定義」（https://www.env.go.jp/earth/zeb/detail/01.html）。

⑶ ZEBのメリット

a 光熱費の削減

ZEBの大きなメリットは、エネルギー消費量の削減に伴い建物の運用にかかわる光熱費の削減が可能となることである。一次エネルギー消費量から光熱費への換算を行ったところ、たとえば、延床面積10,000㎡程度の事務所ビルでZEB Readyを実現した場合、同じ規模のZEB未実現ビルと比べて40〜50％の光熱費の削減につながることがわかった。なおこの換算は、電力については平成28年8月現在の東京電力業務用電力の契約、都市ガスについては東京ガス一般契約の基準単位料金を想定し、空調・換気・照明・給湯・昇降機のみを対象としている[40]。

b 物件価値の向上

ZEBによるメリットとして、物件価値の向上もあげられる。ZEBのようなエネルギー性能の高い建物は、環境性能評価において高い評価を取得しやすくなる。たとえば、東京23区内に立地する事務所ビルにおいて、環境認証を取得しているビルは新規成約賃料にプラスの影響を与えるという調査結果も発表されている（図表5－26参照）。ZEBは建物のエネルギー性能の向上だけでなく、物件価値の向上にもつながる。

なお、この調査結果は、株式会社ザイマックス不動産総合研究所「環境マネジメントの経済性分析」（平成27年）での研究をベースに、新規成約賃料を「立地・規模・新しさ・スペック・成約時期・環境認証の有無」で説明するモデルを構築し、これに「都心3区に所在・延床面積5,000坪・地上階数12階・基準階面積250坪・最寄り駅から徒歩3分・築年数15年・OAフロアあり・個別空調あり・機械警備あり・未リニューアル」という属性値を代入することで、環境認証の有無別の新規成約賃料を推定したものである[41]。

---

40 環境省ZEB PORTAL「ZEB化のメリット 1. 光熱費の削減」（https://www.env.go.jp/earth/zeb/detail/03.html#a01）。

図表 5 − 26　環境認証の有無による新規成約賃料の差

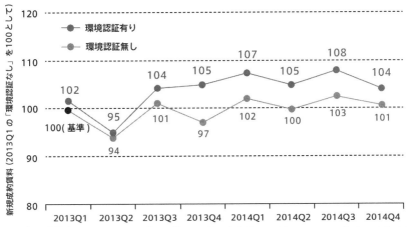

（出典）　環境省ZEB PORTAL「ZEB化のメリット」(https://www.env.go.jp/earth/zeb/detail/03.html)。

(4)　ZEB事例

ここからは、新築と改修のZEB事例を1つずつ紹介する。

a　事例1：大成建設技術センターZEB実証棟（新築）

本建物は、実際にオフィスビルとして運用しながら都市部でのZEBの実現可能性を実証することを目的とした建物である（図表5 −27参照）。

この事例で注目すべき点は、建物の高層化に対応したZEBを実証している点である（図表5 −28参照）。建物の高層化により増加する外壁面を利用して得られる自然・再生可能エネルギーを、各階で必要なエネルギーに効率的に変換し、供給することが可能となっている。なお、タスク・アンビエントシステムも導入しているが、これは、空間を人が作業する「タスク（個人）空間」と人がいない「アンビエント（周囲）空間」に分け、タスク空間のみ

41　環境省ZEB PORTAL「ZEB化のメリット　3．様々な価値（企業価値・不動産価値・まちとしての価値など）の向上」(https://www.env.go.jp/earth/zeb/detail/03.html#a03)。

第6節　建築の変化と不動産評価　399

図表5－27　大成建設技術センターZEB実証棟

（出典）　大成建設株式会社ウェブサイト（https://www.taisei.co.jp/about_us/wn/2020/200217_4881.html）。

図表5－28　大成建設技術センターZEB実証棟の概要

所在地	神奈川県横浜市戸塚区
竣工	平成26年5月
延床面積	1,277㎡
構造	鉄筋コンクリート造
階数	地上3階
用途	事務所 など
主なZEBの内容	①光環境：低照度タスク・アンビエントシステムの導入 ②温熱環境：排熱利用タスク・アンビエント空調システムの導入 ③再生可能エネルギー：外壁面を利用した太陽光発電システムの導入
エネルギー消費率	103％
ZEB評価ランク	ZEB

（出典）　公益社団法人空気調和・衛生工学会編『ZEBのデザインメソッド』126～129頁（技報堂出版、2019年）より筆者作成。

図表5－29　久留米市環境部庁舎

（出典）　備前エネルギーサービス株式会社ウェブサイト（https://zeb.bizen-greenenergy.co.jp/case/kurume/）。

明るさや温度を効率的に調整することで、省エネルギーを図るシステムのことを指す。

b　事例2：久留米市環境部庁舎（改修）

　本建物は、既存公共施設のZEB化に国内で初めて取り組んだ建物である（図表5－29参照）。

　既存設備の老朽化や温熱環境の悪さが懸念されていた一方で、3階には太陽光発電を置くには十分なスペースがあったことから、久留米市環境部庁舎のZEB化事業が始まった。この事例で注目すべき点は、設備の老朽化による更新時期にあわせてZEB化を行った点である（図表5－30参照）。図表5－30の①～④の内容は、事例1のような特殊なシステムではなく、すべて汎用的なエネルギー効率のよい省エネ設備である。老朽化した設備の場合、汎用的な省エネ設備に交換するだけでも、一次エネルギー消費量を削減することが可能となる。

　本建物は、既存の建物の外装および設備機器の耐用年数や修繕が必要な時

図表 5 −30　久留米市環境部庁舎の概要

所在地	福岡県久留米市
竣工	令和 3 年 1 月
延床面積	2,089㎡
構造	鉄筋コンクリート造
階数	地上 3 階
用途	事務所 など
主な ZEB の内容	①光環境：LED 照明への交換・照度センサーの導入 ②温熱環境：全熱交換換気扇の導入・パッケージエアコンへの交換 ③再生可能エネルギー：太陽光発電システム・蓄電池の導入 ④外皮断熱強化：床裏への断熱材吹付け・窓ガラスをLow-E 真空ペアガラスに交換
エネルギー消費率	106%
ZEB 評価ランク	ZEB

（出典）　備前エネルギーサービス株式会社ウェブサイト（https://zeb.bizen-greenenergy.co.jp/case/kurume/）より筆者作成。

期を把握し、その時期にあわせて、修繕を兼ねた ZEB 化を行うことによって、財政的な負担を抑えることが可能となった事例である。

2　BIM

(1)　BIM 活用推進の背景

　建設業界では、生産性の低さや長時間労働の常態化が問題となっている。実際に令和元年の建設業全体の労働生産性は全産業平均を下回っている（図表 5 −31参照）。また、労働時間に関しても、全産業平均と比較すると年間340時間以上の長時間労働の実態がある（図表 5 −32参照）。これらの問題を

解決することと、設計・施工業務の生産性と質の向上を目的としたBIM活用が国によって推進されている。

図表5－31　令和元年産業別生産性試算

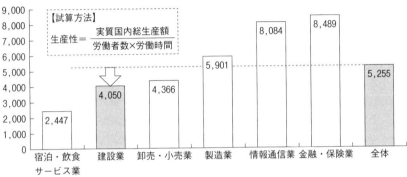

（出典）　国土交通省「建築BIMの意義と取組状況について（令和4年12月）」2頁（https://bim-shien.jp/wp-content/uploads/2023/01/R4-5_bim_igitotorikumi.pdf）。

図表5－32　出勤時間の推移

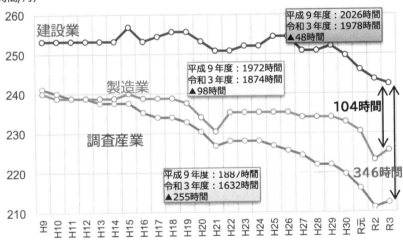

（出典）　国土交通省「建築BIMの意義と取組状況について（令和4年12月）」2頁（https://bim-shien.jp/wp-content/uploads/2023/01/R4-5_bim_igitotorikumi.pdf）。

(2) BIMとは

a　BIMの定義

BIM（Building Information Modeling）とは、コンピュータ上に作成した3次元の形状情報に加え、室等の名称・面積、材料・部材の仕様、性能、仕上げ等、建物の属性情報を併せ持つ建物情報モデルを構築するシステムのこ

図表5－33　BIM概念図

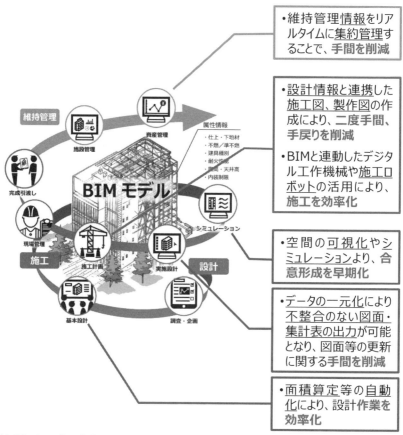

（出典）　国土交通省「建築BIMの意義と取組状況について（令和4年12月）」3頁（https://bim-shien.jp/wp-content/uploads/2023/01/R4-5_bim_igitotorikumi.pdf）。

とである（図表5－33参照）。

現在、BIMを導入していない企業で、建築の設計・施工において主流となっているシステムは、CADである。CADは2次元で図面を作成するシステムであり、意匠図、構造図、設備図、施工図など、すべての図面は別々に作成される。また、内装・設備の仕様や数量などの属性情報は、仕様書や数量表など、図面とは別の書類として整理されていることがほとんどである。

b　BIM活用の普及状況

建築分野を中心にBIMの導入が一部で盛んになったことから、「日本のBIM元年」と呼ばれた平成21年から15年が経過したいま、BIMの普及はどこ

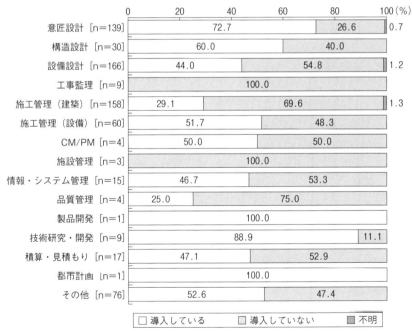

図表5－34　アンケート調査回答者の所属部署と所属する企業におけるBIMの導入状況

（出典）　国土交通省「建築分野におけるBIMの活用・普及状況の実態調査確定値〈詳細〉（令和4年12月国土交通省調べ）」14頁（https://www.mlit.go.jp/jutakukentiku/content/20230328_15.pdf_safe.pdf）。

まで進んでいるのか。令和4年12月の国土交通省の調査によると、建物の設計・施工分野でのBIM活用は徐々に進んでいる一方で、その他の建築分野でのBIM活用はあまり進んでいないことがうかがえる（図表5-34参照）。

(3) その他の建築分野でのBIM活用

a 不動産鑑定評価におけるBIM活用

BIMは、設計・施工分野での活用に限らず、他分野との連携による新たな可能性が期待されている。たとえば、BIMにおける建物情報（建物の状態や耐用年数、設備の種類や寿命など）と、BIM以外の物件情報を連携することによる、不動産鑑定評価への一定程度の有効性が確認されている。これは、株式会社スターツ総合研究所およびスターツアセットマネジメント株式会社により、一般財団法人日本不動産研究所（JREI）とともに進めてきた、BIMデータの不動産鑑定評価における有用性についての共同実験の結果によって示されている。この共同実験は令和3年2月から同年7月に実施され、スターツプロシード投資法人が所有する共同住宅2棟のBIMデータとBIM以外の物件情報を組み合わせ、不動産鑑定評価書が作成された。この実験により、下記3点の不動産鑑定評価におけるBIMの有効性が確認されている。

① BIMデータを活用し、鑑定評価の基礎となった情報（躯体や設備の数量・性能など）を集計・分析し、「見える化」することで、クライアントへの説明責任をより丁寧に果たすことが可能となる。

② BIMデータの空間情報を基準として、空間ごとに建設などに係る費用を集計することで、建物の運用に係る費用の妥当性を多角的に検証することが可能となる。

③ BIMデータの部位部材情報とともに、建物の修繕・更新履歴などの情報を活用することで、より建物の個別性に即した評価が可能となる[42]。

b　建物維持管理におけるBIM活用

　BIMで設備の点検履歴や各所の修繕履歴を管理することで、その建物に適した修繕計画の作成や、それに係る費用を予想することが可能となる。また、定期的に整備が必要な箇所や漏水が発生している箇所など、2次元では表現しづらい箇所をBIMで可視化し、情報として蓄積することは、日常的な建物維持管理に係る費用の削減にもつながる可能性が高い。実際に筆者は、公共施設の職員から建物の修繕依頼をされた際に、依頼された箇所が、いつ、どのような方法で、どのような意図で直されたのかがわからず、修繕履歴について調査をしたうえで修繕計画の提案をすることがある。BIMによる建物維持管理が普及すれば、過去の修繕履歴を逐一現場で調査するという手間を削減することが可能となると考える。

　令和5年1月に完成した京都府八幡市新庁舎は、ランニングコスト縮減と効率的な維持管理を行うための施設管理（FM）システムの構築を目的としたBIMの活用を行っている。市の指名型プロポーザルによって選定された株式会社日建設計は「やさしいBIM」というコンセプトで、施設管理や中長期的な修繕計画に必要な情報を整理し、扱いやすい施設管理システムをつくることを提案した（図表5－35参照）。市は、システムおよびデータの構築と運用方法をできる限り簡便にすることで、職員の負担を軽減するだけでなく、施設管理の業務委託について数年ごとに見直しを行いやすくし、コスト削減につなげることをねらいとしている。

　このように建物維持管理でBIMを活用する際は、計画段階から綿密な調整をし、設計・施工・維持管理で連携することが重要となる。そのときに必要となるのが「ライフサイクルコンサルティング」という業務である。ライフサイクルコンサルティングとは、これまで設計・施工・維持管理・運用と分

42　株式会社スターツ総合研究所＝スターツアセットマネジメント株式会社「スターツグループが（一財）日本不動産研究所との共同実験により不動産鑑定評価等におけるBIMの有用性を確認〜BIMが建物のレーティングにつながる可能性を検証〜」2頁（https://www.starts.co.jp/sri/pdf/pr_220124.pdf）。

図表5−35　京都府八幡市新庁舎 施設管理システム（イメージ）

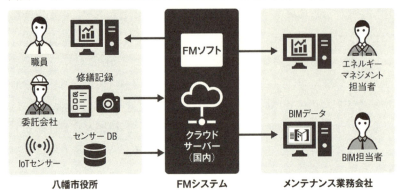

（出典）森山敦子＝谷口りえ「維持管理につなげる　八幡市×日建設計」日経アーキテクチュア令和2年5月14日号2頁。

断されていた情報を、分野を横断したかたちで蓄積し、建物を長期的に使用するために、この蓄積された情報を適切に活用していく業務のことを指す。これは、令和2年3月に公開された「建築分野におけるBIMの標準ワークフローとその活用方策に関するガイドライン」によって定められている業務である。

　このように、建設業界ではエネルギー資源の効率的な利用や、情報の明瞭化が推進されており、これらは建物への直接的な効果だけでなく、物件価値の向上にもつながっていると考えられる。

〈参考文献〉
一般財団法人日本不動産研究所「不動産鑑定評価の基礎知識」（令和4年4月）
公益社団法人空気調和・衛生工学会編『ZEBのデザインメソッド』（技報堂出版、2019年）
環境省ZEB PORTAL「ZEBとは？」（https://www.env.go.jp/earth/zeb/about/index.html）。
小原隆＝守山久子「国内初の公共施設のZEB改修〜久留米市環境部庁舎（前編）〜」日経クロステック令和3年2月25日号。
備前エネルギーサービス株式会社ウェブサイト「Case Study 久留米市環境部庁舎」

（https://zeb.bizen-greenenergy.co.jp/case/kurume/）。

株式会社日建設計「BIMとは？　CADとの違いや導入メリットなど」（https://www.nikken-cm.com/column/bim/）。

国土交通省「建築BIMの意義と取組状況について」1〜6頁（https://bim-shien.jp/wp-content/uploads/2023/01/R4-5_bim_igitotorikumi.pdf）。

国土交通省「建築分野におけるBIMの活用・普及状況の実態調査確定値〈詳細〉（令和4年12月国土交通省調べ）」14頁（https://www.mlit.go.jp/jutakukentiku/content/20230328_15.pdf_safe.pdf）。

株式会社スターツ総合研究所＝スターツアセットマネジメント株式会社「スターツグループが（一財）日本不動産研究所との共同実験により不動産鑑定評価等におけるBIMの有用性を確認〜BIMが建物のレーティングにつながる可能性を検証〜」（https://www.starts.co.jp/sri/pdf/pr_220124.pdf）。

木村駿『建設DX〜デジタルがもたらす建設産業のニューノーマル〜』168〜176頁（日経BP、2020年）。

株式会社日建設計「発注者に寄り添うBIMソリューション ライフサイクルコンサルティング・維持管理のデジタル化」（https://www.nikken.co.jp/ja/expertise/computational_design_bim/life_cycle_consulting_bim.html）。

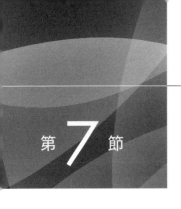

第7節 不動産証券化市場における不動産鑑定評価の重要性

1 不動産証券化市場の発展

(1) J-REIT市場

　平成13年、初めてのJ-REITが上場して以降、図表5−36が示すように、J-REITの市場規模は、さまざまなイベントによる盛衰を経て、中長期的には、大きく資産規模が拡大し、投資家から多くの資金が流入し続けている。

　株式会社東京証券取引所がJ-REIT市場を開設後、平成20年のリーマンショックまでの期間は、上場銘柄数、各銘柄の保有物件数の増加が著しく、好調な不動産マーケットを背景に、10兆円の資産規模は通過点としてすぐに超えていくと思われるような推移で増加していた。

　しかしながら、平成20年、リーマンショックによる世界的な金融危機下、J-REITにおいても、物件取得のための資金調達環境は厳しく、外部成長は困難なものとなった。加えて、不動産市場の需要が減少したことにより、J-REIT保有不動産についても評価額が下落し、また、破綻する投資法人がみられる等、J-REIT市場は困難に直面した。

　リーマンショックを契機とし、J-REIT市場は低迷期となったが、平成24年には、約4年半ぶりのJ-REIT銘柄の新規上場が行われ、平成25年の日銀による金融緩和政策「量的・質的金融緩和」、平成26年には「量的・質的金融緩和の拡大」が公表され、日銀によるJ-REIT買入額が増額されたほか、GPIF（年金積立金管理運用独立行政法人）によるJ-REITへの投資が開始される等、J-REIT市場にとって、ポジティブなイベントが続いたことにより、

図表 5−36 J-REITの資産規模の推移（開示された評価額に基づく）

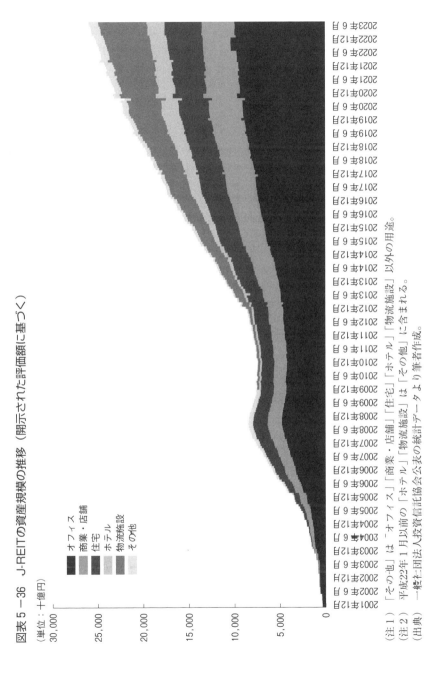

(注1) 「その他」は「オフィス」「商業・店舗」「住宅」「ホテル」「物流施設」以外の用途。
(注2) 平成22年1月以前の「ホテル」「物流施設」は「その他」に含まれる。
(出典) 一般社団法人投資信託協会公表の統計データより筆者作成。

大きく好転した。

こうした資金調達環境の改善から、不動産市場の需要は活性化し、上場投資法人数の増加、また、投資対象となるアセットタイプの多様化（ホテル、物流施設、ヘルスケア施設、インフラ等）等も背景に、保有物件数は大きく増加し、資産規模の拡大が続いている。

令和6年5月末時点でのJ-REIT資産運用総額は、58銘柄、開示評価額ベースで約27兆円に達し、不動産はオルタナティブ領域において、投資家にとって重要な投資対象であることが、資産規模の推移からもうかがえる。

(2) 私募REIT市場

私募REITが誕生した平成22年以来、10年以上が経過し、資産規模は令和6年5月末時点で61銘柄、約6.9兆円（各投資法人等が規約等において定めた評価方法により開示された参考価格ベース）規模の成長を実現している。私募REITにおいては、J-REITと比較し、投資口の流動性が劣る面はあるものの、基準価額の安定性が高いこと等から、年金基金、地方金融機関等をメインとする機関投資家から注目され、今後も資産規模は拡大していくことが期待される（図表5-37参照）。

2　リートスキームにおける利益相反構造および鑑定評価の重要性

不動産投資法人（以下「リート」という）においては、投資信託及び投資法人に関する法律（以下「投信法」という）により、リートは、金融商品取引業者である資産運用会社に対して、その資産運用に係る業務を委託しなければならない（投信法198条1項）と定められている。現在のリートの資産運用会社のスポンサーについては、不動産デベロッパーや商社、保険会社等の金融機関等、自らも不動産運用を行っている会社が多数見受けられる。不動産の取得需要が旺盛であり、不動産市場の競合が激しい環境下において

図表 5－37 私募REITの資産規模の推移

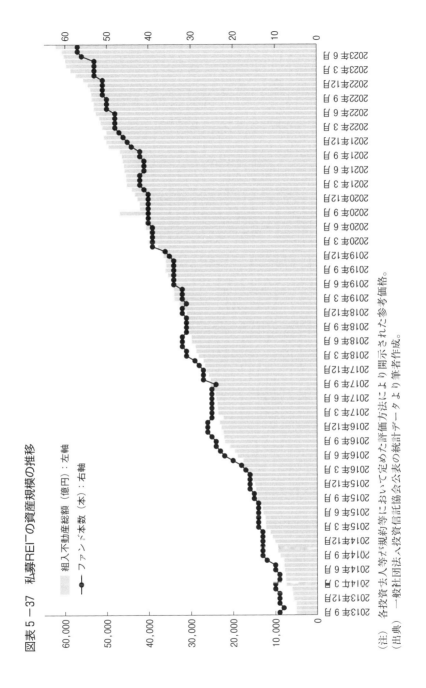

(注) 各投資法人等が規約等において定めた評価方法により開示された参考価格。
(出典) 一般社団法人投資信託協会公表の統計データより筆者作成。

第7節 不動産証券化市場における不動産鑑定評価の重要性 413

は、外部からの物件取得がむずかしく、スポンサーから継続的に物件供給が行われることは、投資家にとって、投資法人の継続的な成長性の観点から期待する声もあり、リートスキームにおいて、スポンサーサポートは非常に重要な役割を果たしている。一方で、スポンサーからの物件取得は、投資家よりもスポンサー企業の利益を優先して、市場価格に反した割高な価格での売買により、投資家の利益を害した取引となっていないかという利益相反の問題が生じるため、資産運用会社には、利益相反に関する内部管理等態勢の構築により、投資家の利益に資する運用が求められている。

　資産運用会社に対しては、投資家保護の観点から、金融商品取引法（以下「金商法」という）により、善管注意義務（金商法42条2項）および忠実義務（金商法42条1項）が課されているが、こうした利益相反取引により、投資家の利益が害されることを防止するため、投信法においては、リートによる不動産等の取得が行われた際には、第三者である不動産鑑定士による価格等調査を行うことが義務づけられているほか、資産運用会社においても、利害関係者からの不動産等の取得については、鑑定評価額を上限とするなどの基準を設けていることが一般的であり、第三者の専門家である不動産鑑定士による不動産鑑定評価の重要性は高いものとなっている（図表5-38参照）。

図表5-38　リートによる不動産等取得時における利益相反構造概略図

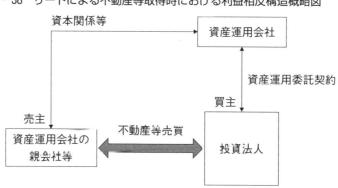

（出典）　筆者作成。

3 金融当局による不動産関連ファンド運用業者に対する監督・検査における不動産鑑定評価をめぐる論点

(1) 金商業等監督指針における確認項目

金融庁「金融商品取引業者等向けの総合的な監督指針」(以下「監督指針」という)においては、リートをはじめとする不動産関連ファンド運用業者が、利益相反取引防止の取組み等の適切性を確保し、もって投資者に対し忠実に職務を遂行するため、不動産鑑定評価の受領プロセスにおいて、図表5-39のような確認項目を定めている。

図表5-39 監督指針における確認項目の例示

・不動産鑑定業者については、客観的基準に基づいた選定や不適切な働きかけを排除する態勢の構築等により第三者性及び独立性が確保されているか。
・不動産鑑定評価を依頼する際に、不動産鑑定業者に対して必要な情報等を提供しているか。また、情報等の提供状況の管理は適切に行われているか。
・評価を依頼した鑑定業者から鑑定評価書を受領する際に、情報等の反映状況について必要な検証を行うとともに、以下の観点についての確認が行われているか。 ＞ERの考え方を考慮・反映されたものであるか。また反映していない事項については、その理由及び根拠を確認しているか。 ＞DCF法を採用する場合において、将来収支及び稼働率等については、客観的なデータに基づき見積もった上で、妥当性を検証しているか。また、前提条件となるディスカウント・レートやターミナル・レートの見積りも同様に、その水準の妥当性を検証しているか。 ＞不動産そのものの流動性及び不動産の生み出すキャッシュフローに影響を与える可能性のある項目について必要な調査が行われているか。

(出典) 金融庁「金融商品取引業者等向けの総合的な監督指針」VI-2-6(不動産関連ファンド運用業者に関する特に留意すべき事項)より抜粋。

第7節 不動産証券化市場における不動産鑑定評価の重要性 415

⑵ 証券検査における行政処分事例等

リートの資産運用会社においては、前述のように、投資家保護を目的とし、利益相反取引による投資家の不利益を防止するための法令等およびガイドラインならびに自主ルールによる対応が実施されている。

しかしながら、証券取引等監視委員会による証券検査において、不動産鑑定評価に関連した行政処分事例・検査指摘事例が見受けられる。図表5－40に検査指摘事例の一部を示す。

図表5－40　検査指摘事例

類型	検査指摘事例の概要
不適切な不動産鑑定業者選定プロセス	複数の不動産鑑定業者に価格査定を依頼して価格査定額を複数受領したうえ、そのなかで当該査定額が一番高い不動産鑑定業者を選定して鑑定評価書（または価格調査書）の発行を依頼し、当該評価書に基づき資産運用報告にて開示し、また、上記複数鑑定に係る費用を当該投資法人に負担させていた。
不適切な資料提供および確認	鑑定業者が、鑑定時点での契約関係に照らして適切でないものと認められる収支を前提として鑑定評価を行い、このことが鑑定評価書上明らかであるにもかかわらず、不適切な収支が採用されていることを看過し、当該鑑定結果を資産運用報告書に記載していた。
	利害関係人が不動産鑑定業者と折衝して鑑定評価に係る資料を提供していたにもかかわらず、当社は、資産運用会社として、当該利害関係人から不動産鑑定業者に必要な情報が提供されているか確認せず、情報等の提供状況を適切に管理していない。また、提供された情報等の鑑定評価への反映状況につき必要な検証を行わないままに、当該投資法人に不動産信託受益権を取得させていた。
不適切な資料提供	不動産鑑定業者に鑑定評価を依頼する際、適切に資料を提供しておらず、善良な管理者の注意をもって、適切な投資判断や運用財産の管理を行う観点から不適切な状況。

（出典）　証券取引等監視委員会公表資料より筆者作成。

416　第5章　不動産評価の新たなトレンド

4 資産運用会社に求められる内部管理等態勢

　資産運用会社は、投資者に対し忠実に職務を遂行するため、適切な内部管理等態勢を構築し、投資者の保護および公正な市場形成等に資することが求められている。当該態勢構築に際しては、監督指針における確認項目等を参考とし、業務内容による利益相反等のリスクに応じた態勢構築を図ることが望ましい。

　不動産関連ファンド運用業者においては、不動産等取得プロセスについて、一般的に次のような内部管理等態勢を構築している。このうち、不動産鑑定業者の選定および不動産鑑定評価書の確認は、利益相反管理上、重要なプロセスとなる。

　また、資産運用会社を子会社にもつ場合のグループ子会社管理や、投融資を実行する場合のオペレーショナル・デューデリジェンスに際しては、図表5-41のような観点から、資産運用会社における内部管理等態勢の確認を行うことが有用であると考えられる。

図表5-41　不動産等取得プロセスにおける内部管理等態勢の例示

サブプロセス	主なコントロール	不備事例
1．交渉開始	①売主との面談記録を作成・社内回覧する。 ②売主が利害関係人等である場合には、資産運用会社と利害関係人等との間で、情報遮断を行う。	・面談記録未作成により投資検討の状況が事後説明できない。 ・資産運用会社側の検討状況（DD、プライシング）を親会社が把握している（データの共有等）。
2．属性調査	①信用調査を実施する。 ②犯罪による収益の移転防止に関する法律に基づく取引時確認・疑わしい取引の届出、不芳属性（経済制裁対象者、反社）調査を実施する。	・犯罪による収益の移転防止に関する法律に基づく取引時確認記録・取引記録の作成不備。 ・調査対象先の網羅性が確保されていない。

第7節　不動産証券化市場における不動産鑑定評価の重要性　417

3．投資基準との整合性確認	投資対象案件について、投資基準との整合性を確認する。確認結果を記録する。	・投資基準との整合性に関し、確認結果の未証跡化。 ・投資基準からの逸脱。
4．デューデリジェンス(DD)	①経済的要因・物理的要因・法的要因・管理運営要因についてDDを実施する。 ②DDの結果、当初識別された問題点・是正の過程を記録する。 ③DD結果について、複数名にてチェックし、DDチェックリスト等に記録する。	・DD実施項目・方法が文書化されておらず、担当者変更時に業務品質が低下する。 ・DD実施結果の未証跡化。 ・当初識別された問題点・是正の過程が記録されていない。
5．社外デューデリジェンス(社外DD)	①DD委託先（ER作成会社、不動産鑑定業者）の選定を適切に行う（独立性、専門性・実績、手数料水準）。 ②DD委託先（ER作成会社、不動産鑑定業者）への提供資料については、「いつ」「何を」「誰に」提供したのか、正確に記録する。 ③DD委託先からの成果物（ER、不動産鑑定評価書）について、チェックを行い、記録する。	・不動産鑑定業者の独立性を損なう働きかけ。 ・不動産鑑定業者への提供資料漏れ。 ・不動産鑑定業者への提供資料について、事後特定不可能な状態。 ・不動産鑑定業者とのQA記録未作成。 ・DD委託先からの成果物（不動産鑑定評価書等）についてチェック未実施。チェック記録の未証跡化。 （例）　査定方法、キャッシュフロー・割引率等査定根拠の未確認 ・DD委託先からの成果物（不動産鑑定評価書等）の誤り。 （例）　評価ロジックの誤り、関連諸契約とキャッシュフローとの不整合 ・不動産鑑定評価額が変更となった場合において、変更理由の未把握。

6．プライシング（AM価格査定）	①プライシング（AM価格査定）を適切に実施する。チェックの記録を残す。 (a)評価ロジックについて、複数名にてチェックする。 (b)各入力値について、証憑を含め複数名にてチェックする。 ②社外DDによる成果物（不動産鑑定評価書）と当社プライシング結果との比較を実施し、差異分析の結果を記録する。	・当社プライシングの誤り。 （例）評価ロジックの誤り、関連諸契約とキャッシュフローとの不整合 ・プライシングを変更した場合の変更理由の未証跡化。 ・プライシングシートを事後特定可能な状態で保管していない。
7．意思決定	①十分な情報量、十分な時間的余裕をもって、資料を提示する。 ②決定事項（投資リターン・リスク等の契約条件）に加え、検討プロセスを記載する。 ③資産運用会社側において、取引の必要性、取引価格の妥当性等の観点から、取引の可否に関し、主体的に意思決定を行う。 ④特別な利害関係を有する者は、意思決定に関与しない（退席する）。	・検討プロセスの未記載。 ・資産運用会社における意思決定より前に、実態として、取引を行う旨および取引価格がほぼ確定している（メールやりとり等）。

（出典）　筆者作成。

5　公平妥当な鑑定評価実現のための取組み：依頼者プレッシャー制度

　不動産の証券化市場の拡大のほか、賃貸等不動産の時価開示等における不動産鑑定評価の活用等、不動産鑑定評価は証券市場における投資家を含め、

利用者に広く影響を与えるため、証券市場においても、非常に重要な位置づけとなっている。

　一方、リートの運用会社に対して、不動産鑑定評価に関連する金融庁の業務改善命令等が行われた事案が散見される等、社会一般の信頼と期待に報いるべき不動産鑑定評価において、社会からの不信感を招く一端となる事案も見受けられる。

　こうした事案の背景には、少なからず依頼者からの不動産鑑定業者・不動産鑑定士の独立性を侵害する、依頼者にとって都合のよい鑑定評価を求める働きかけがあるものと考えられる。そして、このような依頼者からの働きかけに応じた鑑定評価書は、一般国民・一般投資家・株主等に対する背信行為につながる可能性があり、不動産鑑定士の専門職業家としての社会的信頼を傷つける行為となることを不動産鑑定士は強く認識することが重要である。

　公益社団法人日本不動産鑑定士協会連合会は、平成26年9月、依頼者からの一定の鑑定評価額等の強要・誘導や妥当性を欠く評価条件の設定の強要等に対し、不動産鑑定業者または不動産鑑定士（関与したかどうかを問わない）から鑑定協会への通報を義務化し、鑑定評価監視委員会での審議のうえ、依頼者や監督官庁等にその旨を通知・通報（公表も含む）する制度である「鑑定評価監視委員会規程に基づく依頼者プレッシャー通報制度」を制定した。同制度を制定する等、鑑定業界として、不当なプレッシャーを排除し、不動産鑑定評価制度に対する証券市場における投資家ひいては、社会一般からのいっそうの信頼性を確保していくため、仕組みの構築のための取組

図表5－42　依頼者プレッシャーに関する調査結果

	平成27年度	28	29	30	令和元	2	3
回答数	653	871	841	696	707	852	1,715
自ら受けた	2	1	3	6	6	4	8
他社を確認した	1	2	2	2	4	2	4

（出典）　公益社団法人日本不動産鑑定士協会連合会公表の調査結果より筆者作成。

みを行っており、今後も業界として、公平妥当な鑑定評価が実現するための仕組みを継続・強化していくことが期待される。

6　不動産鑑定士に求められる責務

　不動産鑑定士は、不動産の鑑定評価の社会的公共的意義を理解し、その責務を自覚し、的確かつ誠実な鑑定評価活動の実践をもって、社会一般の信頼と期待に報いなければならない。また、不動産鑑定士は、さまざまなクライアントによるさまざまな依頼目的に応じた不動産鑑定評価を日々行っているが、不動産鑑定評価書は、依頼者のみならず、たとえば、証券市場の広範な投資家等に重大な影響を及ぼすものである。そのため、不動産鑑定士は、不動産鑑定評価制度に対する社会的信頼性の確保等について重要な責任を有していることを認識する必要がある。

　証券化不動産の鑑定評価においては、特にスポンサーとの利益相反を防止する枠組みのなかで、健全な不動産証券化市場発展のため、投資家からの大きな期待があることを十分に認識し、不動産鑑定評価にあたっては、常に公平妥当な態度を保持し、専門家としての期待に応えることが求められている。

〈参考文献〉
一般社団法人不動産証券化協会編『不動産証券化ハンドブック2022』（不動産証券化協会、2022年）。
渥美坂井法律事務所・外国法共同事業ほか編『不動産投資法人（REIT）の理論と実務』（弘文堂、2011年）。
公益社団法人日本不動産鑑定士協会連合会「鑑定評価監視委員会規程に基づく依頼者プレッシャー通報制度」（https://www.fudousan-kanteishi.or.jp/wp/wp-content/uploads/2015/06/20120615_pressure_20140926_pressure.pdf）。

第7節　不動産証券化市場における不動産鑑定評価の重要性　421

不動産鑑定評価の実務

2024年9月30日　第1刷発行

編　者　公益社団法人 東京都不動産鑑定士協会
発行者　加　藤　一　浩

〒160-8519　東京都新宿区南元町19
発 行 所　一般社団法人 金融財政事情研究会
出 版 部　TEL 03(3355)2251　FAX 03(3357)7416
販売受付　TEL 03(3358)2891　FAX 03(3358)0037
URL https://www.kinzai.jp/

DTP・校正:株式会社友人社／印刷:三松堂株式会社

・本書の内容の一部あるいは全部を無断で複写・複製・転訳載すること、および
　磁気または光記録媒体、コンピュータネットワーク上等へ入力することは、法
　律で認められた場合を除き、著作者および出版社の権利の侵害となります。
・落丁・乱丁本はお取替えいたします。定価はカバーに表示してあります。

ISBN978-4-322-14457-4